SAUERLAND entdecken!

Matthias Rickling

Wartberg Verlag

Anmerkung des Verlages
Die im nachfolgenden Text verwendeten Symbole haben folgende Bedeutung:
= Telefon, = Internet-Adresse, = Attraktionen für Kinder und Junggebliebene
Alle Angaben wurden gewissenhaft geprüft, trotzdem können Autor und Verlag keine Gewähr für die Richtigkeit übernehmen. Anregungen, Berichtigungen und Ergänzungsvorschläge senden Sie bitte an den Wartberg Verlag, Gudensberg-Gleichen.

Bildnachweis
Katja Tornau: 3, 82, 133, 155, 158; Stock.adobe – Dennis Pikarek: 5, srffotodesign: 7, sehbaer_nrw: 10, Marcus Retkowietz: 19, Tobias Arhelger: 25, 26, Jens: 28, Pixelheld: 38, P.S.DESIGN: 48, Joel Wüstehube: 52, ON-Photography: 57 o., 69, 88, thorstenstark: 63, malesch: 66, wlad074: 74, leomalsam: 90, Manuel Pauls: 110, Marc Jedamus: 182; Radler59, CC BY-SA 4.0, via Wikimedia Commons: 13; Petra Klawikowski, CC BY-SA 3.0, via Wikimedia Commons: 17, 117 o.; Stadt Balve – Sven Paul: 21, 23 u., Jan R. Schäfer: 22, Klein und Neumann, Iserlohn: 23 o.; Tourismus Brilon Olsberg GmbH: 27, 31, 32; Tourist-Information Diemelsee – L. Becker: 33, 34, 36; Gemeinde Ense: 41, 42, 43; Schmallenberger Sauerland Tourismus – Klaus-Peter Kappest: 44, 147 o., 147 u., 148 l., 148 r., 149 l., 149 r., 150, 151, sabrinity: 152; Gemeinde Eslohe (Sauerland) / Hubertus Theile: 45, 46; Malchen53, CC BY-SA 3.0, via Wikimedia Commons: 49, 92; Asio otus, CC BY-SA 3.0, via Wikimedia Commons: 57 u., 106; Anne Bermüller / pixelio.de : 58; I, Timo1974, CC BY-SA 2.5, via Wikimedia Commons, Fotograf Timo Sack: 59; Wolfgang Buttgereit / pixelio.de : 61; © Bubo bubo / Wikimedia Commons: 68; ©Sauerland Wanderdörfer; Klaus-Peter Kappest: 77 o., 77 u.; ©Mut e.V.: 78; ©Tourist-Information Lennestadt & Kirchhundem – Klaus-Peter Kappest: 79; ©Tourist-Information Lennestadt & Kirchhundem: 80, 84; ©Elspe Festival: 83; Silvercork, CC BY-SA 3.0, via Wikimedia Commons: 85; Miriam Folak - www.photogracia.de: 99 o.; Stadt Meinerzhagen - Miriam Folak,: 99 u., 100, 103 o., 103 u.; Rainer Prautsch / pixelio.de: 112; Nicolai Schäfer, CC BY-SA 3.0 DE, via Wikimedia Commons: 114, 163; Hans-Joachim Treller / pixelio.de: 117 u.; giggel, CC BY 3.0, via Wikimedia Commons: 120, 179; Arnoldius, CC BY-SA 4.0, via Wikimedia Commons: 121, 167, 168; Pelz, CC BY-SA 4.0, via Wikimedia Commons: 122, 139; D. Rienäcker: 123; Frank Vincentz, CC BY-SA 3.0, via Wikimedia Commons: 125; Rosel Eckstein / pixelio.de: 127 o.; Donald Townsed, CC BY-SA 2.5, via Wikimedia Commons: 127 u.; © Steffen Schmitz (Carschten) / Wikimedia Commons / CC BY-SA 3.0 DE bzw. Free Art License, CC BY-SA 3.0 DE, via Wikimedia Commons: 130; Plettenberger KulTour GmbH: 135 o., 135 u., 137; User: Bgabel auf wikivoyage shared, CC BY-SA 3.0, via Wikimedia Commons: 138; Ath, CC0, via Wikimedia Commons: 140; Dat doris, CC BY-SA 4.0, via Wikimedia Commons: 143; Michael Kramer, CC BY-SA 3.0, via Wikimedia Commons: 144; Blumenfee57, CC BY-SA 4.0, via Wikimedia Commons: 153; Matthias Böhm, CC BY-SA 3.0 DE, via Wikimedia Commons: 160; Friedhelm Dröge, CC BY-SA 4.0, via Wikimedia Commons: 162; Tourist-Information Willingen – Maik Julemann: 171, 173, Nathan Hughes: 174, Wolfgang Detemple: 175, 176; Christiane Jodl from Wien, CC BY 2.0, via Wikimedia Commons: 177, 181.

1. Auflage 2023

Umschlaggestaltung: r2 Mediendesign Verden (Aller)
Layout: Gerald Halstenberg, Bielefeld
Karte: Gerald Halstenberg auf Basis von SIMPLYMAPS.de
Druck und Bindung: Druck- und Verlagshaus Thiele & Schwarz GmbH, Kassel

34281 Gudensberg-Gleichen, Im Wiesental 1
Telefon (0 56 03) 9 30 50
www.wartberg-verlag.de
ISBN: 978-3-8313-2858-1

Ein Wort vorweg

Das Sauerland kennt jeder. Selbstverständlich, denn schließlich ist es das größte Wintersportgebiet nördlich der Alpen, das sich zudem seit Jahrzehnten als erstklassige Adresse für ganzjährige Urlaubs- und Freizeitgestaltung empfiehlt. Allerdings hat jeder seine eigenen Vorstellungen von dem, was diese Landschaft so außergewöhnlich macht. Zweifelsohne ist das Sauerland weit mehr als Berge, Bäume und Bier, mehr als wilde Wochenendpartys, Indianershow und der Kahle Asten – die auffällige Markierung in der Wetterkarte. Selbst die Bedeutung als Hotspot des deutschen Wintersports ist nur ein Bestandteil dieser höchst facettenreichen Region, die unbedingt entdeckt werden will. Illustre Dörfer und grandiose Weitsichten, quirlige Einkaufsstraßen und top-prämierte Wanderwege locken ebenso wie technische Relikte der Industrialisierung, dramatische Felsformationen und die Naturidylle glasklarer Stauseen. Im Sauerland sind Erholung und Bike-Action, Kultur und Freeclimbing, lebendiges Brauchtum und Wassersport keine Widersprüchlichkeiten, sondern hervorragende Ergänzungen für endlosen Freizeitspaß.

Der Autor auf Wanderschaft

An dieser Stelle sei allen Städten, Gemeinden und Tourist-Informationen herzlich gedankt, die den vorliegenden Freizeitführer mit Informationen und Bildern unterstützt haben.
Ein tolles Sauerland-Erlebnis wünscht

Matthias Rickling

Altena

(Märkischer Kreis)

Die Kleinstadt (16 500 Einwohner), die sich seit dem 12. Jh. unter der gleichnamigen Höhenburg am Ufer der Lenne entwickelt hat, besteht heute aus zehn Orts- und Stadtteilen. Der Ort wurde schon früh mit Freiheitsrechten und 1794 mit dem Titel Stadt bedacht. Die Burgstadt mit der heiligen Katharina im Wappen wurde mit den Rohstoffen Wasser, Holz und Erz zu einem Zentrum der Eisen- und Drahtproduktion. Die u. a. daraus gefertigten Näh-, Häkel- und Stricknadeln wurden weltweit ein Schlager. Altena war zudem lange für die Produktion von Münzrohlingen, z. B. der D-Mark, bekannt. Ihr mittelalterlicher Charme sowie das beschauliche Lennetal und die hoch aufragenden Bergwälder machen Altena heute zu einem beliebten Ausgangspunkt für Wanderungen durch das Märkische Sauerland.

Stadt Altena
Lüdenscheider Str. 22
58762 Altena
02352/3370944
www.visitaltena.de

Sehenswertes

Burg Altena
Nicht nur Burgenfreunde sind von einer der schönsten Höhenburgen des gesamten Sauerlandes begeistert. Das gewaltige Ensemble aus dem 12. Jh. war Hauptwohnsitz der Grafen von der Mark und wurde bis ins 18. Jh. militärisch genutzt. Zu Beginn des 20. Jhs. war es Gründungsort der weltweit ersten Jugendherberge. Neben dem spannenden Burgmuseum wurden hier das Deutsche Wandermuseum und das Märkische Schmiedemuseum eingerichtet.
Adresse: Fritz-Thomee-Str. 80, 58762 Altena, 02352/9667034, www.maerkischer-kreis.de

Erlebnisaufzug
Die kürzeste Verbindung zwischen der Innenstadt und der Burg bietet seit 2012 dieser besondere Aufzug. Bereits im Eingangsbereich wird man durch die digitale Fledermaus Burghard und den Burgherrn Dietrich begrüßt. Dann geht es ca. 90 m weit durch den Erlebnisstollen in den Berg hinein und dann 80 m steil nach oben in die Burg. Was sonst beschwerliche 15 Min. dauert, wird hier in 30 Sek. erledigt.
Adresse: Lennestr. 45, 58762 Altena, 02352/5489897, www.erlebnisaufzug.de

Burg Holtzbrinck
Neben der großen Burg ist diese der zweite bedeutende Profanbau der Stadt. Das aus Bruchstein errichtete Gebäude stammt aus der Mitte des 17. Jhs. Heute wird die trutzig wirkende Burg als Kultur- und Bürgerzentrum genutzt. Besonders sehenswert sind die „Neue Treppe“ und der Rokokogarten, ein beliebter Ort für Veranstaltungen.
Adresse: Kirchstr. 20, 58762 Altena

Lenneburg
Diese „Märchenburg“ am Ortsausgang entstand 1898 und diente einem märkischen Unternehmer als Residenz. Das zweigeschossige Haus im Stile der Neorenaissance steht in exklusiver Lage zwischen Lenne und Wald und ist bis heute ein beliebter Wohnort. Daher ist nur eine Außenbesichtigung möglich.
Adresse: Werdohler Str./Winkelsen 1–8, 58762 Altena

Holländer
Das auffällige Gebäude mitten auf der Nettestraße entstand 1901 als Silberschmiede. Und weil dort seinerzeit viele Holländer

verkehrten, erhielt es seinen Beinamen. 1924 fand hier der „Lichtspielpalast", das spätere „Apollo", eine Heimat. Es steht unter Denkmalschutz und wird bis heute betrieben.
Adresse: Nettestr. 15, 58762 Altena

Burg Altena

▸ St. Matthäus

Die auffällig mit Säulen und Gurtbögen gegliederten Flächen machen die 1899 eingeweihte Kirche zu einem Vorzeigeentwurf der Neugotik. Das Gebäude aus Grauwacke-Bruchstein mit Dachreiter wirkt ein wenig gedrungen. An der Westseite steht der Stumpf der Vorgängerkirche. Neben der auffällig klaren Raumarchitektur beeindrucken die vollständig erhaltenen Altäre eines Schnitzkünstlers der Wiedenbrücker Schule. Sehenswert sind die hoch aufragenden Aufbauten.
Adresse: Lindenstr. 41, 58762 Altena, ☏ 02352/22610, 🌐 www.st-matthaeus.de

▸ Lutherkirche

Die älteste Kirche von Altena wurde vermutlich im Jahre 1318 der Heiligen Katharina geweiht. Die Reformation, die in der Region schon Mitte des 16. Jhs. Einzug hielt, zog sich über Jahrzehnte hin. Erst nach den erbitterten Streitigkeiten zwischen Lutheranern und Calvinisten wurde die ehemals katholische Kirche 1624 lutherisch. Ab 1738 wurde ein neues Hauptkirchenschiff mit zwei Seitenschiffen erbaut, während der Turm erhalten blieb. Das sehenswerte, reich verzierte Barockensemble aus Altar, Kanzel und Orgel macht sie zu einer typischen protestantischen Predigerkirche.
Adresse: An der Kirche 2–4, 58762 Altena, ☏ 02352/2890

▸ Haus Pilling

Das uralte Haus mit meterdicken Bruchsteinwänden ist nicht irgendein altes Haus, sondern das älteste Gasthaus im Märkischen Kreis. Die Gastwirtstradition der Familie Pilling währte über sieben Generationen seit 1724 bis ins 20. Jh. hinein. Auch heute noch ist man sich der Tradition als Bürgerlokal und Stammtisch der Drahtzieher-Gilde, Drahtrolleninhaber und Reidemeister bewusst. Wer die Burgstadt besucht, sollte nicht versäumen, sowohl die Wandmalerei, die alten Balken, die berühmte Klettersäule als auch die aktuelle Speisekarte zu begutachten.
Adresse: Nettestr. 18, 58762 Altena, ☏ 02352/24559, 🌐 www.haus-pilling.de

▸ Steinerne Brücke

Da sämtliche Brücken der Umgebung aus Holz waren, war die Steinerne Brücke von Altena über Jahrhunderte die einzige sichere Überquerungsmöglichkeit der Lenne. Das heutige, 68 m lange Bauwerk mit drei flachen Bögen entstand 1912 und wird inzwischen nur noch als Fußgängerbrücke genutzt. Als Zierwerk wurden verschiedene Wappen eingemeißelt, u. a. das springende

Pferd der Westfalen. Sie ist Station der Märkischen Straße Technischer Kulturdenkmäler.

▸ Jüdischer Friedhof
Der Friedhof der einstigen jüdischen Gemeinde von Altena steht heute als Baudenkmal unter besonderem Schutz. Er wurde vermutlich um 1780 an der Egge gegenüber der Burg Altena erstmals genutzt. Die letzte Bestattung fand 1930 statt. Hinter dem schmiedeeisernen Tor mit Davidstern können noch immer 55 Grabstellen ausgemacht werden.
Adresse: Am Grünen Wege, 58762 Altena

▸ Drahtbaumallee und Splenterrölleken
Altena ist die Stadt des Drahts. Neben einem eigenen Museum wird an verschiedenen Stellen der Stadt auf dieses industrielle Erbe verwiesen. Beispielsweise gibt es am Lenneufer eine Drahtbaumallee, deren Bäume von 10 cm bis zu 6 m hoch sind. An der Fußgängerbrücke über die Lenne steht die Skulptur eines Zögers, die veranschaulicht, wie anstrengend der Beruf des Drahtziehers einst war. Am Busbahnhof erinnert das bewegliche „Splenterrölleken" an die Wasserräder, die in den angrenzenden Flusstälern die Drahtrollen zum Ziehen des Metalls antrieben. Über dem Eingang zur Bungerpassage ist ebenfalls ein Relief aus Draht zu sehen.

Museen & Ausstellungen

▸ Museen Burg Altena und Weltjugendherberge
In der weitläufigen Burg Altena sind gleich zwei Museen unter einem Dach beheimatet, deren einstiges Sammelsurium inzwischen gekonnt miteinander vereint wurde. Bereits 1875 wurde das **Museum der Grafschaft Mark** gegründet, das sich mit der „Orts- und Heimatkunde im Süderlande" beschäftigte. Schwerpunkt der beeindruckenden Sammlungen sind Militaria und Keramikobjekte. Neben dem Leben der Ritter und Adeligen können die Besucher am Leben mittelalterlicher Bauern und Handwerker teilhaben. Darüber hinaus beschäftigen sich diverse Sammlungen mit der Geologie und der Industrialisierung des Märkischen Sauerlandes.
Ebenfalls unter dem Dach der Burg Altena erzählt das **Museum Weltjugendherberge** in den original erhaltenen Schlaf- und Aufenthaltsräumlichkeiten die Geschichte der ersten ständigen Jugendherberge der Welt, die hier 1914 eingerichtet wurde.
Adresse: Fritz-Thomeé-Str. 80, 58762 Altena,
☏ 02352/9667034, 🌐 www.burg-altena.de

▸ Deutsches Drahtmuseum
Etwa 300 m unterhalb der Burg Altena beschäftigt sich ein weltweit einzigartiges Museum mit einem schlichten Werkstoff, dem eine Schlüsselfunktion für den technischen Fortschritt zugeschrieben wird. Neben der rein technischen Dimension werden unter dem Motto „Vom Kettenhemd zum Supraleiter" auch sozial-, wirtschafts- und kulturhistorische Fragen zum universell einsetzbaren Draht gestellt. Die Antworten werden zeitgemäß mit spannenden Objekten und Experimenten abwechslungsreich präsentiert, inklusive Drahtseilgondel.
Adresse: Fritz-Thomee-Str. 12, 58762 Altena

▸ Drahtrolle am Hurk
Der Ortsteil Evingsen war geprägt von der Drahtzieherei. In dieser Wassermühle unterhalb der Springer Quelle kann man bis heute erleben, wie mittels einer Drahtzugeinrichtung Schusternadeln zum Bearbeiten von Leder hergestellt werden. Das kleine Museum mit Schleifstein, Rollfass, Ahlenschleifbank und Feindrahtzug öffnete seine Pforten bereits 1985.
Adresse: Im Springen 18, 58762 Altena,
☏ 02352/75380, 🌐 www.heimatverein-evingsen.de

Fuelbecke Talsperre in Altroggenrahmede

▸ Stadtgalerie

Das Innenstadthaus mit dem ungewöhnlichen Namen Köster Emden sollten nicht nur Gäste mit Sinn für zeitgenössische Kunst besuchen. In dem eindrucksvollen Gebäude aus dem Jahr 1707 werden wechselnde Ausstellungen präsentiert und am Giebel prangt ein Glockenspiel, das stündlich „Kein schöner Land“ erklingen lässt. Benannt wurde das Haus nach dem letzten Besitzer Paul Köster, der 1914 den Untergang des Kreuzers Emden überlebte und fortan den Beinamen „Emden“ führte.

Adresse: Lennestr. 93, 58762 Altena, ☎ 02352/209-346, -347, 🌐 www.kulturring-altena.de

Freizeit & Natur

▸ Angeln

Nicht nur die Lenne zwischen Werdohl und Altena, sondern auch die Fuelbecke Talsperre darf mit einer besonderen Genehmigung beangelt werden.

Infos: *Angel- und Sportfischerverein Rahmede:* ☎ 02351/677577, 🌐 www.ausvrahmede.com

Angelkarten für die Lenne: 🌐 www.hejfish.com

▸ Flugsport

Der Luftraum über Altena ist ein Paradies für Flieger und Gleiter. Für Drachenflieger und Paragleiter ist es vermutlich der nördlichste Startpunkt Deutschlands. Die idealen Startberge haben den Vorzug, dass man in zwei Richtungen starten kann. Der Aero-Club bietet Tandemflüge an. Zudem kommen über Altena auch Drachentrikes, Motorschirme oder motorisierte Ultraleichtflugzeuge zum Fluge. Der Aero-Club heißt Gäste willkommen und bietet sogar Campingmöglichkeiten an. Es gibt Rundflüge im Motorflugzeug oder Drachentrike.

Auf dem Verkehrslandeplatz Altena-Hegenscheid ist der aktive Segelflugverein LSV-Hegenscheid beheimatet. Die „Adler von Hegenscheid“ treffen sich jedes Wochenende und stehen Gastfliegern und Interessenten mit Rat und Tat zur Seite.

Adressen:

Flugplatz Altena-Hegenscheid: Hegenscheider Str. 8, 58644 Iserlohn, ☎ 02352/21212

Aero-Club: ☎ 0177/4444256, 🌐 www.air-hegenscheid.de

LSV-Hegenscheid: ☎ 02331/42655, 🌐 www.lsvhegenscheid.de

▸ Fuelbecke Talsperre

Im Altenaer Stadtteil Altroggenrahmede konnte im Oktober 1897 der Schlussstein der 145 m langen Staumauer gelegt werden. Hinter der bis zu 30 m hohen Mauer wird das Wasser der Fuelbecke vom Riethahner Bach und Kuckuckbach zur Trinkwasserversorgung gespeichert. Der Rundweg im Schatten der

beeindruckenden Bruchsteinmauer ist bei Joggern und Spaziergängern beliebt. Auch der historische Drahthandelsweg führt hier vorbei. Die Stadtwerke bieten Gruppenführungen an.
Infos: Stadtwerke, 02352/918420

Kanufahren

Mit der Lenne vor der Haustür gehört das Paddeln fast zum Alltag. Der Altenaer Canu-Verein bietet Anfängern und Fortgeschrittenen regelmäßig Schnupperkurse an, um sich mit Kajaks, SUP-Boards und Canadiern vertraut zu machen.
Adresse: Werdohler Str. 96, 58762 Altena, 02352/260022, www.altenaer-canu-verein.de

Kletter- und Boulderhalle

Die Daten der Altenaer Kletterhalle mit separater Boulderfläche sprechen für sich: 1500 m² Kletterfläche, 500 m² Boulderfläche, bis 16 m hohe Wände, 170 wechselnde Routen, viele davon mit Toprope und Vorstieg möglich, modernste Sicherheitsausstattung, Fallschutzboden, Klettershop und ein gemütliches Bistro.
Adresse: Rosmarter Allee 12, 58762 Altena, 02351/879911, www.kletterwelt-sauerland.de

Radfahren

Neben der schönen *Lenneroute* (150 km), die ein Radvergnügen von der Quelle am Kahlen Asten bis zur Mündung bietet, starten rings um Altena zahlreiche kürzere Rundtouren, wie die *Runde von Dahle* (31 oder 35 km), von *Nettenscheid* (37 km), *Linscheid* (30 km) und *Altena* (25 oder 35 km).
Infos: www.radeln-nach-zahlen.de

Reiten

Nur wenige Fahrminuten von der Altenaer Innenstadt entfernt bietet der Hof Hegemann Ponyreiten an. Kinder bis 6 Jahre können in Begleitung von einem Erwachsenen ein Pony ausleihen und reitend die schöne Landschaft genießen.
Adresse: Lüdenscheider Str. 24, 58769 Nachrodt, 0175/02282022, www.hof-hegemann.de

Schwimmbäder

Das Frei- und Hallenbad im Ortsteil Dahle bietet ideale Bedingungen für fröhliches Planschen, Entspannung oder ambitioniertes Training. Das über eine Solaranlage beheizte Freibad hat neben der großzügigen Liegefläche mit Grill- und Spielplatz auch eine 35-m-Rutsche und ein Beachvolleyballfeld. Auch das Hallenbad mit dem 25-m-Becken und Hubboden ist ein attraktiver Freizeit- und Sporttreff. Eine Besonderheit ist das „Mermaiding", bei dem die „Sauerland-Nixen" wie Arielle die Meerjungfrau durchs blaue Nass planschen dürfen.
Adresse: Mondhahnstr. 1, 58762 Altena, 02352/71121, www.stadtwerke-altena.de

Wandern

Die sauerländische Burgstadt bietet aufgrund ihrer Lage inmitten des rheinischen Schiefergebirges auf 250 km eine große Auswahl an abwechslungsreichen Wanderwegen zu tollen Aussichtspunkten und über schmale Pfade am Ufer von Lenne und Hönne vorbei. Besonders beliebt ist der *Historische Drahthandelsweg* (32 km), auf dem man den Spuren der Drahtzieher folgt. Die *Runde von Altena* (13 oder 10 km) erfordert Trittsicherheit und bietet dafür einen fantastischen Blick auf Stadt und Burg. Bei der *Runde von Rathmecke* (15 km) an Fischteichen, Bachläufen und Wildgehege vorbei ist sogar ein wenig alpine Erfahrung wünschenswert. Die *Runde von Ihmert* (11 km) führt hinauf zum Almblick, während die *Runde von Taubenstein* (3 km) ganz locker um die Fuelbecker Talsperre führt.

Arnsberg

(Hochsauerlandkreis)

Mitten in einem der größten zusammenhängenden Waldgebiete Deutschlands präsentiert sich der alte Stadtkern von Arnsberg (73 500 Einwohner) als historisches Tor zum Sauerland. Verwinkelte Gassen, ein klassizistisches Viertel und eine imposante Schlossruine laden zum Bummeln ein. Die alte Hauptstadt des Herzogtums Westfalen zeigt sich mit all ihren Stadtteilen und Dörfern als vielfältiger Freizeitort. Denn neben der Geschichte von Grafen, Kurfürsten und Preußen erzählen Burgen, Kapellen und Klöster von spannenden Geschehnissen bis hin zur Möhnekatastrophe und zu moderner Industriegeschichte. Zudem kann man hier aktiv in eine reizvolle Natur eintauchen, die die ehemalige Kreisstadt weitläufig umgibt.

Verkehrsverein Arnsberg e. V.
Neumarkt 6
59821 Arnsberg
02931/4055
www.arnsberg-info.de

Sehenswertes

Klassizismus-Viertel

Gemeinsam mit dem ehemaligen Herzogtum Westfalen fiel Arnsberg 1816 an Preußen und wurde Kreisstadt und Sitz des Regierungspräsidenten. Preußenkönig Friedrich Wilhelm III. sorgte dafür, dass unter der Oberaufsicht des berühmten Baumeisters und Architekten Karl Friedrich von Schinkel zahlreiche neue Häuser errichtet wurden, in denen sich die Beamten aus Berlin adäquat einrichten konnten. Besonders rings um die Auferstehungskirche am Neumarkt, in der Königsstraße und am Brückenplatz ist das Stadtbild bis heute klassizistisch geprägt.

Ehemaliges Kloster Wedinghausen

Die heutige Propsteikirche St. Laurentius war einst die Kirche der 1170 gegründeten Prämonstratenser-Abtei, von der sich bis heute einige Gebäude erhalten haben, u. a. Teile des bemalten Kreuzganges, der Kapitelsaal mit Grafenkapelle und die Bibliothek. Große Bedeutung erlangte das Kloster während des „Arnsberger Exils“ (1794–1804), als Teile des Kölner Domschatzes, darunter der weltberühmte Dreikönigsschrein, hier untergebracht waren. Besonders sehenswert sind die Fenster im Gewölbe der Kirche. Sie wurden um 1250 angefertigt und gehören zu den ältesten Glasmalereien Westfalens. Sogar aus dem 11. Jh. stammt das romanische Holzkreuz über dem Taufbecken.
Adresse: Propstei St. Laurentius, Klosterstr., 02931/3403, www.kloster-wendinghausen.de

Hirschberger Tor

Kurfürst und Erzbischof Clemens August von Köln, einst Besitzer des Jagdschlosses zu Hirschberg, engagierte 1753 den berühmten Architekten Johann Conrad Schlaun, um in der Schlossmauer ein Tor zu errichten. Es wurde ein grandioses Jagdtor mit Skulpturen von Hirsch, Keiler und Hundemeute bei der Parforcejagd. Nach Abriss des Jagdschlosses wurde das Tor nach Arnsberg transportiert, renoviert und am Schlossberg wieder aufgebaut.

Ehmsen-Denkmal

Auf einem Felsvorsprung des Eichholzes hat man den wohl schönsten Ausblick auf die Stadt. Hier wurde 1897 ein acht Meter hoher Kuppelbau errichtet, der in goldenen Buchstaben an Forstrat Ernst Ehmsen erinnert, der 1891 den Sauerländischen Gebirgsverein gründete. Aufgrund einer besonderen

Alter Markt mit Glockenturm

Akustik wird das Denkmal auch als „Flüsterhäuschen“ bezeichnet.

▸ Alter Markt

Der gerne als „gute Stube von Arnsberg“ bezeichnete Platz ist nicht zu verfehlen, erhebt sich doch hier der **Glockenturm**, das Wahrzeichen der Stadt. Mit seiner barocken Zwiebelhaube gehört der ehemalige Torturm der Stadtbefestigung zudem zu den ältesten Gebäuden der Stadt. Direkt daneben das **Alte Rathaus** (1710) mit kurkölnischem Wappen und der Stadtmadonna von 1500, die auf wundersame Weise in ihrer Nische so manchen Feuersturm überstanden hat. Sehenswert ist auch der **Maximiliansbrunnen**, den der Kurfürst seiner Residenzstadt 1779 schenkte, sowie das wunderbar renovierte **Patriziergebäude „Zur Krim“**, auch „Himmelpförtners Haus“, in dem einst der Hexenkommissar von Schultheiß ein unrühmliches Kapitel der hiesigen Rechtsgeschichte aufschlug.

▸ Stadtkapelle St. Georg

Unter dem 44,20 m hohen Wahrzeichen der Stadt befindet sich eine katholische Stadtkapelle. Der heute noch existierende frühgotische Hallenbau stammt aus dem Jahre 1323 und war seinerzeit die einzige innerstädtische Kirche, die den ehemaligen Stadtturm fortan als Glockenturm nutzte.
Adresse: Alter Markt 26, 59821 Arnsberg

▸ St. Urbanus

Wann die erste Vorgängerkirche von St. Urban in Vosswinkel errichtet wurde, liegt im Dunkeln. Nach einem verheerenden Brand entstand auf den alten Grundmauern die jetzige Kirche in den 1750er-Jahren. Bemerkenswert sind der barocke Hochaltar, die drei Rokoko-Seitenaltäre sowie die Orgel von 1892. Eine Besonderheit ist die moderne Ausmalung des Innenraums von 2003, die in ihrer Verknüpfung zur bestehenden historischen Malerei für Aufmerksamkeit sorgt.

Adresse: Voßwinkler Str. 16, 59757 Arnsberg, ☏ 02932/26425; Führung: ☏ 02932/7121, 🌐 www.kirche-neheim.de

▸ Schlossruine

Auf dem alles beherrschenden Schlossberg errichteten die Grafen von Arnsberg bereits um 1100 eine Burg, in deren schützendem Schatten sich bald erste Bürger ansiedelten. Unter dem kölnischen Kurfürsten Clemens August von Wittelsbach und unter der Aufsicht des bekannten Barock-Baumeisters Johann Conrad Schlaun wurde die Anlage 1734 zu einem prächtigen Renaissance-Schloss umgebaut, das in den Wirren des Siebenjährigen Krieges 1762 zerstört wurde. Die Ruinen zeugen von der vergangenen Pracht und bieten einen grandiosen Blick auf die Stadt und die Ruhrtäler. Im Sauerlandmuseum wird ein Modell der Anlage gezeigt.
Adresse: Schloßstr. 99, 59821 Arnsberg

▸ Grüner Turm und Limpsturm

Beide Türme sind Überreste der mittelalterlichen Stadtbefestigung. Der markante Limpsturm an der Bergstraße stammt aus dem 13. Jh. und diente zeitweise als Stadtgefängnis. Heute bietet das Gemäuer unterschiedlichen Kunstinstallationen eine Bühne. Im 3. Stock wurde eine Camera Obscura installiert, eine begehbare Kamera, in der sich die Außenwelt wiederspiegelt. Im Rahmen von Führungen zu besichtigen.
Adresse: Stadtmauer 8 u. Bergstr. 8, 59821 Arnsberg, 🌐 www.foerderverein-lichtturm.de

▸ Schloss Herdringen

Die Geschichte des Herdringer Rittergutes, Burg und Schloss reicht bis in das 14. Jh. zurück. Doch das eindrucksvolle Gemäuer, das u. a. für Veranstaltungen genutzt wird, entstand erst in den 1840er-Jahren. Erbaut von Franz Egon Graf von Fürstenberg, gilt das Schloss als bedeutendster neugotischer Schlossbau Westfalens. Seinerzeit wurde auch die Parklandschaft durch Gartenarchitekt Maximilian Friedrich von Weyhe im Stil der Romantik entworfen.
Adresse: Zum Herdringer Schloss 7, 59757 Arnsberg, ☏ 02932/4830, 🌐 www.schloss-herdringen.de

▸ Haus Hüsten

Nordöstlich von der Pfarrkirche St. Petri in Hüsten hat sich der Adelssitz Haus Hüsten erhalten, dessen Geschichte bis in das 13. Jh. zurückreicht. Das auch als Hof beim Kirchhof oder Hövels Hof bezeichnete Haus diente zahlreichen hiesigen Adelsgeschlechtern als Heimstatt. Im Obergeschoss hat die Schützenbruderschaft Hüsten ein Schützenmuseum eingerichtet.
Adresse: Hövels Gasse 1, 59759 Arnsberg, ☏ 01522/1818764, 🌐 www.schuetzen-huesten.de

▸ Sauerländer Dom

Mit Kreuz und Hahn ragt der Westturm der Neheimer Pfarrkirche St. Johannes Baptist beachtliche 83 m in die Höhe und bildet den städtebaulichen Mittelpunkt des Ortsteils Neheim. Nach mehreren Vorgängerbauten konnte die heutige dreischiffige Basilika im neuromanischen Stil zunächst 1894 und, nach langer Unterbrechung, abschließend 1914 fertiggestellt und eingeweiht werden. Aufgrund ihrer Größe und des wuchtigen Erscheinungsbildes wird sie gerne als „Sauerländer Dom" bezeichnet, ein Beiname übrigens, der auch St. Johannes in Attendorn anhängt. Das imponierendste Ausstattungsstück ist die Orgel von 1929, bis heute eines der größten Instrumente der Erzdiözese Paderborn.
Adresse: Hauptstr. 11, 59755 Arnsberg

▸ Ehemalige Synagoge

Die ehemalige Synagoge zu Neheim wurde 1876 eingeweiht und während des Novemberpogroms 1938 geschändet und zerstört,

jedoch aufgrund der Enge in der Altstadt nicht in Brand gesetzt. Zweimal konnte ein Abriss abgewendet werden, bis das als Lager genutzte Gebäude Mitte der 1980er-Jahre von Privat gekauft und umfassend renoviert wurde. Heute gilt sie als besterhaltene Synagoge in Westfalen und wird für kulturelle Veranstaltungen genutzt.
Adresse: Mendener Str. 35, 59755 Arnsberg, ✆ 02932/1475,

▸ Kloster Oelinghausen
Das zweite Kloster im Stadtgebiet von Arnsberg wurde etwa 1174 im heutigen Ortsteil Holzen gegründet. Zunächst als Doppelkloster für Mönche und Nonnen genutzt, lebten hier später Prämonstratenserinnen und es war zeitweise ein weltliches Damenstift. 1804 wurde es aufgehoben. Zwar sind nur noch wenige der ursprünglichen Klostergebäude erhalten, dennoch birgt es einige der bedeutendsten kunsthistorischen Schätze des Sauerlandes. Besonders die Klosterkirche mit ihrem zehn Meter hohen Barockaltar und der Orgel mit Originalpfeifen von 1599 ist weithin bekannt. Häufigstes Ziel der Besucher ist das Gnadenbild der Mutter Gottes in der Krypta. Die hölzerne Figur stammt aus dem 13. Jh. und wird auch als „Königin des Sauerlandes“ verehrt.
Adresse: Oelinghausen 2, 59757 Arnsberg, 🌐 www.oelinghausen.de

▸ Kloster Rumbeck
Das beeindruckende dritte Prämonstratenserinnen-Stift wurde bereits um 1190 gegründet und bildete den Grundstock für den Ortsteil Rumbeck. Die meisten Gebäude sind erhalten geblieben und der Wirtschaftshof wird bis heute betrieben. Die St.-Nikolaus-Kirche wird als Pfarrkirche der Gemeinde genutzt. Vermutlich wurde die spätromanische Hallenkirche bereits um 1200 errichtet. Sie gilt als eine der ersten Hallenkirchen mit einem gemauerten Gewölbe in Westfalen. Besonders sehenswert sind der Figurenschmuck des Hochaltars und eine Orgel aus der Herforder Klausing-Werkstatt von 1700.
Adresse: Klosterstr. 20, 59821 Arnsberg; Führungen: ✆ 02931/14525

▸ Neheimer Fresekenhof
Um die Neheimer Burg zu verstärken, wurde das ursprüngliche Gebäude Mitte des 14. Jhs. auf der Stadtmauer als eines von drei Burghäusern errichtet. Im Dreißigjährigen Krieg zerstört, wurde der Hof auf den Grundmauern des Vorgängerbaus neu aufgebaut. Nach sehr unterschiedlicher Nutzung als Adels- und Witwensitz, als Wohnhaus, privates Museum und Lagerhaus wurde es 1980 von der Stadt erworben und zu einem Bürgerhaus umgestaltet. Heute wird das ehemalige Burghaus für kleine Empfänge oder Eheschließungen genutzt und ist Versammlungsort von Vereinen. Eine Dauerausstellung informiert über das Leben und Wirken von Franz Stock.
Adresse: Fresekenplatz 6, 59755 Arnsberg-Neheim, ✆ 02932/9318804

Museen & Ausstellungen

▸ Sauerland-Museum
Das Museums- und Kulturforum Südwestfalen ist schon auf dem ersten Blick äußerst spannend. Mit seiner Architektur, einer vielfach ausgezeichneten Vereinigung von modernen und historischen Stilelementen, bietet es einen attraktiven Blick auf die Geschichte des ehemaligen Herzogtums Westfalen. Während im historischen Landsberger Hof die regionale Vergangenheit von der Steinzeit bis zur Gegenwart aufgerollt wird, bietet der benachbarte Neubau viel Raum für zeitgemäße Präsentationen aus Kunst und Kultur.
Adresse: Alter Markt 24–30, 59821 Arnsberg, ✆ 02931/944444, 🌐 www.sauerland-museum.de

▸ Gedenkstätte und Begegnungszentrum Abbé Franz Stock

Der im Ortsteil Neheim geborene katholische Priester wurde als „Gefangenenpriester“ bekannt, der während der deutschen Besatzungszeit in Paris die Wehrmachtsgefängnisse und Hinrichtungsstätte betreute. Für den 1948 Verstorbenen, der als Wegbereiter der deutsch-französischen Freundschaft gilt, wurde 2009 das Seligsprechungsverfahren eröffnet. In seinem Elternhaus erinnern Stücke seines Pariser Wohnungsinventars sowie Bilder, Bücher, Fotos, Briefe und Dokumente an sein Werk und seine Person.
Adresse: Franz-Stock-Str. 18, 59706 Arnsberg-Neheim, ✆ 02932/22050, 🌐 www.franz-stock.de/elternhaus

Westturm der Schlossruine Arnsberg

▸ Klostergartenmuseum Oelinghausen

Um die jahrhundertealte klösterliche Gartenkultur zu präsentieren, wurde vom Freundeskreis 2005 das Klostergartenmuseum eröffnet. In dem Bruchsteinhaus von 1905 werden die Anlage und die sich wandelnden Aufgaben eines Klostergartens ebenso thematisiert wie Heilpflanzen, Drogen und die spannende Methode der Baumzeitlehre (Dendrochronologie). Im Außenbereich wurde ein realer Klostergarten angelegt, der zwischen Chorraum, Kapelle und Klostermauer zu einem wahren Idyll heranwachsen konnte.
Adresse: Kloster Oelinghausen, 59757 Arnsberg-Oelinghausen, ✆ 02932/29159, 🌐 www.freundeskreis-oelinghausen.de

▸ Industriemuseum Werk Neheim

Sie kennen Bremkes Kaffee „Stolz des Sauerlandes“ nicht? Sie haben weder vom Oeventroper Bier und Arnsberger Löwenbräu noch vom Beerensammler Hubertus aus dem Hause Wesco gehört? Aber natürlich kennen Sie die Kaiser-Leuchten aus Neheim, die Waffeleisen von Cloer und die Brotschneidemaschinen von Rösen & Robbert! Als letztere Firma in den 1980er-Jahren ihre Pforten schließen musste, entstand in den 1927 erbauten Fabrikhallen ein spannendes Industriemuseum mit Produkten aus heimischer Herstellung.
Adresse: Hilsmannweg 23a, 59755 Arnsberg-Neheim, ✆ 02932/28840, 🌐 www.werk-neheim.de

▸ ☺ Feuerwehrmuseum Brennpunkt

Mit einer vor der Schrottpresse geretteten Feuerspritze aus dem Jahre 1784 fing 1970 die museale Arbeit der Arnsberger Feuerwehrleute an. Ein erstes Museum konnte 1971 am Schlossberg eröffnet werden, in dem bereits über 200 Ausstellungsstücke präsentiert wurden. Nach Umzug ist das Museum heute im Industriegebiet Zu den Werkstätten zu finden.
Adresse: Branddirektor-Kraemer-Str. 1, 59821 Arnsberg, ✆ 02931/9390998, 🌐 www.brennpunkt-arnsberg.de

▸ Marine-Historische Sammlung

Auch wenn sich das Sauerland eher durch Meeresferne auszeichnet, hat sich hier ein Arbeitskreis für Marinegeschichte gebildet, der allen Interessierten einen Blick in die Geschichte der Seefahrt gewährt. Mit den

unterschiedlichsten Modellen, diversen Uniformen und technischen Ausrüstungsstücken werden die rund 200 Jahre der Deutschen Marinegeschichte eindrucksvoll dokumentiert.
Adresse: Hellenfelder Str. 119, 59821 Arnsberg, 02932/23166 u. 0160/1725696

Freizeit & Natur

Golf

Nahe dem ehemaligen Jagdschloss im Arnsberger Ortsteil Herdringen wird schon seit 1958 eingelocht. Zwischen mächtigen Bäumen und idyllischen Teichen, inmitten einer sattgrünen Hügellandschaft lädt der Golfclub Sauerland mit 10-Loch-Platz in den Sommermonaten zum perfekten Abschlag ein.
Adresse: Zum Golfplatz 19, 59759 Arnsberg-Herdringen, 02932/31546, www.gcsauerland.de

Indoor Kartbahn Raceland

Die etwa 500 Meter lange überdachte Strecke bietet ganzjährigen Fahrspaß. Mit modernster Technik, spezieller Sicherheitstechnik (TÜV-geprüft) kann hier jeder seine Rennfähigkeiten in verschiedensten Klassen austesten, natürlich mit einer detaillierten Auswertung auf die Hundertstelsekunde.
Adresse: Raiffeisenstr. 10, 59757 Arnsberg, 02932/83335, www.raceland-karting.de

Klettergarten

Im Wildwald lockt der Team-Klettergarten Gruppen zu einem besonderen Erlebnis, das neben Spaß und Spannung auch die Kommunikation, die Zusammenarbeit und das Vertrauen stärkt. Und wem das zu hoch hinausgeht, der darf sich bei den GPS-Touren oder dem „Outdoor-Exit-Game" die Nerven kitzeln lassen.
Adresse: Bellingsen 5, 59757 Arnsberg-Voßwinkel, 02931/937355, www.wildwald.de

Minigolf

Mit einer tollen Aussicht über Neheim-Hüsten bietet die Minigolf-Sport-Klub-Anlage einen prima Freizeitspaß für die ganze Familie. Die Turnieranlage besteht aus 18 Betonbahnen (Minigolf) sowie 18 Eternitbahnen (Miniaturgolf). Neben Aussichtsterrasse und Imbiss stehen noch zwei Filzbahnen für Trainingsschläge zur Verfügung.
Adresse: Zu den Drei Bänken 5, 59757 Arnsberg-Neheim, 02932/445415, www.minigolf-neheim.de

Reiten

Vom Longenunterricht und Ponyführen für Anfänger über Geländeritte für Fortgeschrittene bis hin zu mehrstündigen Wanderausritten reicht das Angebot für Pferdefans im Raum Arnsberg.
Adressen:
Reitverein Arnsberg: Wicheln 1, 59757 Arnsberg, 0157/39220778, www.rv-arnsberg.de
Zucht-, Reit- und Fahrverein Arnsberg-Holzen u. Umgebung: In den Kämpen 15, 59757 Arnsberg, 02932/34542, www.zrfv-arnsberg-holzen.de
Zucht-, Reit- und Fahrverein Vosswinkel: Vosswinkeler Str. 2, 59757 Arnsberg, 02932/22618, www.zrfv-vosswinkel.de
Reit- und Fahrverein Oeventrop: In den Oeren 7, 59823 Arnsberg-Oeventrop, 02937/2049, www.reitverein-oeventrop.de
Ponyranch Arnsberg: Wanderparkplatz Rumbecker Höhe, 59823 Arnsberg, 0171/5446692, www.ponyranch-arnsberg.com

Schwimmbäder

Im **Erlebnisbad NASS** bietet neben dem 25-m-Sportbecken das große Erlebnisbecken Entspannung und Action pur. 80-m-Rutsche, Strömungskanal, Sprudelliegen und Massagedüsen sowie zwei entspannende

heiße Whirlpools lassen kein Auge trocken. Zudem lässt sich's im Außenbereich mit Natursolebecken und Saline aus der einzigen Thermalsolequelle des Sauerlandes prima durchatmen. Zehn verschiedene Sauna- und Dampfbäder werden angeboten, dazu ein umfangreiches Fitness- und Wellness-Programm.
Das von einem Verein unterhaltene **Freibad Storchennest** wartet mit einem 25-m-, einem 12,5-m-, einem Kinder- und einem Tretbecken auf. Auf den umliegenden Liegewiesen gibt es Spielgeräte für die Kleinsten, Tischtennisplatten und sogar einen Kiosk für das leibliche Wohl.
Mitten im Grünen, umgeben von natürlichem Baumbestand, lässt sich im beheizten und barrierefreien **Freibad Neheim** bestens abschalten. Hier wird der ganzen Familie etwas geboten. Neben Schwimmer-, Nichtschwimmer- und Kinderplanschbecken locken Wasserrutsche und Sprungbretter. Auf der riesigen Liegewiese findet jeder sein Plätzchen, vielleicht sogar auf einer Sonnenliege oder im Strandkorb. Und ein bundesligataugliches Beachvolleyballfeld, Tischtennis und Kicker verhindern jegliche Langeweile.
Adressen:
Erlebnisbad NASS: Am Solepark 15, 59759 Arnsberg, ☏ 02932/475730, 🌐 www.nass-arnsberg.de
Freibad Storchennest: Zum Hohen Nacken 2, 59821 Arnsberg, ☏ 02931/12531, 🌐 www.storchennest-arnsberg.de
Freibad Neheim: Jahnallee 49, 59755 Arnsberg-Neheim, ☏ 02932/7650, 🌐 www.freibad-neheim.de

▸ Verkehrslandeplatz Arnsberg-Menden

Nahe dem Arnsberger Ortsteil Neheim-Hüsten entstand bereits 1970 ein kleiner Verkehrslandeplatz. Ohne Linien- und Charterflüge wird der Platz vom Luftsportclub Arnsberg und der Luftsportgemeinschaft Westfalen betrieben. Neben einem Tagungshotel und dem JU-52-Café-Restaurant mit toller Kulisse zeichnet sich der Flugplatz durch einen dreidimensionalen Full-Motion-Flugsimulator aus, in dem sich Piloten, Anfänger und Laien erproben dürfen.
Adresse: Flugplatz 1, 59757 Arnsberg, ☏ 02377/580 u. 02373/891615, 🌐 www.flugplatz-arnsberg-menden.de

▸ Wandern & Radfahren

Zu den beliebtesten Wanderrouten zählt die *Arnsberger Aussichtsroute* (20 km) rings um die Kernstadt, die den Spuren der Grafen, Preußen und Hessen folgt. Die *Holzfällerrunde* (20 km) folgt Waldbächen bis hin zu historischen Waldarbeitersiedlungen und bietet Aussichten auf den Hevesee und die Möhnetalsperre. Ein lohnenswerter, 3,5 km langer Abstecher ist der *Klangwald* mit zehn Klanginstallationen. Auch der *Wenningloher Rundweg* (12 km) bietet beeindruckende Weitsichten. Und die Radfahrer wissen den Arnsberger Wald ebenfalls zu schätzen, durch den die verschiedensten Touren für (Renn-)Radler und Mountainbiker ausgewiesen sind.

▸ ☺ Wildwald Voßwinkel

Der 650 ha große Naturerlebnispark im Naturschutzgebiet Lüerwald wird von zahlreichen einheimischen Wildarten wie Rot-, Damm- und Muffelwild sowie Wildschweinen bewohnt. Auf rund 12 km kann man sich auf diversen Wanderwegen auf die Pirsch begeben, um der heimischen Wildnis per Info-Tafeln, Waldstationen oder Aussichtskanzeln näher zu kommen. Besondere Highlights sind der „Kolkrabenhorst", der „Schäfchenwagen" oder das „Hummelhaus", in denen man sogar übernachten kann. Und wer traut sich in einem schwebenden Baumzelt zu übernachten?
Adresse: Bellingsen 5, 59757 Arnsberg, ☏ 02932/97230, 🌐 www.wildwald.de

Attendorn

(Kreis Olpe)

Die südsauerländische Hansestadt (24 300 Einwohner) mit dem schwarzen Kreuz (Erzbistum Köln) und dem roten Halbmond (Johannes der Täufer) im Wappen feierte 2022 ihren 800. Geburtstag. Wie die beeindruckenden Burgen belegen, hatte Attendorn schon im Mittelalter große Bedeutung als Handels- und Handwerkerstadt, als Münzstätte und schließlich Hansestadt. Die Pest, verschiedene Fehden und Kriege sorgten immer wieder für Rückschläge, von denen sie sich erst mit dem Aufschwung der Metallindustrie im 19. Jh. erholte. Der historische Stadtkern von Attendorn mit seinen schmucken Altbauten und den herausragenden Sehenswürdigkeiten prägen das Flair der Stadt. Die ländliche Kulisse der 55 zugehörigen Dörfer und Ortschaften sowie der Biggesee bieten einen hohen Freizeit- und Erholungswert.

Tourist-Information
der Hansestadt Attendorn
Kölner Str. 9
57439 Attendorn
02722/6574146
www.attendorn.de

Sehenswertes

Burg Schnellenberg

Eindrucksvoll erhebt sich die Höhenburg hoch über dem Südufer der Bigge. Der Kölner Erzbischof ließ sie 1222 an strategisch günstiger Stelle zur Sicherung der bedeutenden „Heidenstraße" errichten, zeitgleich mit der Befestigung Attendorns. Nach mehreren Besitzerwechseln übernahm Kaspar von Fürstenberg 1594 die Burg, ließ sie mühsam wieder herrichten und im Laufe der Zeit mehrere Gärten und die noch heute bestehenden Fischteiche anlegen. Die folgenden Generationen derer von Fürstenberg entwickelten die Burg und ihre Gärten weiter und bauten sie im späten 17. Jh. zu ihrer jetzigen Form aus.

Adresse: Schnellenberg 1, 57439 Attendorn, 02722/6940, www.burg-schnellenberg.de

Pfarrkirche St. Johannes Baptist

Bei Ausgrabungen konnte festgestellt werden, dass die heutige Kirche mindestens drei Vorgängerbauten hatte. Erste Anfänge liegen im 9. Jh., Erweiterungen im 11. Jh. und um 1230 entstand ein Neubau. Als im 14. Jh. abermals ein Neubau erfolgte, übernahm man den alten Turm, stockte ihn auf und setzte ihm 1634 die markante barocke Zwiebelhaube auf. Die als „Sauerländer Dom" bezeichnete Pfarrkirche gilt als Wahrzeichen der Stadt. Der zweite „Dom" des Sauerlandes, der ebenfalls Johannes dem Täufer gewidmet ist, steht in Arnsberg-Neheim. Viele der wertvollen Ausstattungsgegenstände in der aufwendig restaurierten Kirche kommen aus der berühmten Werkstatt des Johann Sasse. Das schmiedeeiserne Kreuz auf der Turmspitze ist 7,28 m hoch und 600 kg schwer.

Adresse: Am Kirchplatz, 57439 Attendorn

Ehemaliges Augustinerkloster Ewig

Am südlichen Rand der Hansestadt zeugen einige alte Gebäude von der wechselvollen Geschichte, die sich hier ereignete. Im Jahre 1420 wurde das Gut der hiesigen Ritter von Ewig verkauft und in ein Augustinerkloster umgewandelt, das über 400 lange Jahre Bestand hatte. Nach der Säkularisierung wurde es abermals umgewandelt, verpachtet und erneut verkauft, abgegeben, zurückgekauft und schließlich 1956 als Arbeiterunterkunft genutzt. 1968 eröffnete hier die erste offene Justizvollzugsanstalt

Burg Schnellenberg bei Attendorn

in NRW. Nur Außenbesichtigungen möglich.
Adresse: Biggeweg 5–7, 57439 Attendorn

▸ Ruine Waldenburg

Hoch oben auf einem steilen Bergsporn erheben sich die Reste einer einst beeindruckenden Höhenburg. Der Beginn des ehemals stolzen Gebäudes, das die Anfänge der hiesigen Selbstverwaltung markiert, liegt im Dunkel des 10. Jhs. Ihre wechselvolle Geschichte reicht von den Grafen von Zütphen, von Ravensberg und von Sayn über die Kölner Erzbischöfe, verschiedene Edelherrenhäuser, den Deutschritterorden bis hin zu den Herren von Fürstenberg. 1712 brannte die Burg ab und wurde nicht wieder hergestellt. Markantestes Überbleibsel sind Teile des einstigen Bergfrieds. Er kann über den *Zwei-Burgen-Weg* oder den *Bigge-Lister-Weg* erwandert werden.
Adresse: Waldenburger Bucht, 57439 Attendorn

▸ Waldenburger Kapelle

Nachdem die Waldenburg samt Kapelle 1712 abgebrannt war, errichtete die Familie von Fürstenberg dieses achteckige Gotteshaus. Es wurde 1723 eingeweiht und entwickelte sich zu einer beliebten Marienwallfahrtsstätte. Als man 1965 den Biggesee aufstaute, musste die Kapelle etwa 50 m weiter nach oben wandern. Zu Weihnachten lockt eine 35 m^2 große Krippe mit mehr als 70 Figuren.

▸ Jüdischer Friedhof

Am Rande der Innenstadt befindet sich ein kulturhistorisches Kleinod, das sich Besucher nicht entgehen lassen sollten. Neben einem steilen Fußweg war es der hiesigen jüdischen Gemeinde gestattet, ihre Toten zu bestatten. Erste Belege dafür gibt es erst seit 1830. Die letzte Beerdigung fand 1942 statt. Insgesamt haben sich auf dem Grundstück 33 Grabstätten erhalten. Der Friedhof wurde als offener Erinnerungs- und Begegnungsraum konzipiert und ist öffentlich zugänglich.
Adresse: Am Himmelsberg, 57439 Attendorn, ✆ 0171/1198273 u. 02722/7123, 🌐 www.juedisch-in-attendorn.org

Museen & Ausstellungen

▸ Südsauerlandmuseum

Seit dem 14. Jh. markiert das alte Rathaus das Zentrum der Hansestadt Attendorn und beherbergt heute eine umfangreiche und höchst spannende Sammlung zu Kunst und Kultur, Stadt- und Landesgeschichte. Die Themenauswahl ist riesig und reicht von Fossilien bis zu Osterbräuchen, vom ländlichen Leben bis zu den Hansekaufleuten und Silberschmieden. Das ultimative Highlight ist für viele Besucher das Westfälische

Zinnfigurenkabinett, das in 22 großen Vitrinen geschichtliche Szenen nachstellt.
Adresse: Alter Markt 1, 57439 Attendorn, 02722/3711, www.suedsauerlandmuseum.de

Zeughaus und Schützenmuseum
Der Bieketurm ist einer von zwei erhaltenen Wehrtürmen, die einst zur mittelalterlichen Stadtmauer der Hansestadt Attendorn gehörten. 1985 übernahm die Schützengesellschaft Attendorn 1222 den Turm und richtete hier ein kleines Museum ein, in dem Fahnen, Schützenketten, „Iserköppe" und Waffen präsentiert werden.
Adresse: Bieketurm/Bieketurmstr., 57439 Attendorn, 0152/18303172, www.1222ev.de

Feuerwehrmuseum
Aus den Festlichkeiten zum 100. Geburtstag der Freiwilligen Feuerwehr Attendorn entstand dieses Museum zur Geschichte des Feuerlöschwesens. Auf 700 m² werden neben einigen großen Exponaten zahllose Kleinteile wie Orden, Ehrenzeichen, Bilder sowie rund 150 Helme und Mützen aus aller Welt präsentiert. Zudem werden aktuelle Themen der Feuerwehr aufgegriffen und so z. B. über Brandgefahren und richtiges Verhalten aufgeklärt.
Adresse: St.-Ursula-Str. 5, 57439 Attendorn, 02722/68396, www.attendorner-feuerwehr-museum.de

Freizeit & Natur

Ahauser Stausee
Im Biggetal unterhalb von Attendorn wurde 1938 mit einem 165 m langen Erddamm ein Stausee angelegt, um die Bigge zu regulieren. Zudem dient er als Ausgleichsweiher für den Kraftwerksbetrieb (2,2 MW). Der 33 ha große Ahauser Stausee gilt als stillster der drei hiesigen Talsperren. Nur einmal im Jahr wird es unruhig, wenn hier die „Regatta der Piraten" stattfindet.
Adresse: Finnentroper Str., 57439 Attendorn, www.ruhrverband.de

Angeln
Der Biggesee und der Ahauser Stausee laden ein zu Angelabenteuern. Petrijünger erhalten die notwendige Fischereierlaubnisverträge und Bootsplaketten beim Tourismusverband (02722/6579240).
Infos: www.angeln-im-sauerland.de

Atta-Höhle
Die Überraschung, als Bergleute im Jahre 1907 die riesige Höhle entdeckten, war riesig, und sie ist es noch immer für all jene, die das bizarre Gebilde im Untergrund erstmals zu sehen bekommen. Über 6600 m ist das unterirdische Labyrinth lang, wovon etwa 1800 m begehbar sind. Es ist Deutschlands größte und vielleicht auch schönste Tropfsteinhöhle.
Adresse: Finnentroper Str. 39, 57439 Attendorn, 02722/93750, www.atta-hoehle.de

Aussichtsplattform Biggeblick
Der zehnminütige Fußweg ist ein wenig steil, doch man wird mit einem fantastischen Blick auf Biggesee und Gilberginsel belohnt. Der atemberaubende Aussichtspunkt in 90 m Höhe ist frei zugänglich. Besonders lohnenswert ist ein Besuch in den Abendstunden, wenn die Plattform spektakulär beleuchtet wird.
Adresse: Waldenburger Bucht 11, 57439 Attendorn

Badestellen
Das Naturerlebnisgebiet Biggesee-Listersee bietet zahlreiche Badestellen. Zu Attendorn gehört die **Badestelle am Schnütgenhof**. Sie hat eine riesige Liegewiese mit Umkleide- und WC-Anlage sowie ein Restaurant in der Nähe; keine Badeaufsicht. Des Weiteren gibt

es die **Badestelle Waldenburger Bucht**. Dabei handelt es sich um einen der größten Beach-Clubs des Landes (7000 m^2) mit großer Liegewiese und Sandstrand, Beachvolleyballfeld und Kiosk, WC-Anlage, Kinderanimation und einem kleinen Schwimmbecken; keine Badeaufsicht.

Adressen:
Schnütgenhof: Listertalstr., 57439 Attendorn
Waldenburger Bucht: Waldenburger Bucht 20, 57439 Attendorn, 02722/95500

Die Aussichtsplattform Biggeblick

Biggesee

Vor den Toren der Stadt liegt der 714 ha große, 14 km lange und bis zu 1000 m breite See, der mit über 21 Mio m^3 Fassungsvermögen das fünftgrößte Staugewässern des Landes ist. Der Staudamm, vor dem der See bis zu 50 m tief werden kann, entstand von 1956 bis 1965 und degradierte die Listertalsperre zum Vorbecken. Seine Aufgaben: die Regulierung der Flüsse Bigge, Lenne und Ruhr, die Wasserversorgung des Ruhrgebietes und Freizeitparadies für Wassersportler.

Golf

Unweit der Biggetalsperre befindet sich das idyllische Repetal. Hier hat der Golfclub Repetal Südsauerland sein Domizil und bietet Golfern sämtlicher Spielklassen 18 abwechslungsreiche, aber auch anspruchsvolle Bahnen mit tollen Aussichten. Ergänzt wird das Angebot durch einen öffentlichen 6-Loch-Platz.

Adresse: Repetalstr. 219, 57439 Attendorn-Repetal, 02721/718032, www.golfclub-repetal.de

Reiten

Ob klassischer Reitunterricht für Einsteiger oder professionelles Springtraining, Westernreiten und Horsemanship Training oder der entspannte Ausritt durch das südliche Sauerland – rings um Attendorn gibt es für Pferdenarren viele Möglichkeiten.

Adressen:
Mountain Hill-Farm: Hülschotter Str. 37, 57439 Attendorn-Ennest, 02722/6341479, www.mountain-hill-farm.de
Reit- und Fahrverein Attendorn – Askay: Lamfertweg, 57439 Attendorn-Ennest, www.rv-attendorn-askay.de
Ländlicher Reiterverein Attendorn Repetal: Zum Eben 2, 57439 Attendorn, www.reiterverein-repetal.de
Reiterhof Niederhelden: Repetalstr. 219, 57439 Attendorn, 02721/1310, www.platte.de

Schwimmbad

Das 25-m-Schwimmbecken mit 3-m-Sprungturm und der Nichtschwimmerbereich mit Rutsche im Hallenbad Attendorn sind großzügig dimensioniert, zudem bieten Whirlpool und Dampfsauna Entspannung.

Adresse: Südwall 84, 57439 Attendorn, 02722/4600, www.hallenbad-attendorn.de

▸ Stand-up-Paddling
Wer schwimmen kann und einigermaßen fit ist, der wird mit ein wenig Übung dem neuesten Wassersport-Trend folgen können. Direkt am Biggesee kann man bei Bigge-SUP das notwendige Equipment für diese Mischung aus Paddeln und Surfen ausleihen und an einem Anfängerkurs teilnehmen.
Adresse: Waldenburger Bucht 20, 57439 Attendorn, ☏ 0151/75030308, 🌐 www.bigge-sup.de

▸ Tauchen
Am Biggesee sind zwei Tauchplätze ausgewiesen: im **Tauchgebiet Weuste** mit ca. 23 m Tauchtiefe (ohne Anmeldung, Tauchboje erforderlich) und im **Tauchgebiet Kraghammer Sattel** mit bis zu 42 m Tauchtiefe (Anmeldung Tauchclub Octopus). Es gibt auch eine Tauchschule vor Ort.
Infos:
Tauchschule Biggesee: ☏ 02761/63214 u. 0172/5913125
Tauchclub Octopus Siegen: ☏ 0271/84004

▸ Wandern
Das Natur-Erlebnisgebiet Biggesee-Listersee bietet zahlreiche Möglichkeiten, der wunderschönen Natur auf ausgezeichneten Wegen näherzukommen. Eines der schönsten Naturerlebnisse bietet der *Bigge-Lister-Wanderweg* (46 km), auf dem in zwei oder mehreren Tagen der „Sauerländer Fjord" umrundet werden kann.
Der *Julius Ursell-Weg* ist der deutschlandweit erste Jüdische Themenwanderweg. Er wurde in Erinnerung an das jüdische Mitgliedes des Sauerländischen Gebirgsvereins, J. Ursell, konzipiert, der bis 1933 in der Abteilung Attendorn als Kassierer und Wegewart tätig war. Die knapp 10 km lange Tour passiert neben den Spuren jüdischen Lebens in der Innenstadt auch die touristischen Highlights Biggesee und Biggeblick. Startpunkt ist der Jüdische Friedhof (Am Himmelsberg).
Infos: 🌐 www.biggesee-listersee.com, 🌐 www.juedisch-in-attendorn.org

Balve

(Märkischer Kreis)

Schon seit 1430 mit dem Stadtrecht versehen, entwickelte sich die Kleinstadt (11 200 Einwohner) im schönen Tal der Hönne zu einer bedeutenden Grenzfestung des kurkölnischen Sauerlandes. Nach dem dunklen Kapitel der Hexenverfolgung, verschiedenen Stadtbränden und Besetzung im Siebenjährigen Krieg entwickelte sich das Städtchen mit seinen Dörfern und Weilern inmitten beeindruckender Natur zu einem idealen Ferien- und Urlaubsgebiet. Schon die berühmte Dichterin Annette von Droste-Hülshoff schwärmte vom Hönnetal mit seinen bis zu 80 m hohen Felsklippen als dem „romantischsten Thal Westphalens". Die Region lockt mit geradezu idealen Bedingungen für Wanderer und Radfahrer, der größten „Kulturhöhle" Europas und dem internationalen Reitturnier „Longines Balve Optimum".

Innenstadtbüro der Stadt Balve
Tourist-Information Balve und Hönnetal
Alte Gerichtsstr. 1
58802 Balve
☏ 02375/926-157 u. -158
🌐 www.balve.de
🌐 www.hoennetal.de

Sehenswertes

▸ Bahnhof Binolen
An der Eisenbahnstrecke Menden-Neuenrade hat sich ein bemerkenswertes Stück Eisenbahngeschichte erhalten. Das 1912 errichtete Empfangsgebäude war vor allem

für den Touristenverkehr zur Reckenhöhle aber auch für den hier abgebauten Kalk von Bedeutung. In dem schönen Bahnhofsgebäude befindet sich zudem ein mechanisches Stellwerk. Es wird in erster Linie für kulturelle Veranstaltungen genutzt.
Adresse: Binolen 5, 58802 Balve,
www.bahnhof-binolen.de

▸ St. Blasius
Die Hallenkirche mit dem hohen Westturm gilt als ein Juwel der Romanik und kann auf das 12. und 13. Jh. datiert werden. Eine markante Besonderheit dieser Kirche ist die große, unregelmäßig achteckige Kuppel, die um 1910 während der neoromanischen Erweiterungsarbeiten entstand. Schon im 19. Jh. wurden unter mehreren Farbschichten in der Apsis Wandmalereien freigelegt, die aus der Mitte des 13. Jhs. stammen. Zudem befinden sich auf dem weitläufigen Kirchplatz ein Mausoleum (1704), ein Ehrenmal und ein Bildstock sowie das ehemalige Pfarrhaus und die Alte Küsterei.
Adresse: Kirchplatz 4, 58802 Balve

▸ Brücke und ehemalige Schmiede
Im Ortsteil Volkringhausen lohnt die dreibogige Brücke über der Hönne einen genaueren Blick. Sie wurde zu Beginn des 19. Jhs. aus Bruchstein gefertigt. Sie geht direkt in eine kleine Bruchsteinschmiede mit Brettergiebel über, die ebenfalls 1800 bis 1820 erbaut wurde.

▸ Schloss Wocklum
Im nahezu unberührten Tal des Orlebachs hat sich eine barocke Schlossanlage erhalten, deren Ursprünge auf eine sächsische Wallburg zurückzuführen sind. Zum Teil wird das prächtige Ensemble privat genutzt, doch für Events, Feste oder Trauungen öffnen sich die Pforten. Neben Konzerten und Ausstellungen kann man die besondere Atmosphäre des Schlosses auch bei der „Landpartie" oder den „Wocklumer Schlosslichtern" erleben. Zudem findet hier alljährlich das traditionsreiche Reitturnier „Longines Balve Optimum" statt.
Adresse: Schloss Wocklum, 58802 Balve,
0160/97975318, www.schloss-wocklum.de

Kirchplatz und Pfarrkirche St. Blasius

Museen & Ausstellungen

▸ Museum für Vor- und Frühgeschichte
Wo einst der Wocklumer Stabhammer lautstark seiner Arbeit nachging, darf man heute der 400 Millionen Jahre alten Historie Balves nachspüren. An spannenden Themeninseln gewinnt der Besucher Einblick in die wichtigsten Epochen der Erdgeschichte, trifft auf Fossilien und Dinosaurierknochen, Überbleibsel der Stein- und Eiszeit bis hin zu den „Erdschätzen" für die mittelalterliche Eisengewinnung.
Adresse: Wocklum 10, 58802 Balve,
0171/3880148, www.balve.de

▸ Luisenhütte
In Balve-Wocklum, einem Paradies für Naturfreunde, kann man ziemlich überraschend auf die technischen Wurzeln deutscher Eisenverhüttung treffen. Seit 2004 als ein Denkmal von nationaler Bedeutung

ausgezeichnet, bietet ein komplettes Eisenhütten-Ensemble mit Gießerei und Nebengebäuden Einblicke, wie sie in Deutschland einzigartig sind. Das moderne Erlebnismuseum lässt mit allen Sinnen erleben, welch schwere Arbeit die Eisenproduktion mit Wasserkraft und Holzkohle war. Nicht umsonst ist die Hütte ein Ankerpunkt auf der „Tälerroute der Europäischen Route der Industriekultur".
Adresse: Wocklum 10, 58802 Balve, 02352/9667034, www.maerkischer-kreis.de

Erlebnismuseum Luisenhütte

Dorfmuseum Mellen
Wer sich für alte landwirtschaftliche Maschinen und Gerätschaften sowie weitere Gegenstände aus der Vergangenheit des märkischen Sauerlandes interessiert, ist in dem kleinen Dorfmuseum genau richtig.
Adresse: 58802 Balve, 02375/910695, www.mellen-sauerland.de

Freizeit & Natur

Aussichtstürme
Neben zwei kleineren Aussichtsplattformen am Rande der Wanderrouten ist der Ebbergturm ein Muss. Der 2013 erbaute 13 m hohe Aussichtsturm im Ortsteil Eisborn ist über den *Wanderweg E3* zu erreichen. Das Eichengerüst steht auf über 400 m Höhe auf einem Betonsockel und bietet eine hervorragende Sicht über das Hönnetal.

Balver Höhle
Wo sich einst Frühmenschen und Höhlenbären tummelten und reichliches archäologisches Material aus der Mittleren Altsteinzeit zurückgelassen haben, herrscht heute die Kultur der Gegenwart. Während die Exponate der Früh- und Vorgeschichte die großen Museen in Herne, Hagen und Balve-Wocklum bereichern, wird die riesige Hallenhöhle für Schützenfeste, Theateraufführungen und Konzerte aller Art genutzt. 11 m hoch, 18 m breit und fast 90 m tief misst die natürliche Arena und bietet bis zu 2000 Leuten ein außergewöhnliches Ambiente mit toller Akustik.
Infos: www.balverhoehle.de, www.festspiele-balver-hoehle.de

Barfußpfad Mellen
Im Ortsteil Mellen hat die Dorfgemeinschaft einen kleinen Pfad angelegt, auf dem junge und alte Füße ganz neue Gehgefühle erleben können. Der Dorfplatz ist zugleich Ausgangspunkt von zwei Rundwanderwegen.

Dirtpark
Stets geöffnet und frei zugänglich, bieten die leichten und mittelschweren Strecken genügend Potenzial, um auch geübte Biker zum Schwitzen zu bringen.
Adresse: Am Krumpaul, 58802 Balve

Hönnetal
Balve liegt im mittleren Teil des Hönnetals, das mit seinen mehr als 100 Höhlen in ganz NRW einzigartig ist. Mit sachkundigen Führern sind die Heinrichshöhle (Hemer) und die Reckenhöhle (Balve) zu besichtigen. Dramatisch aufragende, bis zu 50 m hohe

Felsformationen mit Namen wie „Sieben Jungfrauen“, „Uhu-Felsen“ oder „Klusenstein“ verraten viel über die Natur und Fantasie der Menschen. Mit seinen wildromantischen Aussichten gehört das Hönnetal zu den absolut sehenswerten Naturphänomenen im Sauerland und in Südwestfalen. Der namensgebende Fluss Hönne entspringt in 437 m Höhe am Großen Attig bei Neuenrade, durchquert zunächst Balve, passiert Menden und mündet schließlich bei Fröndenberg an der Ruhr (Kreis Unna) in die Ruhr.
Infos: www.hoennetal.de

Rockfestival in der größten Kulturhöhle Europas

▸ Radfahren
Gemütlich auf dem *Ruhrtalradweg* oder sportlich mit dem Mountainbike – im Hönnetal findet jeder Biker seine Tour.
Infos: www.hoennetal.de

▸ Reckenhöhle
Als der Landwirt, Gastronom und Steinbruchbesitzer Franz Recke im Frühjahr 1888 einem Fuchs nachstellte, entdeckte er eine unterirdische Märchenwelt. Nur zwei Jahre später begann der Entdecker damit, in der Tropfsteinhöhle erste Führungen anzubieten. Es sollte jedoch noch Jahrzehnte dauern, bis die 300 m lange Schauhöhle von Schlamm befreit und in ihrer heutigen Form begehbar wurde. Insgesamt sind heute 2500 m Höhlengänge bekannt.
Adresse: Haus Recke, Binolen 1, 58802 Balve-Binolen,
02379/209,
www.reckenhoehle.de

▸ Schwimmbad
An dem 17-m-Becken des Hallenbades mit drei Bahnen, Hubboden und 1-m-Sprungbrett erfreuen sich nicht nur Sportschwimmer.
Adresse: In der Murmke 9, 58802 Balve,
02375/926-0

▸ Wandern
Balve ist Wanderland. Das Wegenetz wird nach und nach mit der Sauerland-

Aussichtsturm auf dem Ebberg

Wanderwegebeschilderung ausgestattet. Neben der *Sauerland Waldroute* und den Hauptwanderstrecken *X1*, *X4* und *X18* unterhalten die Abteilungen des Sauerländischen Gebirgsvereins und der Naturpark Homert eine Vielzahl von Rundwanderwegen. Zu den beliebtesten Wanderrouten gehören *Rund um die Luisenhütte* (9 km), *Auf dem Hönnepfad* (7 km) und *Der Bergbauwanderweg* (7,5 km, La1), auf dem man an 13 Stationen umfassende Informationen zur frühen Eisenerzgewinnung erhält.
Infos: www.hoennetal.de

Bestwig

(Hochsauerlandkreis)

Am nördlichen Rand des Hochsauerlandkreises liegt die Gemeinde Bestwig (10 500 Einwohner) mit dem markanten Andreaskreuz im Wappen. Die Einwohnerschaft verteilt sich auf sechs Ortschaften mit insgesamt 17 Ortsteilen. Landschaftlich prägend sind die malerischen Flusstäler von Valme und Elpe, die sich auf dem Gemeindegebiet zum Ruhrtal öffnen, der wohl bedeutendsten Verkehrsachse des Sauerlandes. Die schmucken Dörfer und der staatlich anerkannte Erholungsort Ostwig bieten beste Voraussetzungen für beschauliche Ferien oder aktive Wanderurlaube. Zudem hält die kleine Gemeinde tiefe Einblicke ins Innere der Berge, ein berühmtes Abenteuerland und den einzigen Wasserfall in NRW bereit.

Tourist-Information Gemeinde Bestwig
Bundesstr. 139
59909 Bestwig
02904/712810
www.hennesee-sauerland.de

Sehenswertes

Lourdes-Grotte

In Grimlinghausen, nahe dem Ortsteil Nuttlar, wurde 1993 eine Kapelle zu Ehren der Muttergottes errichtet. Zudem gibt es einen Glockenspiel-Glockenturm sowie einen Kreuzweg aus örtlichem Naturstein.
Infos: 02904/3465

Alte Kornmühle Ramsbeck

Mühlen gibt es im Sauerland viele. Doch eine Wassermühle mit 400-jähriger Vergangenheit, mit gut erhaltenem Mahlstand und drei Wasserrädern, die die mittelalterliche Technik antreiben, gibt es nur hier. Der Betrieb wurde 1958 eingestellt und das bejahrte Gebäude 1983 unter Denkmalschutz gestellt. Seither wurde es renoviert, die Wehranlage und der Wasserlauf neu gefasst, eine Fischtreppe eingebaut und das Gelände als Schaumühle erneut eingeweiht.
Adresse: Heinrich-Lübke-Str. 43, 59909 Bestwig, 02905/432, 365 u. 0171/8080680

Museen & Ausstellungen

Erlebnisbergwerk Nuttlar

Wer unterirdische Abenteuer erleben möchte, dem bietet ein ehemaliges Schieferbergwerk ein ganz besonderes Erlebnis. Körperliche Fitness, wetterfeste Kleidung sowie festes Schuhwerk vorausgesetzt, geht es mit Bergmannshelm samt Lampe hinab in den Kaiser-Wilhelm-Stollen, vorbei an endlosen Wänden aus gestapelten Schieferplatten. Von 1878 bis zur Stilllegung 1985 wurde hier Schiefer gewonnen und dies hinterließ ein 20 km weites Labyrinth aus Gängen und Hallen in fünf Ebenen. Auch der Schieferhammer im Wappen der Gemeinde Nuttlar lässt auf die Bedeutung der Grube schließen, in der zeitweise 200 Kumpel das schwarze Material per Hand an die Oberfläche brachten.

Adresse: Schieferbau Nuttlar UG, Briloner Str. 48 a, 59909 Bestwig-Nuttlar, 0177/6844769, www.schieferbau-nuttlar.de

▸ Sauerländer Besucherbergwerk

Im Ortsteil Ramsbeck wartet bei jedem Wetter ein spannendes Untertage-Abenteuer, bei dem man sogar jede Menge lernen kann. Sind alle mit Helm und Schutzausrüstung versorgt, rumpelt die Grubenbahn aus den 1950er-Jahren langsam los und fährt 1500 m weit in den Stollen ein. Tief im Berg erfährt man, wie hier bis 1974 Erz abgebaut wurde. Besonders eindrucksvoll sind der 420 m tief führende Blindschacht und die einst größte Doppeltrommelfördermaschine der Welt. Oberirdisch zeigt eine Ausstellung Werkzeuge und Maschinen sowie eine Mineralsammlung. Ein 11 km langer Wanderweg erläutert die Veränderungen in der Landschaft.
Adresse: Glück-Auf-Str. 3, 59909 Bestwig-Ramsbeck, 02905/250, www.sauerlaender-besucherbergwerk.de

Besucherbergwerk in Ramsbeck

Freizeit & Natur

▸ Fort Fun Abenteuerland

Es begann 1972 mit dem Bau einer Super-Sommerrodelbahn, dem späteren „Power Slide", und entwickelte sich zum sauerländischen Disneyland im Wildwest-Stil. Auf inzwischen 75 vollgepackten Hektar verteilen sich rund 40 Freizeitattraktionen, die das Publikum von weither anlocken. Und in den Wintermonaten öffnet die Fort-Fun-Winterwelt, die mit zwei Liften und mehreren Pisten, Hüttendisco und Skiladen zur Wintersport-Arena Sauerland gehört.
Adresse: Aurorastr. 50, 59909 Bestwig-Wasserfall, 02905/810, www.fortfun.de

▸ Klettern

In einem stillgelegten Kalksteinbruch im Valmetal südlich von Bestwig wurde an der früheren Bahnstrecke das Klettergebiet „Am Bähnchen" eingerichtet. Die dunklen Kalksteinwände sind zwischen 22 und 35 m hoch und bieten insgesamt 25 Routen. Die senkrechte Hauptwand hat einen mittleren Schwierigkeitsgrad (6–8).
Zugang: Parkplatz an der L776 Rtg. Heringshausen gegenüber Friedhof
Infos: www.dav-hochsauerland.de, www.kletterarena.info

▸ Reiten

Egal ob Freizeitreiter oder Turnierteilnehmer, in Bestwig begeistert man sich für das Reiten im Allgemeinen und ganz besonders für das Reiten auf Isländerpferden.
Adressen:
Islandpferde-Freunde Berlar: Zum Knüll 4 a, 59909 Bestwig-Berlar, 0172/7471800, www.ipf-berlar.de

Islandpferdezentrum Sauerland/Reitschule Berger: Bastenstr. 17, 59909 Bestwig-Berlar, ✆ 02905/1263, 🌐 www.reitschule-berger.de

▸ Stüppelturm
Erst 2001 auf dem Berg Stüppel oberhalb von Fort Fun errichtet, wurde der 57 m hohe Turm aus Stahlfachwerk rasch zu einem echten Highlight der Gegend. Denn von der Aussichtsplattform auf 30 m Höhe hat man einen gigantischen Ausblick auf das Sauerland und mit Sicherheit einen prima Mobilfunkempfang.

Erwanderbare Bergbaurelikte

▸ Wandern
Der *Bestwiger Panoramaweg* (56 km) ist das hiesige Wanderhighlight und lässt sich prima in vier Etappen meistern. Mit seinen tollen Aussichtspunkten und Bergbaurelikten gehört er zu den ausgezeichneten „Qualitätswegen Wanderbares Deutschland" (Einstieg: Bundesstr. 139, 59909 Bestwig). Sehr viel kürzer ist der *Bergbau-Wanderweg* (10 km) in Ramsbeck, der an Relikten ehemaliger Grubenbetriebe vorbeiführt. Die überaus attraktive Südroute der 240 km langen *Sauerland Waldroute* führt auch durch Ostwig und Bestwig. Der *Rundwanderweg BL1* (7 km) führt schließlich einmal um den Bastenberg, an dessen Gipfelkreuz man sich im Gipfelbuch verewigen darf.
Infos: 🌐 www.bestwiger-panoramaweg.de

Brilon

(Hochsauerlandkreis)

Die Stadt (25 300 Einwohner) mit dem Esel als heimliches Wappentier liegt nahe an der Grenze zu Hessen und gehört zu den waldreichsten Städten des Landes. Besonders die Kernstadt, zu der insgesamt 16 Ortsteile zählen, hat sich als staatlich anerkanntes Kneippheilbad der naturverbundenen Erholung verschrieben. Die Altstadt der historischen Hansestadt und ehemaligen „Hauptstadt" Westfalens überrascht mit vielen Sehenswürdigkeiten, die noch heute von der Bedeutung Brilons zeugen. Von Kaiser Otto II. bereits im Jahre 973 in einer Urkunde als „Villa Brilon" (vermutlich das heutige Altenbrilon) erwähnt, wurde der Ort im 13. Jh. befestigt und mit Stadtrechten versehen. Als Mitglied der Hanse kam die Stadt zur Blüte, musste jedoch im 17. und 18. Jh. immer wieder großes Kriegsleid erdulden. Heute lockt sie mit ihren historischen Gemäuern und sportlichen Freizeitvergnügungen.

Tourist-Information Brilon
Derkere Str. 10 a
59929 Brilon
✆ 02961/96990
🌐 www.tourismus-brilon-olsberg.de

Sehenswertes

▸ Propsteikirche St. Petrus und Andreas
Der mächtige Westturm der Briloner Pfarrkirche überragt die malerische Altstadt und wurde zum Wahrzeichen der Stadt. Bereits seit 1220 bauten die Bürger an ihrer Kirche, die um 1661 ihren frühgotischen Glockenturm mit der 31 m hohen geschwungenen Haube erhielt. Zu den prachtvollen

Ausstattungsgegenständen zählen diverse Bilder aus dem 14. Jh. sowie ein kupfervergoldetes Pankratiuskreuz von etwa 1100.
Adresse: Propst-Meyer-Str., 59929 Brilon,
🌐 www.pastoralverbund-brilon.de

Briloner Rathaus und Probsteikirche

▸ St. Nikolai
Die dem Hl. Nikolaus, u. a. Patron der Kaufleute und Seefahrer, gewidmete Kirche ist eines der letzten westfälischen Bauwerke des Spätbarock- bzw. Rokokostils. Die einschiffige Kirche entstand 1782 bis 1792 und gehörte bis zur Säkularisierung zum hiesigen Franziskanerkloster, dessen ursprüngliche Kirche zu klein geworden war. Sehenswert sind besonders die üppig geschnitzten Altäre und Figuren sowie der Hochaltar. Die Kirche ist in der Region für die regelmäßig stattfindenden „Kerzenkonzerte“ bekannt. Direkt neben der heutigen steht die ehemalige Nikolaikirche, die vermutlich im 13. Jh. von reisenden Kaufleuten gestiftet wurde.
Adresse: Steinweg, 59929 Brilon,
🌐 www.pastoralverbund-brilon.de

▸ Stadtkirche
Das 1856 fertiggestellte Gotteshaus ist ein Ausdruck der sich im 19. Jh. wandelnden Zugehörigkeit Westfalens. Denn erst unter den Preußen zogen vermehrt evangelische Christen ins zuvor kölnische und damit katholische Brilon. Die Kirche entstand als „Preußische Normalkirche“ nach einem Entwurf des berühmten Baumeisters Karl Friedrich Schinkel. Im Inneren beeindrucken Altar, Taufstein und Kanzel aus Sauerländer Schiefer, eine der letzten mechanischen Turmuhren des Sauerlandes sowie eine pneumatische Orgel von 1908.
Adresse: Kreuziger Mauer, 59929 Brilon,
🌐 www.kirche-brilon.de

▸ Rathaus
Mit seinem Entstehungsjahr um 1250 gilt das hiesige Rathaus als eines der ältesten in ganz Deutschland. Seine Hochphase erlebte das Gebäude während der Hansezeit, als es als Gildehaus diente. Aus dieser Zeit stammt die spitzbogige Doppelarkade, unter der die Händler, Handwerker und Krämer ihre Waren auslegten. Sehenswert sind auch der Bildstock (1688) am Mittelpfeiler und die Figur des Stadtpatrons Petrus in einer Nische im geschweiften Barockgiebel. Um 11, 15 und 17 Uhr machen sich mit dem Schlag der Rathausglocke verschiedene Figuren auf zum Schnadezug. Die vier Hirschgeweihe verweisen auf das Recht der „Hohen Jagd“.
Adresse: Am Markt 1, 59929 Brilon

▸ Derkerer Tor
Benannt nach dem untergegangenen Ort Dederinghausen ist es das letzte von einstmals vier Stadttoren. Das Obergeschoss des um 1750 erbauten Bollwerks diente lange Zeit als Stadtgefängnis, in dem Räuber und Halunken an Händen und Füßen angekettet schmachten mussten.
Adresse: Derkere Mauer, 59929 Brilon

▸ Ältestes Haus
Neben den zahlreichen, ebenfalls sehenswerten Schiefer- oder Fachwerk-Wohnhäusern

im Briloner Stadtgebiet sticht der zweigeschossige Bruchsteinbau in der Schulgasse 14 hervor. Der ursprüngliche Adelshof wurde bereits 1431 errichtet und später mehrfach erweitert. Er gilt als das älteste Wohnhaus der Stadt, in dem einst Johann Suibert Seibertz lebte, der Begründer der sauerländischen Geschichtsforschung.

Der Petrusbrunnen auf dem Marktplatz von Brilon

▸ Borbergs Kirchhof

Die geheimnisvoll wirkenden Relikte auf dem Borberg lassen bei jedem Besucher die Fantasie sprühen. Uralte Wallreste der Germanen, die Fundamente einer Kapelle aus dem 13. Jh. und die Spuren eines alten Friedhofes sorgen dafür, dass die Borbergterrassen als einer der geschichtsträchtigsten Plätze der gesamten Region gelten. Zudem bietet sich vom Kirchhof nahe dem *Rothaarsteig* ein spektakulärer Blick über die Sauerländer Bergwelt. Der Borberg gehört zu den „Seelenorten" (Trauer und Erlösung).
Zugang: ab Hiebammenhütte Brilon oder ab Waldhotel Schinkenwirt Olsberg

▸ Wasserscheide-Brunnen

Mitten durch den Ortsteil Petersborn verläuft eine für die Region bedeutende Wasserscheide. Genau hier trennen sich die beiden großen Flusssysteme Rhein und Weser. Um diese hydrogeologische Besonderheit zu verdeutlichen, wurde im Ortskern der große Wasserscheide-Brunnen errichtet.

▸ Schloss Alme

Im Ortsteil Alme beeindruckt ein von drei Seiten von einer Gräfte umgebenes barockes Wasserschloss. Der Bau der einstigen Burg Niederalme erfolgte um 1506 und wurde in der ersten Hälfte des 18. Jhs. zu einem Schloss mit großem Park umgebaut. Der Adelssitz befindet sich in privater Hand und kann nur von der Straße aus betrachtet werden.
Adresse: Schloßstr. 20, 59929 Brilon-Alme

▸ Almer Schlossmühle

Die ehemalige Mühle wurde ab ca. 1870 in mehreren Bauabschnitten erbaut und diente bis 1900 als Sägemühle und bis 1964 als Mahlmühle. Bereits um 1915 wurde hier zudem Strom produziert, der später auch der öffentlichen Energieversorgung von Alme diente.
Adresse: Schloßstr. 13, 59929 Brilon-Alme, ✆ 02964/9451430, 🌐 www.almer-schlossmuehle.de

▸ Mariä Heimsuchung Hoppecke

Die Pfarrkirche des Ortsteils Hoppecke an der Hoppecke ist ein Kuriosum, da sie aus zwei unterschiedlichen Gebäuden zusammengefügt wurde und daher auch als „Alte und neue Kirche" bezeichnet wird. Sie besteht aus Teilen einer zwischen 1140 und 1170 erbauten Kirche sowie einer 1939 angebauten Kirche. Beide Gebäude verbindet ein Mauerdurchbruch.
Adresse: Bontkirchener Str. 25, 59929 Brilon-Hoppecke

▸ Steinbruch Nehden
Bei einer Durchfahrt durch den Ortsteil Nehden sorgt die Silhouette eines Dinosauriers für Aufmerksamkeit. Die Schilder verweisen auf einen nahen Steinbruch, in dem man in den 1980er-Jahren rund 1400 fossile Wirbeltierknochen fand. Als Sensation wurden vor allem die Knochen der Sauriergattung Iguanodon erachtet, die hier erstmals nachgewiesen werden konnten. Große Tafeln informieren über die einstige Fundstätte. Die Originale können im Haus Hövener in Brilon besichtigt werden.

Museen & Ausstellungen

▸ ☺ Museum Haus Hövener
Wer sich mit der Geschichte Brilons beschäftigen möchte, wird direkt am Marktplatz fündig. Das im Jahre 1803 von einer bedeutenden Unternehmerfamilie errichtete Wohnhaus ist ein typisches Zeugnis des hiesigen Klassizismus. Da die letzte Besitzerin, Wilhelmine Hövener, kaum etwas veränderte, darf man heute einen Blick in die originale Welt einer begüterten Familie um 1910 werfen. Neben dem umfangreichen Inventar mit Ahnengalerie, Archiv und Bibliothek wartet im Keller eine kleine Sensation: die 1978 gefundenen Knochen eines Dinosauriers sowie ein originalgetreues Dino-Modell, womit man eindeutig den „ältesten Sauerländer" beherbergt.
Adresse: Am Markt 14, 59929 Brilon,
☏ 02961/9639901,
🌐 www.haus-hoevener.de

▸ Dorfmuseum Altenbüren
In der ehemaligen Volksschule des Ortsteils unterhält der Dorfgemeinschaftsverein seit 2003 ein kleines Museum. Neben zahlreichen Arbeits- und Glaubenszeugnissen werden ein Schlaf- und Wohnraum aus dem 19. Jh. gezeigt. Der Großteil der Ausstellungsstücke stammt aus dem Nachlass einer ansässigen Gastwirts- und Kaufmannsfamilie.
Adresse: Unterm Warenberg 2, 59929 Brilon-Altenbüren, ☏ 02961/979733,
🌐 www.altenbueren.de

Freizeit & Natur

▸ Angeln
Neben Alme, Aa und Hoppecke bietet besonders der Diemel-Stausee Anglern zahlreiche Fischarten. Zander, Hechte, Karpfen, Schleien und viele andere tummeln sich hier und dürfen auf verschiedene Art gefangen werden. Auch die Angelstellen nahe Bontkirchen und die glasklaren Almequellen gelten bei den Petrijüngern als beliebte Reviere.
Adresse: Angelscheine beim Raiffeisenmarkt Brilon, Alexanderstr. 1 a, 59929 Brilon,
☏ 02961/8041, 🌐 www.alme-info.de,
🌐 www.diemelsee.de

▸ Bogenschießen
Der 25 ha große Waldparcours am Plattenberg ist für geübte Bogenschützen ein Highlight. Eingeteilt in drei Runden mit insgesamt 75 Stationen und über 200 Zielfiguren, fordert das Gelände dem traditionellen Bogenschützen durchaus einiges ab. Es gibt geführte Touren mit dem Bogen. Equipment kann ausgeliehen werden.
Adresse: Plattenberg 1, 59929 Brilon,
☏ 0160/4226448,
🌐 www.bogenschuetzen.net

▸ Fliegen
Auf dem Flugplatz Thülen heben die Motor-, Motorsegel-, Segel- oder Ultraleichtflieger des Luftsportvereins LSV Brilon ab. Und wer das Gefühl über den Wolken einmal kennenlernen möchte, ist herzlich eingeladen, denn hier wird nicht nur ausgebildet, sondern man darf auch zum Spaß mal mitfliegen.
Adresse: Thülener Bruch, 59929 Brilon-Thülen, ☏ 02963/1830, 🌐 www.lsv-brilon.de

Gleitschirmfluggebiet Poppenberg

Der Briloner Poppenberg ist ein beliebter Tummelplatz der „Airwalker". Da die hiesigen Geländeverhältnisse einige Erfahrung erfordern, bildet der Gleitschirmverein Airwalker hier nicht aus und es dürfen nur erfahrene Piloten starten.

Adresse: Germaniastr. 12, 59929 Brilon, 02961/966260, www.airwalker.de

Golf

Zum Golfclub Brilon gehört ein gepflegter 9-Loch-Turnierplatz, der mit abwechslungsreichen Fairways, Greens und Wasserhindernissen auch Könner herausfordert. Gäste dürfen den 6-Loch-Kurzplatz bespielen. Einsteiger üben auf der Driving-Range, dem Putting-Green, der Chipping-Area oder dem Family-Course.

Adresse: Hölsterloh 6, 59929 Brilon, 02961/53550, www.golfclub-brilon.de

Indoor-Kletteranlage

Wen in Brilon mit seinen Freunden, Schulkameraden oder Kollegen die Lust auf eine Runde Klettern überkommt, der sollte sich – kein Scherz – an die Jugendherberge wenden. Tatsächlich unterhält die Unterkunft eine Indoor-Kletteranlage mit Routen in 9 bis 12,5 m Höhe, 5 Toprope-Umlenkungen, Überhängen, Boulder-Routen und Abseilstationen.

Adresse: Hölsterloh 3, 59929 Brilon, 02961/2281, www.djh-wl.de

Kurpark

Ruhebänke, ein Kräutergarten, Möglichkeiten für Boccia, Schach, Tischtennis, Federball, ein geologischer Lehrpfad sowie eine Kneipp-Anlage machen den Briloner Kurpark zur Adresse für Entspannung. Zudem darf man Ziegen und Enten füttern. Im „Haus der Gesundheit" werden die fünf Säulen der Kneipp'schen Gesundheitslehre veranschaulicht und ein interaktives Landschaftsmodell vermittelt Wissenswertes über die Region.

Adresse: Derkere Str. 10a, 59929 Brilon

Minigolf

Im Kreishauspark sorgen Loopings, Rampen und Wellen für Putting-Spaß. Seit der Eröffnung 1980 konnten auf der 18-Loch-Minigolfanlage bereits mehrere Guinnessbuch-Rekorde verbucht werden, u. a. im 24-Stunden-Marathon mit dem längsten Spießbraten der Welt und dem 51-Stunden-Marathon-Weltrekord.

Adresse: Im Kreishauspark/Heinrich-Jansen-Weg, 59929 Brilon, 01511/8972328, www.minigolfsport-brilon.de

Reiten

Die zahlreichen Wege durch Wald und Flur rings um Brilon auf dem Rücken eines Pferdes zu erkunden, gehört eindeutig zu den ganz besonderen Erlebnissen. Dazu werden komplette Reiterurlaube, Reitunterricht und geführte Ausritte angeboten.

Adressen:

Ferienreithof Walters: Dionysiusstr. 1, 59929 Brilon-Thülen, 0171/9550003, www.ferien-reithof-sauerland.de

Bauernhof Pension Schröder: Kräuterhagen 7, 59929 Brilon–Nehden, 02964/445, www.hofschröder.de

Reiterhof Wrede: Am Haidknückel, 59929 Brilon, 0171/1658858

Spielmannshof: Altenfilsstr. 22, 59929 Brilon-Rösenbeck, 0152/34567181, www.spielmannshof.de

Reitverein Brilon: Papestr. 45, 59929 Brilon, 02961/978812, www.reitverein-brilon.de

Schwimmbäder

Das **Waldfreibad Gudenhagen** darf sich mit seinen 6500 m² Wasserfläche als das größte seiner Art in ganz NRW rühmen. Inmitten der weiten Liegewiese erstreckt sich das Schwimmbecken mit Nichtschwimmerbereich und 3-m-Sprungturm. Kinder lieben die

Badeinsel mit Wasserrutsche. Für noch mehr Begeisterung sorgen Beachvolleyballplatz, Basketballkörbe, Tischtennis, Spielplatz und Kiosk.
Im Freibad **Badcelona Alme** sorgen ein Schwimmer-, ein Nichtschwimmer- und ein Kinderbecken mit Rutsche für Wasserspass. Auf der großen Liegewiese liefern Bäume für Schatten und ein Kiosk für Erfrischungen.
Der Hingucker im **Hallenbad Brilon** ist eine 7 m hohe Fontäne. Drumherum gibt es ein großes Schwimmerbecken mit Nichtschwimmerbereich und 1-m- und 3-m-Sprungturm sowie eine Sauna im Untergeschoss. Im Sommer darf die Liegewiese zum Sonnenbaden genutzt werden.
Das kleine **Hallenbad Hoppecke** lockt mit einem Schwimmbecken samt Nichtschwimmerbereich zum Senioren-, Früh- und Familienschwimmen.
Das **Hallenbad Madfeld** mit 25-m-Sportbecken inklusive Nichtschwimmerbereich und Rutsche ist besonders bei Familien beliebt. Zudem sorgt eine separate Sauna für Entspannung.
Adressen:
Waldfreibad Gudenhagen: Am Waldsee 1, 59929 Brilon-Gudenhagen, ☏ 02962/8627
Badcelona Alme: Graf-von-Spee-Str. 4, 59929 Brilon-Alme, ☏ 02964/1014 u. 969822, 🌐 www.badcelona-alme.de
Hallenbad Brilon: Derkere Mauer 19, 59929 Brilon, ☏ 02961/987915
Hallenbad Hoppecke: Berliner Str. 12, 59929 Brilon-Hoppecke, ☏ 02963/482
Hallenbad Madfeld: Bruchstr. 9 a, 59929 Brilon-Madfeld, ☏ 02991/599, 🌐 www.hallenbad-madfeld.de

▸ ☺ Themenwege

Vom Briloner Kurpark führt der erlebnisreiche *Landschaftstherapeutische Weg* durch dichten Wald, über hügelige Weiden und blühende Wiesen. Die 2,5 km lange Strecke wird von insgesamt 13 Stationen begleitet, die dazu anregen, einmal genau hinzusehen und hinzuhören. Bei *Meiler, Wälle, Wüstungen* (17 km) geht es um die Hinterlassenschaften unserer Vorfahren, während es beim *Waldfeenpfad* (3 km), der besonders für Familien zu empfehlen ist, um die Bedeutung des Waldes geht, inklusive Waldhängematte, Summsteine und Fichtenmikado.

Rasten mit grandiosem Blick

▸ Treckerwandern

Vom Sitz- bzw. Beifahrersitz eines alten Treckers kann man das Land der tausend Berge einmal aus einer ganz anderen Perspektive erleben. Bis zu drei Personen fahren mit, wenn sich die schnaufenden Stahlrösser aufmachen, um bis zu vier Stunden lang eine der drei Routen entlang zu tuckern. Autoführerschein erforderlich.
Adresse: An der Längere 35, 59929 Brilon-Messinghausen, ☏ 0151/11650566, 🌐 www.treckerwandern.de

▸ Wandern

Zu den Top-Wanderwegen und den Aushängeschildern der ersten Qualitätswanderregion in Deutschland gehört der *Briloner Kammweg* (49,5 km). Für die erlebnisreiche Tour durch tiefe Wälder und über schmale Felsgrade bedarf es der Kondition und möglicherweise zweier Etappen, was dann mit grandiosen Ausblicken belohnt wird.

Der Fernwanderweg *Rothaarsteig – Weg der Sinne* lässt sich auf Briloner Stadtgebiet auf einer der schönsten, aber auch schwierigen Teilstrecken erwandern: *Brilon bis Bruchhausen* (17 km). Auch die *Sauerland-Waldroute* führt durch das Stadtgebiet und kann über zwei Etappen begangen werden:
1. Petersborn bis Langer Berg Olsberg (6 km),
2. Alme bis Marsberg (26 km).

Wandern rund um den Borberg

Südöstlich der Stadt geht es *Rund um den Borberg* (6 km) zu geschichtsträchtigen Orten mit traumhaften Aussichten. Der *Grenzgang Bontkirchen* (11 km) wird schon seit 1388 begangen und ist Teil des hiesigen Brauchtums. Die *Brilon-Walder Gipfeltour* (6 km) führt über die schönsten Teilstrecken der beiden Fernwanderwege. Zwischen den Ortsteilen Hoppecke und Bontkirchen geht die Strecke *Rund um den Örenstein* (6 km) über ursprüngliche Wanderpfade und bietet völlige Abgeschiedenheit. Die 104 sprudelnden Quellaustritte der Alme in der Idylle des Mühlentals sorgen für ein unvergessliches Erlebnis auf dem *Quellenweg Alme* (6,5 km). Um sich einen Eindruck von der vergangenen Bergbaugeschichte zu machen, lohnen sich die zwei Teilstrecken des *Gewerkenweges* (8 oder 11 km) zwischen Brilon und Olsberg. Und schließlich führt der *Geologische Sprung Brilon* (7,5 km) auf einem Rundweg zum Bilstein, wo die bewaldeten Sauerlandwälder auf die kahlen Kalkkuppen der Hochfläche treffen.
Infos: www.sauerland-waldroute.de

Wintersport

In und um Brilon können Langläufer auf präparierten **Doppelspurloipen** die Winterwelt erleben. Die *Petersborner-Skatingloipe* (rot, 3 km) ist die kürzeste Strecke. Es folgt die *Sonnenloipe* (blau, 3,5 km), die zwischen Brilon und Petersborn sonnige Aussichten bietet. Die *Hilbringseloipe* (blau, 6 km) führt durch Feld und Wald und an der Hiebammen-Hütte vorbei. Wer die *Borberg-Loipe* (rot, 8 km) nimmt, sollte einen Abstecher zur Borberg-Kapelle einplanen. Die längste Strecke, die *Ginsterkopf-Loipe* (schwarz, 13 km), führt durch weite Wälder und bietet herrliche Fernsicht. Übersichtstafeln finden sich an den Loipenzugängen.
Das Briloner **Skigebiet am Poppenberg** punktet mit einer extra breiten Piste und einem rund 600 m langen, sanft abfallenden Hang. Mit einem Lift gelangen Anfänger und Fortgeschrittene zur Bergstation und genießen die herrliche Aussicht.
Auf eigens ausgewiesenen **Rodelhängen** sausen die Schlitten und Bobs besonders gut. In Brilon geht es neben dem Skihang Poppenberg und am Bürgerwald im Ortsteil Petersborn rasant hinab.
Zum DSV Nordic-Aktiv-Zentrum gehören u. a. drei besonders reizvolle **Winterwanderwege**: *Schustersknapp* (3,7 km), *Poppenberg* (6 km) und *Rund um die Lange Heide* (6,1 km).
Startpunkte Langlauf: Bürgerwald in Petersborn, Brilon-Wald und Parkplatz am Burhagener Weg
Startpunkt Winterwandern: Wanderparkplatz am Bürgerwald im Briloner Ortsteil Petersborn
Adresse: *Station Ski & Rodel:* Am Poppenberg 27, 59929 Brilon, 02961/743437, www.skiclub-brilon.de

Diemelsee

(Waldeck-Frankenberg, Hessen)

Im Nordwesten des hessischen Landkreises Waldeck-Frankenberg, unmittelbar an NRW grenzend, zählt auch die Großgemeinde (4700 Einwohner) mit ihren 13 Ortsteilen zum Sauerland. Mittelpunkt und Verwaltungssitz der Gemeinde, die zum größten Teil im „Naturpark Diemelsee" liegt, ist Adorf. Neben einigen bedeutsamen sakralen Bauwerken und idyllischen Dörfern sind die Diemeltalsperre und der Diemelsee nicht nur die interessantesten Sehenswürdigkeiten, sondern auch die größten touristischen Magnete.

Tourist-Information Diemelsee
Kirchstr. 6
34519 Diemelsee-Heringhausen
05633/91133
www.diemelsee.de

Sehenswertes

Kloster Flechtdorf

Schon von Weitem beeindruckt die Doppelturmfassade des Klosters, die den Ort weit überragt. Und tatsächlich gehört die Klosterkirche St. Maria zu den bedeutendsten sakralen Gebäuden im Kreis Waldeck-Frankenberg und Flechtdorf zählt zu den ältesten erhaltenen Klosterbauten in Nordwestdeutschland. Das von den Grafen von Padberg 1101 an der Lippe gegründete Benediktinerkloster wurde nur wenige Jahre später an diese Stelle verlegt.

Ehemalige Benediktinerabtei Flechtdorf

Es folgten Jahrhunderte des Wechsels zwischen Erfolg und Niedergang. Mit dem Tod des letzten Mönchs 1598 endete das Klosterleben. Da sich in den Gebäuden die verschiedenen mittelalterlichen Epochen architektonisch verewigt haben, kann man sich hier auf eine 800-jährige Zeitreise begeben.
Adresse: Klosterstr. 5, 34519 Diemelsee-Flechtdorf, 05633/9918-564, -664,
www.kloster-flechtdorf.de

Romanische Kirchen

In der ehemaligen Grafschaft Waldeck und somit in der Großgemeinde Diemelsee haben sich fünf romanische Kirchen unterschiedlicher Größe aus dem 12. Jh. sehr gut erhalten und zeigen die typischen hochmittelalterlichen Gewölbe. An einer „kleinen Straße der Romanik" reihen sie sich auf: Die Basilika St. Johannis (Johannes der Täufer) in **Adorf**, eine stattliche altehrwürdige Tauf- und Urpfarrkirche, die auch Wehrkirche war; die ehemalige Abteikirche der Benediktiner in **Flechtdorf** mit ihrer markanten Doppelturmanlage und einer noch in wesentlichen Teilen erhaltenen romanischen Klosteranlage; die Kleinbasilika und Ortskirche St. Barbara in **Heringhausen**, die als besonders stilrein gilt; die kleine Pfarrkirche St. Georg zu **Schweinsbühl**, die als einschiffige, sehr sorgfältig gebaute Dorfkirche beschrieben wird und ehemals zu einem Herrenhof der Reichsabtei Corvey gehörte; die winzige, mit spätbarocker Ausstattung erhaltene Kirche in **Sudeck**.

Freizeit & Natur

Angeln

Sowohl der Diemel- als auch der Itterarm der Talsperre bieten mit Tiefen von über 30 m und Flachwasserzonen ein fast perfektes Angelrevier. Besonders beliebt ist das Raubfischangeln. Sowohl vom Ufer als auch vom Boot aus werden hier regelmäßig kapitale Seeforellen, Aale, Zander, Barsche und über 1 m lange Hechte aus dem Wasser geholt. Auch Welse von fast 2 m Länge werden hier gesichtet. Als lohnende Methoden werden das Jerken oder Spinnfischen, das Vertikalangeln und das Schleppangeln empfohlen. Angelkarten und Bootsverleih über die Tourist-Information.

Infos: Tourist-Information, ✆ 05633/91133

Diemelsee

Die Talsperre mit 1,65 km² Wasserfläche und 19,9 Mio. m³ Speicherraum für ungemein reines Wasser aus den Zuflüssen Diemel und Itter ist das Herz dieser Freizeit- und Erholungsregion. Die beeindruckende Staumauer liegt im Ortsteil Helminghausen der NRW-Stadt Marsberg. Ob man die zahlreichen Freizeit-, Sport- und Erholungsmöglichkeiten rings um den südlichen See nutzt oder nicht, der See ist zu jeder Zeit allein ein Grund, ihn zu besuchen.

Dommelturm

Hoch oben auf dem höchsten Diemelseer Berg (738 m ü. NN) führen 72 Stufen auf den 14 m hohen Aussichtsturm und eröffnen einen herrlichen Rundumblick. Der 2008 neu errichtete Turm ist auch für die Jüngsten gut und sicher zu besteigen. Die *Dommelrunde* (OT, 3 km) ist leicht zu gehen und erlaubt tolle Fotos im Sonnenuntergang.

Startpunkt: Wanderparkplatz an der Kreisstr. 63, zw. Diemelsee-Ottlar und Willingen-Rattlar

Dommelturm

Geo Foyer Diemelsee

In Adorf, das bereits 1120 urkundlich als „Dorf am Wasser" (Athathorpe) erwähnt wurde, lassen sich zahlreiche Spuren der einstigen Bergbauaktivitäten finden. Besonders das Eisenerz, das hier bis 1963 abgebaut wurde, war für die Region bestimmend, forderte es doch vielfach zum Streit heraus. Woher die verschiedenen Bodenschätze stammen und welche geologischen Entwicklungen dafür stattfanden, kann man in der Informations- und Anlaufstelle des Geoparks Grenzwelten in Heringhausen eindrücklich nachvollziehen.

Adresse: Kirchstr. 6, 34519 Diemelsee-Heringhausen, 05633/91133, www.geopark-grenzwelten.de

Kanufahren

Die Faszination des Kanu-Sports, bei der man binnen weniger Minuten tief in das Naturparadies eintaucht, kann man auf dem Diemelsee oder der Diemel selbst erleben.
Infos: Kanuverleih KombiNaTour, 05251/1809622, www.kombinatour.de

Naturparkzentrum Visionarium Diemelsee

Das „Visionarium Diemelsee" – Natur interaktiv sehen, berühren und erleben – ist gleichzeitig Erlebnisausstellung und Naturparkzentrum, die jeweils zum Mitmachen einladen. Barrierefrei und interaktiv dürfen sich kleine und große Besucher auf zwei Etagen mit den Lebenswelten Diemelsee, Wasser, Mensch und Natur beschäftigen. Und weil sich das Familienbad Heringhausen im selben Gebäude befindet, lassen sich beide Aktivitäten, Erlebnisausstellung und Erlebnisbad, prima mit einem Ticket kombinieren. Es werden geführte Wanderungen mit Natur- und Geoparkführern angeboten.
Adresse: Kirchstr. 6, 4519 Diemelsee-Heringhausen, 05633/91133,

Radfahren

Das Radwegenetz der Gemeinde bietet ein ca. 150 km langes Radelvergnügen. Empfohlen wird die genüssliche *Diemelsee Schleife* (13 km) rund um den See, die *PanoRadelTour* (38 km) mit ihren teils anspruchsvollen Passagen und malerischen Weitsichten sowie die *Rundtour Adorf* (12 km) rund um den Mittelpunkt der Gemeinde.

Schwimmbäder

Das beheizte Becken im **Freibad Vasbeck** mit Rutsche, Sprungbrett und Startblöcken ist von einer gepflegten Liegewiese, einem Kinderplanschbecken, Schattenflächen und Tischtennisplatten umgeben. Darüber hinaus finden in der dazugehörigen Sauna etwa 15 Personen Platz.
Im **Familien- und Erlebnisbad Heringhausen** gehört zu dem 30 °C warmen Innenbecken auch ein Außenbecken mit großer Liegewiese. Eine Rutsche und ein Wasserclown beleben die Kinderlandschaft, während die Großen das Sprudelbad, die Infrarotkabine, die Solegrotte oder eine der Saunen nutzen.
Adressen:
Vasbeck: Am Freibad 3, 34519 Diemelsee-Vasbeck, 02993/1282, www.freibad-vasbeck.de
Heringhausen: Kirchstr. 6, 34519 Diemelsee-Heringhausen, 05633/91135

Seerundfahrten & Bootsverleih

Beim Anleger in Helminghausen lässt sich der Diemelsee vom Wasser aus erkunden oder bietet die ideale Gelegenheit, eine Radtour oder Wanderung mit einer vergnüglichen Schifffahrt zu verbinden. Die MS Muffert nimmt Fahrräder und trockene Hunde gerne mit. Eine Rundfahrt dauert rund eine Stunde. Für die individuelle Bootstour können Tret-, Ruder- und Elektroboote ausgeliehen werden.
Ablegehäfen: Großparkplatz Diemeltalsperre Helminghausen, Badestrand Heringhausen
Adresse: Kirchstr., Parkplatz Strandbad, 34519 Diemelsee-Heringhausen, 02991/6441 u. 0151/11633941, www.seerundfahrten-diemelsee.de

Segeln

Einen Segelbootsverleih gibt es nicht, aber mit dem eigenen Boot sind Törns auf dem ganzen See gestattet. Beim Strandbad Heringhausen kann man die Boote zu Wasser lassen. Die örtlichen Vereine mit Slip-Anlage und Stegen bieten Gastliegeplätze an.

Talsperre Diemelsee

Adressen:
Sport-Segel-Club-Diemelsee: 02924/2441, www.ssc-diemelsee.de
Freie Steggemeinschaft Diemelsee: 0160/3189452, www.meindiemelsee.de

Stand-up-Paddling

Es sieht so einfach aus, dennoch braucht es dazu ein wenig Übung. Am SUP-Spot Diemelsee werden aufblasbare Boards vermietet und Kurse für Einsteiger und Fortgeschrittene angeboten.

Adressen:
SUP Club in Paderborn: 0152/38041335, www.supclubpaderborn.de
SUP 89: 0178/5766789

Strandbäder & Hundestrand

Am südlichen Diemelsee sorgen zwei Strandbäder für grenzenloses Badevergnügen. Großrutsche, Tret- und Elektrobootverleih, Grillplätze sowie verschiedene Strandcafés mit Spielplätzen runden das Badeerlebnis ab. Und für die vierbeinigen Freunde wurden zwei Hundestrände ausgewiesen.

Adressen:
Strandbad Heringhausen: Kirchstr., 34519 Diemelsee-Heringhausen
Strandbad Seebrücke/Hohes Rad: Seebrücke, 34519 Diemelsee-Heringhausen

Tauchen

Zwischen der Staumauer und Heringhausen kann man dem Tauchsport in einer ausgewiesenen Taucherbucht nachgehen. Hier sind Tauchgänge bis zu 30 m möglich, wobei eine Sichtweite von rund 10 m eine faszinierende Unterwasserwelt enthüllt. Das Besondere: Es sind keine Genehmigungen notwendig.

Infos: DLRG Ortsgruppe Bad Arolsen, 05691/91566

Wandern

Rings um den Diemelsee warten zu jeder Jahreszeit Wanderwege von insgesamt über 200 km darauf, unter die Sohle genommen zu werden. Der *Rundweg um den Diemelsee* (H 6, 12,5 km) ist eine erlebnisreiche, dennoch familienfreundliche Tour, die auch für Kinderwagen geeignet ist. Die *Fährschiff-Wanderwege* (FW, 8 bzw. 9,5 km) sind zwei in Facetten unterschiedliche Rundwege, die jeweils von einer Fährfahrt mit Kaffee und Kuchen unterbrochen sind. Zudem wurden in den 13 Ortsteilen der Ferienregion gut ausgeschilderte Ortswanderwege angelegt. Ein wenig mehr Ausdauer verlangen die zertifizierten Qualitätswanderwege *Diemelsteig* (63 km) und *Uplandsteig* (67 km).

Wintersport

In direkter Nachbarschaft zu dem riesigen Skigebiet von Willingen bietet die Region Diemelsee bei geeigneter Witterung zwei gespurte Loipen von 3 bzw. 8 km Länge. Beide Touren sind zudem kombinierbar und führen durch die reizvolle Mittelgebirgslandschaft. Die Loipen werden von der Skigilde Schweinsbühl unterhalten.

Infos: www.schweinsbuehl.com

Drolshagen

(Kreis Olpe)

Als die Freiheit Drolshagen 1477 vom Kölner Erzbischof zur Stadt erhoben wurde, ging damit auch der Bau einer Befestigungsmauer einher. Zudem erhielt die Kirche des bestehenden Zisterzienserklosters einen wuchtigen Turm. Fortan entwickelte sich die Stadt zu einem wichtigen Außenposten des Kölner Landesherrn. Während des 15./16. Jhs. profitierten die hiesigen Handwerker und Händler vom Aufschwung des Bergbaus. 1803 endete mit der Säkularisation sowohl die Geschichte des Klosters als auch der kurkölnischen Herrschaft im Sauerland. Den großen Stadtbrand von 1838 überstanden nur wenige Häuser und es erfolgte ein geplanter Wiederaufbau mit rechtwinkeligen Straßenzügen. Zum Stadtgebiet Drolshagen (11 600 Einwohner) im Natur- und Erlebnisgebiet Biggesee-Listersee zählen heute insgesamt 58 Dörfer und Ortschaften.

Touristinfo im Bürgerbüro Drolshagen
Am Mühlenteich 1
57489 Drolshagen
02761/9700
www.drolshagen.de
www.drolshagen-marketing.de

Sehenswertes

▸ Marktplatz

Die Anlage des Drolshagener Marktplatzes in seiner heutigen Ausdehnung geschah nach dem Jahr 1838, als ein großer Brand viele Häuser zerstört hatte. Das Fachwerkhaus an der Ecke Gerberstraße oder das prächtige, ehemalige erste Haus am Platz Hotel Schürholz erinnern bis heute daran, dass sich hier nur die wohlhabenden Bürger ansiedeln konnten. In den abgehenden Seitenstraßen haben sich vielfach bescheidenere Wohnstätten erhalten.
Adresse: Marktplatz, 57489 Drolshagen

▸ Altes Kloster

Das hübsche Gebäude mit seinen schraffierten Fensterläden, doppelter Eingangstreppe und Schieferbedachung erinnert an ein Franziskanerinnenkloster, das hier im Jahr 1235 errichtet wurde. Graf Heinrich III. von Sayn und seine Gemahlin hatten das Kloster für Töchter des sauerländischen und rheinischen Adels reich ausgestattet. Nach der Reformation erfolgte neben dem sittlichen Verfall auch der wirtschaftliche Niedergang. 1803 wurde es aufgelöst und die Immobilien verkauft und teilweise abgerissen. 1844 kaufte die Stadt die verbliebenen Gebäude und richtete eine Schule ein. Heute ist das ehemalige Kloster das älteste Gebäude der Stadt, dort finden u. a. Ausstellungen und andere Kulturveranstaltungen statt.
Adresse: Dechant-Fischer-Str. 7, 57489 Drolshagen

▸ Pfarrkirche St. Clemens

Der Fund einer Münze bei Restaurierungsarbeiten lässt vermuten, dass die Anfänge dieses Gotteshauses vielleicht schon im frühen 11. Jh. liegen. Die Kirche wurde schließlich nach Gründung des Klosters Drolshagen 1235 zur Basilika mit hohem Mittelschiff und Chor ausgebaut. Der heutige Turm kam erst 1491 als Wach- und Wehrturm hinzu. Sehenswert sind u. a. romanische Malereien (10./11. Jh.), der Taufstein (13. Jh.), eine Pieta (15. Jh.) sowie das vieldiskutierte Altarbild (1960er-Jahre) eines sauerländischen Künstlers. Genau hinhören sollte man beim siebenstimmigen Geläut, das mit einem Gesamtgewicht von 18 Tonnen als das größte im gesamten Erzbistum Paderborn gilt.
Adresse: Kirchplatz, 57489 Drolshagen

▸ Gut Kalberschnacke am Listersee

Das ehemals adelige Gut mit ungewöhnlichem Namen, der sich vielleicht auf einen „Kälberhügel" bezieht, kam im 15. Jh. in den Besitz von Kloster Drolshagen. 1737 wurde Henrich Halbfas Pächter, dessen Familie das Gut im Zuge der Säkularisation übernahm und bis heute bewirtschaftet. Da sich die Ländereien nach Bau der Talsperre am Rande des Sees befanden, konnte bereits in den 1950er-Jahren ein Campingplatz gebaut werden. Das beliebte Ausflugscafé unterhält auch einen Bootsverleih.
Adresse: Kalberschnacke 4, 57489 Drolshagen

▸ Kapellen im Dräulzer Land

Fast alle Orte des Drolshagener Landes haben eigene Kapellen, die sie meist privaten oder gemeinsamen Initiativen verdanken. Bis heute werden sie von den Dorfgemeinschaften unterhalten. Besonders sehenswert sind die spätbarocke **Kapelle Jungfrau Maria vom Rosenkranz** in Wenkhausen (An der Kapelle) von 1768, mit Anbau von 1907, und die **Kapelle Mariä Geburt** in Hützemert (Schulweg 7), die seit 1863 mit „Bauernmalerei" glänzt. Die **Kapelle St. Michael** in Sendschotten (Im neuen Garten 1) wurde ursprünglich 1684 gebaut und 1871 neugotisch umgestaltet. Ebenfalls neugotisch ist die 1885 erbaute **Kapelle Herz Jesu** in Husten (Zur Silberkuhle 18), bei der der Tabernakel aus den Stahlplatten eines amerikanischen Panzers gefertigt wurde.

▸ Waldkapelle Hünkesohl

Ihren Ursprung hat die kleine Waldkapelle in der Zeit vor dem Ersten Weltkrieg als der Wind Theresia Berg ein zerknittertes Marienbildchen zuwehte. Sie befestigte es und kam fortan, um hier zu beten. Später ersetzte sie das Bild durch eine Statue und ab 1919 entstand ein kleines Kapellchen. Auch heute ist die Stelle ein beliebter und gepflegter Wallfahrtsort. Zu Fuß erreichbar durch den Stadtpark „Lohmühle".
Infos: www.kirchspiel-drolshagen.de

▸ Alter Bahnhof Hützemert

Von 1903 bis 1979 wurde in dem verbliebenen, denkmalgeschützten Empfangsgebäude des Bahnhofes der Personenverkehr für die Bahnstrecke Siegburg – Olpe abgewickelt, der dafür gesorgt hatte, dass sich Hützemert zum größten Ortsteil von Drolshagen entwickelte. Die endgültige Stillegung erfolgte 1997 und der Dorfverein sorgte für eine gründliche Renovierung. Mit einem angeschlossenen Güterwagen lockt heute eine Jausenstation sowie die alte Dampfspeicherlok „Emma" (Bj. 1914) direkt am *Bergischen Panorama-Radweg* zahlreiche Gäste. Regelmäßig finden hier Konzerte statt.
Adresse: Vorm Bahnhof 1, 57489 Drolshagen, 02763/91530 (Jausenstation)

Radwegtunnel in Hützemert

▸ Eichener Mühle

Die hübsch gelegene Mühle wurde erstmals 1512 als Bannmühle des ehemaligen Klosters Drolshagen erwähnt und war bis 1964 in Betrieb. Die einst mit drei Wasserrädern angetriebene Mühle weist einige technische Besonderheiten auf. So wird der

Mühlteich durch zwei Zuflüsse gespeist, wurde schon 1840 um ein Sägewerk, 1910 um eine Brotbackstube und später um eine Knochenstampfe für Düngemittel erweitert. Das technische Denkmal liegt direkt am *Bergischen Panorama-Radweg*.
Adresse: Eichenermühle 1, 57489 Drolshagen-Eichenermühle, ☏ 02761/73348

Museum

▸ Heimathaus
Mitten in Drolshagen konnte 1995 im ehemaligen „Gasthof Bone" von 1839 das Heimathaus eröffnet werden, in dem der Heimatverein eine Bibliothek und ein Fotoarchiv, Bücher, Dokumente und Bilder zur regionalen Geschichte aufbewahrt. Der alte Gastraum aus den 1950er-Jahren wurde renoviert, im Obergeschoss ein moderner Vortragssaal eingerichtet und im Untergeschoss sorgen Gewölbekeller und Brunnensaal für Atmosphäre. Zudem wird dem Pädagogen und Schulbuchautor („Deutsches Lesebuch") Heinrich Bone gedacht, dessen Elternhaus der Gasthof war.
Adresse: Annostr. 3, 57489 Drolshagen, 🌐 www.heimatverein-drolshagen.de

Freizeit & Natur

▸ ☺ Badestelle
Das Naturerlebnisgebiet Biggesee-Listersee bietet zahlreiche Badestellen. Auf dem Gebiet von Drolshagen liegt die Badestelle Kalberschnacke. Zu der kleinen, ziemlich ruhigen Bademöglichkeit am Listersee gehören WC, Kiosk, Angelbootverleih, öffentlicher Tauchplatz, E-Bike-Ladestation und Restaurant.

▸ ☺ Labyrinth & Scheunenwirtschaft
Keine Angst, hier verliert man sich nicht, hier findet man sich höchstens. 2007 wurden aus rund 2000 Rotbuchenpflanzen ein 750 m langes Labyrinth angepflanzt, das man ganzjährig und kostenlos erkunden darf. Von der nah gelegenen Scheunenwirtschaft „Op'm Stupper" aus, einem Spiel- und Erholungsort mit vielen Spielgeräten und Picknickmöglichkeiten, geht ein Rätselpfad mit kniffeligen Bilderrätseln und einem Gewinnspiel ab und sorgt für Spannung.
Adresse: Stupperhof 1, 57489 Drolshagen, ☏ 02763/212480

▸ KuLTour am Listersee
Durch die kreative Verknüpfung von Kunst und Landschaft entstand am Listersee ein ca. 7 km langer Rundwanderweg, der an rund 25 Stationen mit den unterschiedlichsten Kunstinstallationen für Aufmerksamkeit sorgt. Und wenn das eine oder andere Objekt inzwischen von Moos und Gras in die Natur zurückgeholt wurde, dann ist es genau das, was hier als LandArt empfunden wird.
Adresse: Kalberschnacke 1,
57489 Drolshagen, ☏ 02761/9427990,
🌐 www.drolshagen-marketing.de

▸ Radfahren
Zahlreiche Radwege wurden rings um Drolshagen markiert. Besonders beliebt ist die *DrolshagenRunde* (53 km) für alle Radtypen, die familienfreundliche *Rundtour durch das Brachtpetal* (17,5 km), das Sauerland Mikroabenteuer *Rund um Drolshagen* (33,5 km) und die wadenbeißende Rennradtour *Drei Cols von Drolshagen* (40 km), eine schöne Abendtour mit drei heftigen Anstiegen.
Infos: 🌐 https://tourenrad.sauerland.com

▸ ☺ Reiten
Das südliche Sauerland ist mit seinen weiten Wiesen und Feldern und seiner Nähe zur Bigge- und Listertalsperre ein ausgesprochenes Reiterparadies. Ob allgemeiner Reitunterricht oder flotte Ausritte, hier dürfte für jeden Pferdefreund etwas dabei sein.

Adressen:
Islandpferdegestüt Birkenhof: Bergstr. 11, 57489 Drolshagen-Öhrungshausen, 02761/3879, www.birkenhof-isi.de
Pferdehof Höherhaus: Höherhaus 7, 57489 Drolshagen, 02761/3288, www.hof-hoeherhaus.de
Reitbetrieb Sondermann: Auf der Heide 30, 57489 Drolshagen, 02761/929119, www.reitbetrieb-sondermann.de

▸ Schlüsen-Lehrpfad
Durch das Drolshagener Land winden sich zahllose Wege, die sich im Laufe ihrer jahrhundertelangen Nutzung tief in den Boden eingegraben haben. Solche mittelalterlichen Hohlwege werden hier „Schlüsen" genannt. In der Ortschaft Junkernhöh bündeln sich diese einstigen Lebens- und Verkehrsadern und wurden als Bodendenkmal eingetragen. Verschiedene dieser bis zu 500 m langen Wege kann man auf dem *Schlüsen-Lehrpfad* begehen und so ihrer spannenden Geschichte näherkommen.
Adresse: Am Frohnen Wenden, 57489 Drolshagen-Junkernhöh

▸ Schwimmbad
Modern, attraktiv und randvoll mit Natursole, so präsentiert sich das Hallenbad von Drolshagen. Das 25-m-Becken mit Sprunganlage erlaubt Sportlern auszuholen, während sich die Kleineren im flachen Lehrschwimmbecken wohlfühlen. Dazu gibt es eine Dampfsauna.
Adresse: Schillerstr. 2, 57489 Drolshagen, 02761/71756, www.stadtbad-drolshagen.de

▸ Wandern
Das Natur-Erlebnisgebiet Biggesee-Listersee bietet zahlreiche Möglichkeiten, der wunderschönen Natur auf ausgezeichneten Wegen näherzukommen. Eines der schönsten Naturerlebnisse bietet der *Bigge-Lister-Wanderweg* (46 km), auf dem in zwei Tagen der „Sauerländer Fjord" umrundet werden kann. Der Weg kann auch in mehreren kürzeren Touren gemeistert werden. Im Drolshagener Land sind insgesamt 14 weitere Rundwanderwege markiert, die durch den Naturpark bzw. rund um das Stadtgebiet führen (D 63 km, d 20 km). Die *Geschichts-Rallye* (3 km) wurde für Selbstläufer mit Smartphone konzipiert, während der *Dräulzer Jausenpfad* vier unterschiedliche Einkehrmöglichkeiten ansteuert. Neu sind die verschiedenen geführten Wanderungen und Spaziergänge zu den Themen Natur, Kultur und Geschichte.

Ense

(Kreis Soest)

Die Gemeinde (12 700 Einwohner) mit dem ungewöhnlichen Wappen, auf dem eine Rossbremse bzw. Pferdepramme zu erkennen ist, liegt am nördlichen Rand des Sauerlandes. Schon frühzeitig besiedelt und bereits zur Karolingerzeit mit Festungen versehen, war die Gegend seit jeher umkämpft. Der seit 1207 überlieferte Ortsname geht auf das Rittergeschlecht von Ense zurück. Die beschauliche Gemeinde, zu der 14 Ortsteile zählen, erstreckt sich zwischen den Höhen des Arnsberger Waldes und den weiten Fluren von Hellweg und Haarstrang. Neben historischen Dorfkernen punktet das Gemeindegebiet mit grandiosen Fernsichten und gemütlichen Radelstrecken.

Gemeinde Ense
Am Spring 4
59469 Ense
02938/9800
www.gemeinde-ense.de

Sehenswertes

▸ Haus Füchten

Das Herrenhaus mit seinen Wirtschaftsgebäuden befindet sich im Westen der Gemeinde, östlich der Ruhr. Die ursprüngliche Burg wurde bereits 1298 erwähnt und um 1700 wieder abgetragen. Kurz darauf errichtete Caspar David von Droste zu Erwitte das schlossartige Gebäude, dass Ernst Dietrich Anton von Droste zu Füchten 1726 um einen Kapellentrakt erweiterte. Im 19. Jh. gehörte das Haus zur Mellin'schen Stiftung und diente als Ackerbauschule für Arme und Waisenkinder. In den 1980er-Jahren veräußerte die Stiftung das Anwesen, das als größtes Herrenhaus in Südwestfalen gilt, in private Hände.
Adresse: Haus Füchten,
59469 Ense-Hünningen

▸ Mahnmal Kloster Himmelpforten

Nahe der Möhne errichtete der Zisterzienserorden im Jahre 1246 das Kloster „Porta Coeli", das man wenig später ans Ufer des Flusses verlegte. Bereits 1284 war der steinerne Kirchenbau vollendet. Der Truchsessische (1583–89), der Dreißigjährige (1618–48) und auch der Siebenjährige (1756–63) Krieg brachten das aufstrebende Nonnenkloster mehrfach an den Rand des Ruins, bis es schließlich zu Beginn des 19. Jhs. aufgelöst wurde. Die Kirche blieb als Pfarrkirche von Niederense bestehen. Das Schicksal von Himmelpforten wurde schließlich in der Nacht vom 16. auf den 17. Mai 1943 besiegelt, als britische Bomber die Möhnetalsperre zerstörten und eine gewaltige Flutwelle zahlreiche Einwohner und das gesamte Kloster fortriss. Ein Mahnmal an der Stelle des Klosters erinnert heute an die über 1200 Toten der Möhneseekatastrophe. Die Trümmerreste fanden beim Neubau der kath. Pfarrkirche St. Bernhard in Niederense Verwendung.
Adresse: Himmelpforten, 59469 Ense

▸ Ruhner Glockenturm

Zwischen den Ortsteilen Bremen und Ruhne stand seit ewigen Zeiten eine Kapelle, bis sie dem Siebenjährigen Krieg (1756–63) zum Opfer fiel. Nur die Glocke hatte die Zerstörung überstanden und wurde nach Ruhne gebracht, wo sie fortan als Dorfglocke ihren Dienst auf einem zehn Meter hohen Gerüst tat. 1917 ging sie für die Rüstung verloren und wurde 1920 durch eine „Notglocke" ersetzt. 1964 gönnte sich Ruhne eine neue, immerhin 45 kg schwer Glocke sowie einen neuen Glockenturm, unter dem der Gefallenen der Weltkriege gedacht wird. Bis heute erklingt sie dreimal täglich um 7, 12 und 19 Uhr und verkündet den Engel des Herrn.

St. Lambertus und Rathaus (im Hintergrund)

▸ St. Lambertus

Enses Ortsteil Bremen wird von der denkmalgeschützten Pfarrkirche St. Lambertus überragt, die mit einer über 950-jährigen Geschichte aufwartet. Die Basilika mit Westturm wurde bereits 1079 schriftlich erwähnt und zählt zu den ältesten Pfarreien Westfalens. Sehenswert sind die Heiligenfiguren, ein Vesperbild und ein Kruzifix aus dem 18. Jh. sowie die gotische Ausstattung im Ostflügel.

‣ Kapellen
Die bedeutendste Kapelle auf Enser Gebiet ist die **Kapelle auf dem Fürstenberg** (Auf dem Fürstenberg) im Ortsteil Höingen. Ihre Anfänge liegen im 15. Jh., während der heutige Bau in der Renaissance entstand. Bedeutende Ausstattungsgegenstände sind der barocker Altar mit lebensgroßen Apostelfiguren, eine Madonna auf der Mondsichel (1710) und eine Figur des Hl. Liborius (1739). Sehenswert ist die **Kapelle St. Rochus und Isidor** in Oberense (An der Tigge). Der hübsche Fachwerkbau mit Barockaltar, hohem Aufsatz und Halbsäulen wurde 1729 erbaut. Schon 1229 fand die **Gutskapelle St. Urbanus** in Bilme (Hewingser Str.) Erwähnung, die vollständig aus Grünsandstein errichtet wurde. Zu erwähnen ist auch die **Kapelle Gut Radberg** (Sieveringen, Radberg 2) von 1744 und die **Kapelle St. Anna** (Bernhardusplatz 1, Niederense) von 1887.

Die renaturierte Möhne

Museen & Ausstellungen

‣ Heimatmuseum Niederense
Der Heimatverein Niederense-Himmelpforten zeigt seit 1971 im ehemaligen Schulhaus Niederense von 1800 Zeugnisse des Handels, Handwerks und Gewerbes der Region. Besonders sehenswert sind eine alte Tierarztpraxis sowie eine Schusterwerkstatt. Zudem gibt es diverse Modelle, Bilder und Exponate des ehemaligen Klosters Himmelpforten zu bestaunen.
Adresse: Zum Sonnenufer 26, 59469 Ense, ✆ 02938/3419 u. 745 u. 1687, 🌐 www.heimatmuseum-niederense.de

‣ Heimatmuseum Bremen
Ein denkmalgeschütztes Fachwerkhaus von ca. 1700 im Ortskern von Bremen wurde 1982 als „Enser Kommunikationszentrum" eingeweiht. Wenig später richtete die „Gemeinschaft zur Pflege heimischen Brauchtums im Kirchspiel Ense Bremen" im Obergeschoss ein Heimatarchiv und -museum ein, in dem u. a. ein Modell der Bremer Ortsmitte um 1950 und des alten Krankenhauses zu sehen sind.
Adresse: Kirchplatz 7, 59469 Ense-Bremen, ✆ 02938/1073, 🌐 www.heimatverein-ense-bremen.de

‣ Oldtimermuseum
Schrottis Oldtimermuseum in Oberense ist in privater Hand. In einer alten Scheune darf man sich nahe dem Dorfplatz an alten Zweirädern mit und ohne Motor, einigen alten Autos sowie allerlei technische Gerätschaften erfreuen. Das Highlight für Technikfans ist die seltene Rennmaschine Yamaha TZ 500-3 „Sankito 500" von 1979.
Adresse: An der Tigge 5, 59469 Ense-Oberense, ✆ 02938/1742

Freizeit & Natur

‣ Radfahren
Auch auf dem Gemeindegebiet von Ense wurden die Radwege in das Knotenpunktsystem *Radeln nach Zahlen* aufgenommen. Neben verschiedenen kleineren Ortsrunden wie der *PanoramaRoute* (9 km) und der *Ruhr-Möhne-Runde* (32 km) haben Radler Anschluss an den *MöhnetalRadweg* (69 km) und den *RuhrtalRadweg* (231 km). Die Gegend

um Ense punktet dabei mit kleinen Dörfern, Feldern und Auenlandschaften sowie dem ausgedehnten Arnsberger Wald. Ebenso führt ein Teil der *Querfeldland-Route* (65 km) durch Ense, auf der sich entlang der Strecke Höfe und Betriebe vorstellen, die die Landwirtschaft von der Soester Börde bis zur Ruhr erlebbar machen.

Wandern mit Aussicht auf Niederense

Reiten

Reiten, springen, voltigieren und den Umgang mit den großen Vierbeinern kann man in Ense trainieren. Eine Besonderheit bei den Pferdefreunden Integra ist es, dass hier Kinder und Erwachsene mit und ohne Handicap gemeinsam die Nähe der Tiere aufsuchen können.

Adressen:

Reiterhof Ruhne, Am Knapp 4, 59469 Ense-Ruhne, 0174/6936030

Pferdesportfreunde Integra, Bremer Str. 4, 59469 Ense, 0171/3478260, www.pferdesportfreunde-integra.de

Schwimmbad

Seit 1976 können die Kinder von Ense im Lehrschwimmbad ihr Seepferdchenabzeichen machen. Zudem wird das Becken mit Hubboden als Familienbad genutzt.

Infos: Lehrschwimmbecken Niederense, 02938/2311, www.gemeinde-ense.de/lehrschwimmbecken

Wandern

Durch das Gemeindegebiet Ense verlaufen drei beschilderte Rundwanderwege, die *Weitblick-Tour,* der Rundweg *Rund um Lüttringen* und der *Rundwanderweg Niederense,* jeweils um die 9 km lang. Rings um Ense lassen sich von den Wanderparkplätzen aus zahlreiche Wanderungen zu den teils abgelegenen Sehenswürdigkeiten und Dörfern unternehmen. Eine ebenso beliebte Runde führt *von Niederense bis an den Möhnesee* (24 km). Des Weiteren führen Teilabschnitte der Etappen 5 und 6 des *Westfalenwanderweges* durch Ense.

Eslohe

(Hochsauerlandkreis)

Der staatlich anerkannte Luftkurort (8800 Einwohner) mit seinen vier Ortsteilen atmet kleinstädtisches Flair. Weitläufige Parkanlagen, eine Einkaufsstraße sowie ein historischer Ortskern mit 200-jährigen Fachwerkhäusern, die sich um die Pfarrkirche drängen, kennzeichnen das älteste Kirchdorf im ganzen Sauerland. Erstmals wurde der Ort im Jahre 1204 in einer Urkunde erwähnt und als Rittersitz der Familie von Esleven aufgeführt. Das Gemeindegebiet liegt nahezu vollständig im Naturpark Sauerland-Rothaargebirge und bestickt entlang von Wenne und Salwey sowie dem Höhenzug Homert mit seinen ausgezeichneten Wanderwegen.

Tourismus im Rathaus Eslohe
Schultheißstr. 2
59889 Eslohe
02973/442
www.ferienregion-eslohe.de

Sehenswertes

Knochenmühle

Um die mageren Böden des Sauerlandes mit Nährstoffen zu verbessern, nutzte man seit Mitte des 19. Jhs. u. a. das Mehl aus zerstampften, zuvor jahrelang getrockneten Tierknochen. Da die voll funktionstüchtige Mühle zu Isingheim zu den wenigen erhaltenen Knochenmühlen der Region zählt, wurde sie 1985 unter Denkmalschutz gestellt. Sie liegt am *Esloher Rundwanderweg E1*.
Adresse: Isingheim 3, 59889 Eslohe

Felsenkeller

Das Reister Bier, das man auf Hof Kenter im Ortsteil Reiste im 19. Jh. braute, war nicht nur Feinschmeckern weithin ein Begriff. Eine eigene Quelle, eigener Hopfen und ein tiefer Stollen, um das Braugut zu kühlen, sorgten lange für hohe Qualität. Von dieser Tradition ist lediglich der kalte Felsenkeller geblieben, den man auf Anfrage besichtigen kann.
Adresse: Zum Felsenkeller, 59889 Eslohe-Reiste,
www.sgv.reiste.net

Haus Wenne

Hinter Bruchsteinmauern nahe dem Fluss Wenne hat sich der Stammsitz der Herren von der Wenne erhalten. Die historische Gutsanlage, die 1371 erstmals Erwähnung fand, ging um 1780 an die Familie von Weichs, die das Anwesen heute in der elften Generation bewohnt. Neben der Forstwirtschaft dient das Gut als Ferienbetrieb und bietet Gästen im Brunnen- und im Turmhaus großzügige Urlaubsdomizile an.
Adresse: Haus Wenne 1, 59889 Eslohe,
02973/818860, www.gut-wenne.de

Museen & Ausstellungen

DampfLandLeute-Museum

Seit 1981 werden im Salweytal die Technisierung der Landwirtschaft und die ehemalige Eisenverarbeitung im Sauerland thematisiert. Das Technik- und Heimatmuseum verknüpft die Ausstellung über das Leben zwischen Industrie und Landwirtschaft mit den technischen Errungenschaften unserer Vorfahren. Dazu werden neben Arbeitsformen der Kleineisenindustrie auch große Kraftmaschinen gezeigt, u. a. Dampfmaschinen und Lokomotiven. Zweimal im Monat nimmt eine Feldbahn des Museumsvereins Besucher mit auf einen Rundkurs. 1987 wurde dem Museum auch das hiesige Mundartarchiv des Sauerländer Platt angegliedert.
Adresse: Homertstr. 27, 59889 Eslohe,
02973/2455 u. 800220, www.museum-eslohe.de

Das DampfLandLeute-Museum im Salweytal

Alte Mühle

Als erster Besitzer der historischen Getreide-Wassermühle im Ortsteil Cobbenrode wurde 1648 die Familie von Esleben zu Cobbenrode genannt. Aufgrund der Verlegung des Esselbaches wurde der Mühlenbetrieb 1972

eingestellt. Seit der Renovierung des denkmalgeschützten Gebäudes 1988–1990 gehört die Mühle zum DampfLandLeute-Museum. Neben den Handwerkzeugen der Müller wird hier regelmäßig ein Mahlgang demonstriert und das gewonnene Mehl im Steinbackofen „Backes“ des benachbarten Backhauses verbacken.
Adresse: Zur Alten Mühle 7, 59889 Eslohe-Cobbenrode, 0175/3298221 u. 02973/3717

Esmecke-Stausee in Wenholthausen

Stertschultenhof
Um Fuhrwerke zu unterstützen, die lange Steigung in Richtung Elspe zu bewältigen, stellte der 1310 erstmals erwähnte Vorspannhof stets vier Vorspannpferde zur Verfügung. Im Obergeschoss gab es zudem eine Gaststube für Reisende. Das bis heute erhaltene niederdeutsche Hallenhaus in Sauerländer Fachwerkausführung wurde 1769 errichtet. Besonders sehenswert sind der reich verzierte Giebel sowie die im Sauerland einzigartigen Wandmalereien. Bis 1995 wurde der Hof landwirtschaftlich genutzt. Nach Renovierungsarbeiten dient er als öffentliche Begegnungsstätte, in deren nostalgischem Ambiente der Heimat- und Förderverein Führungen anbietet. Im Stertenschultenhof sammelt zudem das Mundartarchiv Sauerland Literatur, Dokumente etc. und dokumentiert mittels Audioaufnahmen auch die heute noch gesprochenen Ortsdialekte.
Adresse: Am Hähnchen 1a, 59889 Eslohe-Cobbenrode, 0176/32490269, www.stertschultenhof.de

Freizeit & Natur

Esmecke-Stausee
Seit 1971 gilt der kleine, von Wald und Liegewiese umgebene Badesee nordwestlich von Wenholthausen als Geheimtipp für Entspannungsuchende. Der auch als Einbergsee bezeichnete Stausee ist gut zugänglich, stets gleichmäßig warm und wird sogar vom DLRG beschützt. Wer sein Angelglück herausfordern möchte, der erhält beim Verkehrsverein alle Informationen.
Infos: Tourismus im Rathaus Eslohe, 02973/442

Minigolf
Direkt am Esloher Kurpark öffnet in den Sommermonaten eine gepflegte Minigolfanlage, auf der man eine ruhige Kugel schieben kann.
Adresse: Eberhard-König-Str. 2, 59889 Eslohe, 02973/7039971

Radfahren
Eslohe ist ein Hauptort auf dem *SauerlandRadring* (84 km), der größtenteils über alte Bahntrassen die zentralen Sauerlandorte Finnentrop, Eslohe, Schmallenberg und Lennestadt verbindet, und bietet in Richtung Finnentrop mit dem berühmten Kückelheimer Fledermaustunnel ein Highlight der Radtour. Eine Erweiterung bietet die *HenneseeSchleife* (40 km) durch das Wennetal bis nach Meschede.

Erfrischung im Esselbad

Reiten

Auf dem Ponyhof warten neben den etwa 30 Ponys, Reithalle, -stall und -platz Streicheltiere, Spielplatz und Spielhaus mit Kicker und Tischtennis sowie Lagerfeuerplatz auf Gäste. Einen Reitverein gibt es in Eslohe auch.

Adressen:

Ponyhof Meier, Homertstr. 16, 59889 Eslohe, 02973/6394, www.ponyhof-meier.de
Reitverein St. Hubertus Wennetal, Mindenerstr. 4, 59889 Eslohe, www.rv-wennetal.de

Wildgehege

Das Damwildgehege im Ortsteil Wenholthausen erstreckt sich vom renaturierten Flüsschen Winne im Ortskern bis zum modernen Spielplatz oben auf dem Eibel. Am Hang liegen mehrere Gehege, in denen Damhirsche gehalten werden.

Adresse: 59889 Eslohe-Wenholthausen

Schwimmbad

Direkt am Kurpark von Eslohe bietet die 30 Grad warme Schwimmhalle des Esselbads ganzjähriges Urlaubsfeeling. Neben Whirlpool, Sauna und Dampfsauna ist für die Jüngsten die 45 m lange Wasserrutsche das Highlight. Und sobald die ersten warmen Tage anbrechen, öffnet auch das beheizte Freibad mit Liegewiese und Beachvolleyballfeld.

Adresse: Kupferstr. 40, 59889 Eslohe, 02973/6782, www.eslohe.de/tourismus/esselbad

Wandern

Ob genussvoll, sportlich oder reizend, das „Land der tausend Berge" birgt in der Region Eslohe eine qualitätsvolle Wanderinfrastruktur. Neben dem *Rundweg um Eslohe* (E1) und der *Wanderung um den Esselbach/Cobbenrode* (C/7, je ca. 10 km) versprechen der *Sauerland-Höhenflug* (250 km), der *Esloher Grenzgänger* (68 km) und der *Rothaarsteig* (154 km) herrliche Aussichten. Weniger anstrengend sind die zwölf *Golddorf-Routen* rings um die Bundessieger im Wettbewerb „Unser Dorf hat Zukunft" der Region. Der *Franziskusweg* (8 km) thematisiert den Sonnengesang des Franz von Assisi. Zu den schönsten Etappen am Sauerland-Höhenflug und dem Skulpturenweg kann man ein Wandertaxi ordern.

Finnentrop

(Kreis Olpe)

Nach den Einwohnern der Gemeinde Finnentrop (16 850 Einwohner) liegt ihre Heimat „abseits der großen Metropolen und lauten Autobahnen, aber mittendrin im Sauerland". Die Landschaft wird durch die beiden Gebirgszüge Hommert und Ebbegebirge sowie die zahlreichen Bachläufe der Täler bestimmt, in denen sich die regionaltypischen schwarz-weißen Fachwerkhäuser um die zentralen Kirchen zu illustren Dörfern formiert haben, einige davon schon vor über 900 Jahren. Hier, „im Land der tausend Bäche und Flüsse" haben sich neben Traditionen und lebendigem Brauchtum auch diverse alte Mühlen und neuere Kraftwerke erhalten, ein Muss für jeden Technikfreund. Naturidylle, Kultur, aktive Erholung lautet der Dreiklang, mit dem Finnentrop und seine Ortsteile die Besucher begeistern.

Gemeinde Finnentrop Tourismus
Am Markt 1
57413 Finnentrop
02721/512151
www.finnentrop.de

Sehenswertes

Haus Bamenohl

Aus einer mittelalterlichen Wasserburg ging das barocke Herrenhaus im Ortsteil Bamenohl hervor, das heute mit seiner romantischen Ausstrahlung punktet. Erstmals 1324 als „Bawenole inferiore" genannt, gelangte die Anlage in den Besitz verschiedener Adelshäuser und diente schließlich als Flüchtlingsunterkunft und Altenheim. Seit 1988 steht das Gebäudeensemble mit seinem 150 Jahre alten idyllischen Park und den mächtigen Baumriesen unter Denkmalschutz. Es wird zwar privat bewohnt, kann aber nach Absprache auch im Inneren besichtigt werde. Zudem finden hier standesamtliche Trauungen und kulturelle Veranstaltungen statt. Besonders das jährliche Open-Air-Konzert erfreut sich großer Beliebtheit.
Adresse: Bamenohler Str. 19, 57413 Finnentrop-Bamenohl, 02721/959800, www.haus-bamenohl.de

Kirchen

Neben den beiden Pfarrkirchen in Finnentrop selbst ist besonders die **Kirche St. Georgs** in Schliprüthen sehenswert. Das kleine, weiß gewandete Gotteshaus mit dunklem Schieferdach ist eine spätromanische Hallenkirche mit einer Ausstattung und Barockorgel aus dem 17./18. Jh. In Schönholthausen prunkt die **Kirche Mariä Himmelfahrt** mit reicher Barockausstattung. Sehenswert ist auch die kleine, über 600 Jahre alte **Kapelle St. Matthias** in Altfinnentrop.

Frettermühle

Das auch als Alte Mühle oder, nach dem letzten Müller, Jagemanns Mühle bezeichnete historische Bauwerk am Fretterbach tat seinen Dienst 600 lange Jahre. Bis 1983 waren die Mühle und die angeschlossene Bäckerei in Betrieb. Seit 1989 produziert sie Strom, der in das Versorgungsnetz eingespeist wird. Dennoch blieb die alte Technik der Getreidemühle samt Spitzenschälmaschine und Sackfahrstuhl erhalten und kann am Mühlentag besichtigt werden, inklusive mühlengebackenem Kuchen.
Adresse: Mühlenwinkel 2, 57413 Finnentrop, 02721/70872

Knochenmühle

Errichtet vor 1900, stillgelegt nach 1945, wurde die Mühle im Ortsteil Fretter 1987/89 renoviert und ist wieder voll betriebsfähig. Angetrieben durch ein Wasserrad, wurde ein gusseisernes Stampfwerk in Bewegung gesetzt, mit dem der Müller getrocknete Tierknochen zu Knochenmehl verarbeitete, das als wertvoller Dünger diente. Zudem konnte ein Schleifstein angetrieben werden. Bei dem Stampfwerk handelt es sich um eine „kalifornische Poche" (um 1860), die aus der Montanindustrie stammt und hier eine Zweitverwendung fand – eine echte Besonderheit.
Adresse: Schöndelter Str. 11, 57413 Finnentrop-Fretter, 02724/2439066

Kraftwerke

Neben zahlreichen klassischen Wassermühlen haben sich auch diverse Wasserkraftwerke erhalten, die im frühen 20. Jh. entstanden und ihren Dienst bis heute versehen: das

Oberbecken des Pumpspeicherwerks Rönkhausen

Laufwasserkraftwerk in Bamenohl (Bamenohler Str.) mit seinem schönen Maschinenhaus mit Stuckdecken, Sternenfenstern und schwarz-weißen Fliesen; das **Kraftwerk Lenhausen** (An der Lenne) von 1928 mit zwei Maschinistenwohnungen und weitgehend original erhaltener Maschinenhalle samt Steuerpult aus Marmor und das **Kraftwerk Ahausen** (Ahauser Stausee) von 1938, ein Speicherkraftwerk, hinter dessen schlichter, dafür monumentaler Fassade die Lastspitzen im Stromverbrauch abgefangen werden. Diese drei von insgesamt 14 Wasserkraftwerken werden von der Lister- und Lennekraftwerke GmbH (LLK) Olpe betrieben, die auch Führungen anbietet.
Infos: LLK Olpe, ✆ 02761/8960, 🌐 www.llk.de

▸ Pumpspeicherwerk
Das umweltfreundliche Pumpspeicherwerk im Glingetal bei Rönkhausen speichert seit 1969 per Hinaufpumpen und Ablassen durch einen 936 m langen Druckstollen und Turbinen Energie und ist für jeden Technikfan ein Highlight. Der Weg rund um das mehr als 1 000 000 m^3 fassende Oberbecken ist begehbar und bietet einen grandiosen Blick ins Sauerland.
Infos: Mark-E Unternehmenskommunikation, ✆ 02331/12322720, 🌐 www.mark-e.de

Museen & Ausstellungen

▸ Heimatstube Schönholthausen
Alles begann 1992, als dem hiesigen Heimatverein ein uralter Torbalken zur Aufbewahrung überlassen wurde. Daraus hat sich bis heute in einem schönen Fachwerkhaus nahe der Kirche ein spannendes Museum entwickelt. Neben Uromas Küche und Schlafzimmer und reichlich Gerätschaften für die Feldarbeit kann auch dem vielfältigen dörflichen Handwerk nachgegangen werden. Bilder, Statuen und Fotos sind ebenso zu bewundern wie eine kleine Dorfschule von ca. 1900 oder eine Arztpraxis aus den 1930er-Jahren.
Adresse: Zur Schlerre 2, 57413 Finnentrop, ✆ 02721/6512, 6258, 🌐 www.museum-schönholthausen.de

▸ Kunstsammlung der Jupp-Schöttler-Jugendherberge
Das kleine Fachwerkhaus im Ortsteil Bamenohl gilt nicht wenigen als die schönste Jugendherberge des Sauerlandes und sogar Deutschlands. Hier wirkte die Bildhauerin Anneliese Schmidt-Schöttler als Herbergsmutter und Künstlerin, deren große Auftragsarbeiten so manchen Platz im Sauerland zieren (Brunnensäule Menden, Rathausbrunnen Attendorn und Finnentrop,

Bronze-Gruppe Olpe). Viele ihrer Werke und Entwürfe blieben bis heute in der kleinen Jugendherberge, in der sie ihr Atelier unterhielt. Heute finden hier Kulturveranstaltungen, Workshops und Konzerte statt.
Adresse: Herbergsweg 1, 57413 Finnentrop-Bamenohl, 02721/7293, www.jupp-schoettler-jugendherberge.de

Heimatstube Schönholthausen

Künstler-Atelier

Titanen-Figuren in einem Dschungelsee, die grazile Mondfrau oder der wortwörtliche Katzentisch können im Atelier von Friedrich Freiburg entdeckt werden. Im Ortsteil Rönkhausen lädt der Bildhauer ganzjährig ein, um sich im Atelierhaus und im weitläufigen Garten von über 50 teils großformatigen Skulpturen und ihren Geschichten überraschen zu lassen. Und vielleicht ist auch das drei Meter große „Männchen" auf der Verkehrsinsel aufgefallen, das ebenfalls von „FFreiburg" erbaut wurde.
Adresse: Kilianstr. 115, 57413 Finnentrop-Rönkhausen, 02395/379 u. 0171/5747475, www.FFreiburg.de

Freizeit & Natur

Angeln

Der stille Ahauser Stausee wurde bereits 1938 angelegt. 4 km lang, 200 m breit und 13 m tief wird sein Wasser vornehmlich für die Stromerzeugung genutzt. Aufgrund seines Flusscharakters eignet sich der See hervorragend zum Forellenangeln. Für die bis zu 5 kg schweren Bachforellen wird das Fliegen- und Spinnfischen empfohlen. Angelkarten vergibt der Ruhr-Verband.
Infos: www.angeln-im-sauerland.de

Bikepark Finnentrop

Seit August 2018 flitzen Mountain-, Dirt- und BMX-Bikes über die unterschiedlichen Strecken. Anfängern und erfahreneren Bikern bieten der 4,5 m hohe Starthügel, die Table-Lines und Pump-Tracks angemessene Herausforderungen zum Springen und Tricksen.
Adresse: Lennewiesen/Schrebergarten-Anlage, 57413 Finnentrop

Fliegen

Der Sonderlandeplatz Attendorn-Finnentrop befindet sich auf dem Wiethfeld zwischen Heggen und dem Ahauser Stausee. Auf dem Flugplatz mit dem ICAO-Code „edku" herrscht keinerlei Linienverkehr, denn er wird seit 1975 einzig vom Luftsportclub Attendorn-Finnentrop betrieben. Wer möchte, kann hier den Segelflugschein erwerben oder sich für einen Mitflug in Segel-, Motorsegel- oder Motorflugzeug anmelden.
Infos: www.edku.de

Kletterhalle

In der neu geschaffenen Halle verlocken 400 m² Kletterfläche Anfänger und Könner dazu, sich an die 15 verschiedenen Parcours für jede Schwierigkeitsstufe zu wagen. In der Boulderanlage mit geneigten, vertikalen und überhängenden Wänden findet jeder seine passende Herausforderung.
Adresse: Eibachstr., 57413 Finnentrop, 02721/7197500, www.blox-boulderhalle.de

Naturschutzgebiet Hohe Ley

Im südlichen Ortsteil Heggen erhebt sich ein waldiger Höhenzug samt ehemaligem

Steinbruch, in dem bis in die 1930er-Jahre Kalk abgebaut wurde. Heute ist das Gebiet ein 50 ha großes Naturschutzgebiet, in dessen steilen Wänden u. a. Turmfalken und Uhus brüten. Eindeutiger Höhepunkt ist eine 96 m hohe Steilwand mit Gipfelkreuz. Wer den steilen Waldwanderweg aus Heggen oder Bamenohl geschafft hat, den erwartet eine einzigartige Aussicht.

▸ Reiten

Pferdefreunde wissen, dass Islandpferde zu den ganz besonderen Hufträgern gehören und es ein Erlebnis ist, ein solches Gangpferd zu reiten. Auf dem Islandpferdehof Frettertal können Isländerfreunde alles über den Umgang mit diesen Vierbeinern erlernen.
Adresse: Kalkwerkstr. 4, 57413 Finnentrop-Fretter, 0163/3642238 u. 02724/288067, www.islandpferdehof-frettertal.de

▸ Schwimmbad

Das Erlebnisbad FINTO verfügt über ein 25-m-Becken mit 3-m-Sprunganlage, Massagebecken, finnische Blockhaus- und Dampf-Sauna, Solarien sowie ein Außenbecken mit Liegewiese. Höhepunkt dieses Erlebnisses ist jedoch die Abenteuer-Rutsche „Black-Hole". Mit Geräusch-, Licht- und Nebeleffekten sorgt diese 58 m lange Schwarze Loch für ein aufregendes Badevergnügen.
Adresse: Am Markt 2 57413 Finnentrop, 02721/512176, www.finto-erlebnisbad.de

▸ StoppOmat

Radrennsportler kennen dieses herausfordernde Gerät, mit dem auf ausgewiesenen Bergstrecken die Zeit genommen wird. Dieses erste „Drive-in" für Rennradler im Sauerland wurde 2014 in einem kleinen überdachten Häuschen auf der Strecke vom Unter- zum Oberbecken des Pumpspeicherwerks installiert. Die Funktion: Unten ein Start-Ticket ziehen, dann nach oben radeln und im Zielhäuschen (nach 4,5 km Strecke und 250 Höhenmetern) einlegen, wodurch die Zeit gestoppt und im Internet hinterlegt wird.
Adresse: Glingestr., 57413 Finnentrop-Rönkhausen

▸ Wandern & Radfahren

In und um Finnentrop wurden mehr als 300 km über Berg und Tal als Wanderstrecke gekennzeichnet. Neben dem *Sauerland-Höhenflug* (240 km), der 23 km lang durch das Gemeindegebiet führt, ist der *Finnentroper Rundwanderweg* (90 km) erwähnenswert, der mit seinen grandiosen Perspektiven immer wieder zu den schönsten Naturpark-Wanderwegen Deutschlands gezählt wird. Teilstrecken lassen sich prima über die *X-Wege* des SGV zu eigenen Touren kombinieren.
Mit seinem Bahnhof an der Ruhr-Sieg-Strecke ist Finnentrop zudem besonders bei Radlern beliebt, die sich auf die *Lenneroute* (142 km) in Richtung Ruhrgebiet bzw. Winterberg oder auf dem *Ruhr-Sieg-Radweg* (113 km) nach Kirchen an der Sieg bzw. Meschede an der Ruhr begeben wollen. Überdies lieg Finnentrop am *Sauerland-Radring* (84 km), der größtenteils über alte Bahntrassen die zentralen Sauerlandorte Finnentrop, Eslohe, Schmallenberg und Lennestadt verbindet und den idealen Radeleinstieg in die Region bietet. Eine Erweiterung bietet die *HenneseeSchleife* (40 km) durch das Wennetal bis nach Meschede.

Hallenberg

(Hochsauerlandkreis)

Mit seinen knapp 5000 Einwohnern ist das Landstädtchen die kleinste Gemeinde in Westfalen, die zweitkleinste Stadt in NRW und unbestritten die südlichste

Stadt des Hochsauerlandkreises. Der Ort war stets ein Grenzort, ursprünglich im Grenzbereich zwischen Sachsen und Franken, später zwischen den Erzbistümern Mainz und Köln und heute zwischen NRW und Hessen. Bereits um 1231 hat auf dem markanten Bergsporn eine erste Burg bestanden, um die herum sich die kleine Ortschaft bildete. Heute bietet das attraktive Fachwerkstädtchen mit seinem malerischen Stadtkern den perfekten Ausgangspunkt für einen Aktivurlaub zwischen Wiesen, Wäldern und Bergen.

Tourist Information im Informationszentrum Kump
Petrusstr. 2
59969 Hallenberg
02984/8203
www.hallenberg-tourismus.de

Sehenswertes

Altstadt

Der historische Stadtkern besticht mit seinen alten Fachwerkhäusern; sein Straßenverlauf geht auf die Zeit um 1780 zurück. Im Zentrum befindet sich die katholische **Pfarrkirche St. Heribert** mit einer Barockausstattung aus dem 13. Jahrhundert und einer Renaissance-Ausmalung von 1558. Der historische **Petrusbrunnen** auf dem Marktplatz stammt aus dem Jahr 1756, die Petrusfigur schmückt ihn erst seit Anfang des 20. Jahrhunderts.

Merklinghauser Kapelle

Das kleine weiße Gotteshaus „Maria Himmelfahrt“, die Hallenberger nennen sie Unterkirche, mit dem dunklen Dach und Dachreiter stammt aus dem 12. Jh. und war die erste Kirche in diesem Gebiet. Aufgrund der Mariendarstellung „Unsere liebe Frau von Merklinghausen“ war die Kirche zeitweise ein bedeutender Wallfahrtsort. In ihrem Inneren entdeckte man 1981 spätromanische Wandmalereien, die vermutlich aus dem 13. Jh. stammen.

Adresse: Merklinghauser Str. 49, 59969 Hallenberg, 02984/8312

Museen & Ausstellungen

Mausefallenausstellung

Es ist vielleicht nicht für jeden etwas, aber auf jeden Fall eine echte Besonderheit, was im alten Lagerkeller des Infozentrums Kump geboten wird. In einer inszenierten Speisekammer zeigt eine Ausstellung wie der Mensch seit dem Mittelalter gegen nagende Schädlinge zu Felde zog. Die Exponate reichen von der schlichten Schlagfalle bis hin zur modernen Lebendfalle mit SMS-Alarm. Zu besichtigen während der regulären Öffnungszeiten des Kumps.

Adresse: Petrusstr. 2, 59969 Hallenberg

Eishäuschen

In unmittelbarer Nachbarschaft der Wallfahrtskirche steht ein kleines Bruchsteinhäuschen, in dem einst Eis für die Gastronomie gelagert wurde. Es wurde 1950 von der Dortmunder Actien Brauerei errichtet und 2010 renoviert. Mit 23 m^2 Ausstellungsfläche gilt es als das kleinste, aber auch coolste Museum in ganz NRW. Es zeigt wechselnde Objekte eines Eisbildhauers.

Adresse: Merklinghauser Str. 51/Marienpark, 59969 Hallenberg, 02984/3030, www.eishaeuschen-hallenberg.de

Freizeit & Natur

Aussichtstürme

Den **Bollerbergturm** nahe dem Ortsteil Hesborn sollte sich niemand entgehen lassen. Auf 758 m Höhe bietet sich ein grandioser Rundumblick auf das Rothaargebirge und das Hessische Bergland. Der heutige Turm wurde 1977 errichtet, ist 15 m hoch und der

Weg zur Aussichtsplattform führt über 84 Stufen hinauf. Je nach Witterung kann man bis zu 100 km weit sehen. Panoramabilder erläutern die Aussicht. Erreichbar vom *Sauerland-Höhenflug* sowie über die *Wanderwege Hs 2* (Hesborn) oder *A2* (Parkplatz Hohe Schlade).

Panoramablick vom Bollerbergturm

Mal Singletrail, mal breiter Wanderweg, so geht es steil hinauf auf eine der höchsten Erhebungen des Rothaargebirges, die 816 m hohe Ziegenhelle. Ganz oben erhebt sich bereits seit den 1930er-Jahren ein hölzerner Aussichtsturm, der **Ziegenhellenturm**. Der neueste, 2011 eingeweihte 15 m hohe Holzturm bietet nach 66 Stufen einen Panoramablick, der manchmal bis zum Kahlen Asten reicht.

▸ Freilichtbühne

Mit mehr als 1400 Sitzplätzen unter einer frei tragenden Überdachung und einer 90 m breiten Spielfläche vor natürlicher Kulisse beeindruckt die Hallenberger Freilichtbühne schon bevor überhaupt ein Schauspieler sie betreten hat. Seit 1946 wurden hier über 100 Stücke inszeniert sowie einige Gastspiele aufgeführt. Alljährlich sorgt eine 140-köpfige Spielerschar für neue Theaterunterhaltung, ein Stück für Kinder, eines für Erwachsene. Seit 1950 werden im Zehnjahresrhythmus die Passionsspiele vom Leben und Sterben Jesu aufgeführt.
Adresse: Freilichtbühnenweg 14, 59969 Hallenberg, ✆ 02984/929190, 🌐 www.freilichtbuehne-hallenberg.de

▸ Goldener Pfad

Im Ortsteil Langewiese sorgt ein Landschaftstherapiepfad für natürliche Bodenständigkeit. Der Rundwanderweg (5 km) führt an 10 Stationen vorbei durch die Niedersfelder Hochheide. Danach hat man dann erlebt und verinnerlicht, wie hilfreich „Doktor Natur" sein kann.

▸ Infozentrum Kump

Der Begriff, mit dem in anderen Regionen ein Wasserschöpfbecken bezeichnet wird, steht hier für ein kulturelles Zentrum im Herzen der Stadt. Die Veranstaltungsreihe „Kunst und Kump" ist längst überregional bekannt. Der Fachwerkbau mit dem markanten dreigeschossigen Turm und schmucker Schieferhaube wurde 2002 von der Stadt erworben und mit viel ehrenamtlichem Engagement renoviert. Seither kann man sich am Marktplatz über Geschichte, Brauchtum und touristische Möglichkeiten informieren.
Adresse: Petrusstr. 2, 59969 Hallenberg

▸ Sauerland-Stabil-Stuhl

„Sauerland Stabil", so nannte sich die 1939 hier gegründete Möbelfabrik Kusch & Co., die bis heute produziert. 1947 wurde ein einfacher, praktischer und scheinbar

unverwüstlicher Stuhl entworfen, der sich heute als 8 m hohes Kunstwerk und Aussichtsplattform über dem 528 m hohen Königsloh bei Hallenberg erhebt. Ein Stück Ortsgeschichte und eine Sitzgelegenheit der Extraklasse.
Adresse: Dorfstr., 59955 Winterberg

▸ Schwimmbäder

Für das kleine Badevergnügen in der Winterzeit steht im **Hallenbad** nahe der Grundschule ein 17-m-Becken zur Verfügung, inklusive Massagedüsen, Luftsprudler und Schwalldusche.
Ganz ohne Chlor und Chemie sorgt das **Naturbad Hallenberg** für natürlichen Wasserspaß, der besonders auch für Allergiker geeignet ist. Schwimmbahnen, Sprungturm und Nichtschwimmerbecken garantieren neben Sandstrand und Liegewiese ein kleines, aber feines Sommervergnügen.
Adressen:
Hallenbad: Elbersbach 12, 59969 Hallenberg, 02984/31078
Naturbad: Nuhnestr. 32, 59969 Hallenberg, 02948/929066, www.naturbad-hallenberg.de

▸ Wandern & Radfahren

Die schöne, aber anstrengende Rundwandertour *Hallenberger Runde* (22 km) führt u. a. zur kleinen Hubertuskapelle. Auch die *Hilmesberg-Runde von Liesen* (14 km) mit Teufelstreppchen und Liesequelle erfordert Grundkondition und bietet tolle Ausblicke. Die halten auch die verschiedenen Wege zu den Aussichtstürmen Bollerbergturm und Ziegenhellenturm bereit. Etwas leichter sind die *Hesborn Runde* (6 km) zur Köhlerei und Bollerberg und die *Runde von Wundertshausen* (5 km) mit Rastplatz am Bierloch (Skihütte). Um die Landschaft rings um Hallenberg zu erleben, eignen sich besonders die unterschiedlichen MTB-Touren für Anfänger und Könner.

Halver

(Märkischer Kreis)

Halver (16 100 Einwohner) ist die westlichste Stadt Südwestfalens und liegt auf den Höhen zwischen Volme und Ennepe an der Grenze zum Rheinland. Schon Ende des 18. Jhs. begann hier die Industrialisierung mit drei Osemund- und einem Rohstahlfeuer. Der Anschluss an die Eisenbahn sorgte schließlich für Aufschwung, sodass um 1900 bereits mehr als 270 Kleineisenfabriken existierten. Bis heute wird die Stadt durch die Ansiedlung zahlreicher Klein- und Mittelbetriebe geprägt. Aufgrund ihrer landschaftlich reizvollen Lage darf sie sich mit Fug und Recht als „Industriestandort im Grünen" bezeichnen. Mehrere schöne Parks lockern das Stadtbild auf, während die Umgebung mit zahlreichen Wanderwegen lockt.

Touristinformation im Rathaus Halver
Thomasstr. 18
58553 Halver
02353/730
www.halver.de

Sehenswertes

▸ Löhrmühle

Die auch als Löher Mühle bezeichnete Wassermühle im Wiesental der Ennepe wurde bereits 1566 erwähnt. Bis etwa 1810 wurde sie nach dem nahe gelegenen Oberhof Stieneichhofen, mit dem sie verpachtet wurde, die Eichhofer Mühle genannt. Das heutige Gebäude entstand zu Beginn des 19. Jhs. und wurde bis in die 1970er-Jahre betrieben. Inzwischen wurde einer der ursprünglich zwei Mahlgänge restauriert und ist betriebsbereit. Auch das Wasserrad dreht sich wieder und produziert Strom. Das Gebäude wird

privat bewohnt, darf aber nach Absprache besichtigt werden.
Adresse: Löhrmühle, 58553 Halver, 02353/130219

Nicolai-Kirche
Im Zentrum der Stadt überragt das dunkle Kirchen- und Turmdach des weiß getünchten Gotteshauses die umliegenden Häuser. Vermutlich stand an dieser Stelle schon Jahrhunderte zuvor eine Kirche, bevor Halver 1127 selbstständige Gemeinde wurde. Wahrscheinlich wurde der ursprünglich romanische Bau im 15. Jh. im gotischen Stil erweitert und schließlich 1783 erneuert. Im klar gegliederten Inneren beeindruckt besonders die Orgel aus dem 19 Jh.
Adresse: Kirchstr. 7, 58553 Halver, 02353/903214

Hohenzollernpark – Ehrenmal
Die von 1823 bis 1870 als Begräbnisplatz der ev. Gemeinde genutzte Stätte ist noch immer ein Ort der Ruhe. Der Friedhof wurde um 1910 eingeebnet und man hegte die Absicht ein Kaiserdenkmal zu errichten, weshalb man den Namen Hohenzollernpark wählte. Aus dem Denkmal wurde nichts, dafür entstand ein beeindruckendes Ehrenmal für die im Ersten Weltkrieg gefallenen Halveraner.
Adresse: Von-Vincke-Str., 58553 Halver

Museum

Villa Wippermann
Das beeindruckende Gebäude wurde 1895 für die Fabrikantenfamilie Wippermann fertiggestellt. Die Familie, die auch an der Gebrüder-Wippermann-Brennerei für Schnaps und Parfüm beteiligt war, verkaufte das Haus 1950 an die Stadt Halver. 2013 erfolgte die Einrichtung des Regionalmuseums „Oben an der Volme“. Das Untergeschoss der Villa ist Kulturveranstaltungen vorbehalten. Im Obergeschoss fand 2020 auch das Inventar des ehemaligen Heimatmuseums seine Bleibe.
Adresse: Frankfurter Str. 45, 58553 Halver, 0152/22832566, www.villa-wippermann.de

Freizeit & Natur

Aussichtsturm Karlshöhe
Um „die Naturschönheiten des Sauerlandes zu erschließen und dem Publikum Lust und Liebe zu Wanderungen durch Berg und Tal einzuflößen“, wurde der Turm 1893 auf der Karlshöhe errichtet. Hat der Besucher die 100 steilen Stufen erklommen, dann bietet ihm das 23,5 m hohe Wahrzeichen von Halver eine grandiose Aussicht, die bei gutem Wetter bis zum Kölner Dom reicht. Der jüngst restaurierte Turm ist Startpunkt für verschiedene Wanderungen.
Adresse: Frankfurter Str. 90, 58553 Halver

Draisinenbahn
Die Schleifkottenbahn ist eine 6,5 km lange Eisenbahnstrecke von Halver-Oberbrügge nach Halver, die seit 2000 von der privaten Schleifkottenbahn GmbH betriebsbereit unterhalten und gepflegt wird. Von hier aus können Natur- und Eisenbahnfans mit Fahrraddraisinen bis zum Kulturbahnhof Halver und zurück strampeln. Am Bahnhof steht zudem ein restaurierter D-Zug-Schlafwagen von 1955, in dem man spartanisch übernachten kann.
Adresse: Bergstr. 26, 58553 Halver-Oberbrügge, 02355/516163, www.schleifkottenbahn.de

Kletterwald
Die Kletterwaldparcours von Halver verlaufen in unterschiedlicher Höhe und haben verschiedene Schwierigkeitsgrade, sodass Anfänger und Geübte gleichermaßen ihren Spaß haben können. Neben der Freude an der sportlichen Betätigung kommt auch der Nervenkitzel nicht zu kurz.

Adresse: Herpiner Weg, 58553 Halver, 0177/4212872 u. 02353/6643911, www.kalisho.de, www.kletterwald-halver.de

Minigolf

Der bereits 1964 gegründete Sterngolf-Sportclub Halver unterhält drei Minigolfanlagen. Auf der Karlshöhe wird auf einer klassischen Sterngolfanlage sowie auf einer vereinseigenen Miniaturgolfanlage gespielt. Zudem betreibt der Club eine turniergerechte Indoor-Minigolfanlage.

Adressen:
Indoor Minigolf Halver: Berliner Platz, 58553 Halver, 02353/6655866, www.minigolfhalle-halver.jimdo.com
Sterngolf/Miniaturgolf Karlshöhe: Frankfurter Str. 95 a, 58553 Halver, 02353/13596, www.sterngolf-halver.de

Radfahren

Eine der schönsten Radtouren ist die Tour *Rund um Halver* (25 km). Sie führt von der Heesfelder Mühle die Häver entlang zum Heesfelder Hammer über die Trasse der ehemaligen „Schnurre", einer Schmalspureisenbahnverbindung von Schalksmühle nach Halver.

Schwimmbäder

Mit ihrem 16 x 8 m großen Schwimmbecken ist die **Schwimmhalle** von Halver zwar nicht besonders groß, bietet jedoch dank verstellbarem Hubboden ein vielfältiges Angebot. Ein Freibad, von dem man ein Stück nach sich selbst benennen kann? In Halver kein Problem, denn im **Waldfreibad Herpine** gibt es die Aktion „Mein Stück Herpine". Ansonsten kann man inmitten der sauerländischen Wald- und Berglandschaft vor toller Kulisse entspannen. Im Tal warten 6000 m² Erfrischung, eine 40 m lange Wasserrutsche, Liegewiesen und Beachvolleyball- und Spielplatz auf die Besucher.

Adressen:
Hallenbad: Humboldtstr. 5, 58553 Halver, 02353/4636, www.live.halver.de
Waldfreibad: Herpiner Weg 17, 58553 Halver, 02353/12766, www.herpine.de

Tauchen

In Halver gibt es gleich zwei Schulen, in denen große und kleine Wasserratten erlernen können, wie man die Unterwasserwelt erobert.

Adressen:
Tauchschule dive2dream: Frankfurter Str. 19, 58553 Halver, 02353/663582, www.dive2dream.de
Tauchschule Halver: Breslauer Weg 30, 58553 Halver, 02353/6689193, www.tauchschule-halver.de

Wandern

Rings um Halver lässt sich die Region prima über eine ganze Reihe von Rundwanderwegen des Sauerländischen Gebirgsvereins erschließen. Die bekanntesten sind der *Halveraner Rundweg* (H, 50 km) und auch der überregionale *Volme-Höhen-Weg* (X20, 97 km) und der *Robert-Kolb-Weg* (X6, 171 km). Örtlich sind zu empfehlen: *Vom Waldbad Herpine bis zur Heesfelder Mühle* (11 km), *Nordeler Schleifkotten, Ennepetalsperre und Löhrmühle* (11 km) und *Aussichtsturm Karlshöhe, Im Heede und die Wilde Ennepe* (10 km). An der Karlshöhe starten auch der tolle Rundwanderweg durch die *Wilde Ennepe* (6 km) sowie der Themenwanderweg *VolmeSchatz Freizeit – Rätselspaß für Groß und Klein* mit vielen tollen Rätseltafeln entlang der Strecke.

Wintersport

Im Winter wird das Gebiet rund um den Kollenberg (Ortsausgang nach Kierspe) zur Spielwiese für Wintersportfans. Der Skiclub Halver 1957 betreibt hier zwei **Liftanlagen** und eine Kinder-Skischule. Nebenan geht es auf einer abgetrennten **Schlittenwiese** ins Tal, während Langläufer aus mehreren

gut gespurten **Loipen** wählen dürfen. Und schließlich dürfen sich Anfänger und Fortgeschrittene auf den Brettern über ein mäßig steiles, 160 m langes Skivergnügen freuen, abends sogar mit LED-Beleuchtung. Könner dürfen sich auch an einem **Sprunghügel** versuchen oder das neueste Wintervergnügen **Snowkiten** oder **Kite-Skiing** üben.
Adresse: Am Kollenberg, 58553 Halver, *Lift:* ✆ 02353/10770, *Skischule:* ✆ 0176/ 53665972, 🌐 www.skiclub-halver.com

Hemer

(Märkischer Kreis)

Mit drei Höfen, die der Kölner Erzbischof dem Kloster Grafschaft im Jahre 1072 übertrug, fand Hemer erstmals als „Hademare" schriftliche Erwähnung. Aus einem dieser Höfe entwickelte sich das noch existente Haus Hemer. Im 14. Jh. kam das Gebiet zur Grafschaft Mark und diente mit der Burg Klusenstein zur Sicherung von Iserlohn. Die weitgehend bäuerlich geprägte Gegend war vermutlich ab 950 für ihr Eisenerz bekannt, das hier abgebaut und zu Draht verarbeitet wurde. Auch die erste Papiermühle Westfalens entstand in Hemer. Besondere Bekanntheit erlangte Hemer (33 900 Einwohner) mit dem beeindruckenden Geotop „Felsenmeer", den Funden in der „Heinrichshöhle" und mit der Verwandlung einer Kaserne in einen großen Landschafts- und Erholungspark für Kultur und Freizeit.

Tourist-Info und Naturpark-Infozentrum Hemer
Deilinghofer Str. 71
58675 Hemer
✆ 02372/551309
🌐 www.hemer.de

Sehenswertes

▸ Burg Klusenstein

Am Rande des Hönnetals hat sich eine Höhenburg recht gut erhalten, die im Jahre 1253 auf einer 60 m hohen Felsklippe errichtet wurde. Sie diente der Grafschaft Mark als Grenzbefestigung in Richtung Kurköln. Das über 650 Jahre alte Gemäuer kann nur von außen besichtigt werden.
Adresse: Klusenstein, 58675 Hemer

▸ Haus Hemer

Die Ursprünge des Ensembles führen mindestens in das Jahr 1072 zurück, als der Kölner Erzbischof einen Oberhof an das neu gegründete Kloster Grafschaft zur Versorgung übertrug. 1614 wurde das von einem Wassergraben umgebene Herrenhaus mit Eckturm in die heutige Form umgestaltet. Die Nebengebäude entstanden später. Die letzte Besitzerfamilie verkaufte das Anwesen 1957 der örtlichen Kirchengemeinde, die es heute als Gemeindezentrum, Kindergarten und Saal für Veranstaltungen nutzt. Während der Park öffentlich zugänglich ist, können die Gebäude nur im Rahmen von Veranstaltungen besichtigt werden.
Adresse: Geitbecke 8, 58675 Hemer, ✆ 02372/10866

▸ Fabrikantenvillen

Ein prägendes Element im Stadtbild sind die verschiedenen Villen, die einst von erfolgreichen Fabrikanten errichtet wurden. Zu den bedeutendsten gehört die **Villa Grah** (1902, Hönnetalstr., heute Felsenmeermuseum), die als „Türmchenvilla" benannte **Villa Prinz** (1899, Hauptstr. 209, heute städt. Verwaltung/Standesamt). Weitere sehenswerte Gebäude dieser Art stehen in Westigerbach und in Oberhemer (Kantstr.). In Sundwig ist das **„Reidemeisterhaus"** genannte Fabrikantenhaus von der Becke beachtenswert (1795, Stephanopeler Str. 42, Bürogebäude).

‣ Sundwiger Mühle

Die heute als Alberts' Mühle bezeichnete Wassermühle ist die letzte in Betrieb befindliche Anlage dieser Art im Märkischen Kreis. Angetrieben vom Wasser des Sundwiger Bachs begann die erste Mühle ihre Arbeit bereits 1726. Ein Neubau erfolgte 1866 unter dem neuen Eigentümer Alberts, ein weiterer Umbau fand 1938 statt. Das oberschlächtige Wasserrad wurde erst 1957 durch einen Elektromotor ersetzt. Die schöne, unter Denkmalschutz stehende Gesamtanlage mit funktionierendem Mühlenbremsfahrstuhl produziert bis heute pro Jahr 270 t Mehl. Und im Mühlenladen bekommt man alles für Küche und Backstube, Hof und Garten, Hund und Katz.

Burg Klusenstein

Adresse: J. P. Alberts, Hönnetalstr. 39, 58675 Hemer, ✆ 02372/2074, 🌐 www.sundwiger-muehle.com

Museen & Ausstellungen

‣ Eishockey-Museum „Puck"

1953 kamen die Kanadier nach Deilinghofen, bauten zügig ihre erste Eisbahn und gründeten Anfang 1959 den Eishockey-Club EC Deilinghofen. Aus diesen kleinen Anfängen wurde jener Spitzensport befeuert, den der Iserlohner EC und die Iserlohn Roosters heute vorlegen. 2019 war es schließlich so weit, dass diese Sauerland-Sport-Geschichte ihr eigenes Eishockey-Museum bekam. Heute erzählen im „Puck" über 1000 Objekte den faszinierenden Weg des Kufensports.

Jübergturm im Sauerlandpark

Adresse: Edmund-Weller-Str. 2, 58675 Hemer, ✆ 0160/7745208, 🌐 www.museum-puck.de

‣ Felsenmeermuseum

In der schönen Jugendstilvilla des Fabrikanten Grah, die er 1902 zwischen Hemer und Sundvig erbauen ließ, wird seit 1989 ein Heimatmuseum betrieben. Dem Bürger- und Heimatverein ist es gelungen, eine spannende Ausstellung zur Erd-, Industrie- und Stadtgeschichte zusammenzustellen. Höhepunkte der Sammlungen sind ein fränkisches Frauengrab (7. Jh.) und einer der größten westfälischen Münzschätze (17. Jh.).

Adresse: Hönnetalstr. 21, 58675 Hemer, ✆ 02372/16454, 🌐 www.felsenmeer-museum.de

Informations- und Gedenkstätte
Der Verein für Hemeraner Zeitgeschichte unterhält im Kulturquartier die Informations- und Gedenkstätte zum Kriegsgefangenenlager Stalag VI A Hemer, das eines der größten Kriegsgefangenenlager im Dritten Reich war.
Adresse: Edmund-Weller-Str. 2, 58675 Hemer, www.stalag-via-hemer.de

Das bizarre Felsenmeer

Freizeit & Natur

Felsenmeer
Die wild zerklüftete und bewaldete Felsenlandschaft zwischen den Ortsteilen Sundwig und Deilinghofen ist neben den Bruchhauser Steinen (Olsberg) das einzige Gebiet dieser Art im Sauerland. Die unzugängliche, etwa 35 ha große Fläche wurde aufgrund ihrer natur-, erd- und kulturhistorischen Bedeutung bereits 1962 als Naturschutzgebiet ausgewiesen. Mittels Brücken, Holzstegen und einer Aussichtsplattform wurde ein barrierefreier Zugang eingerichtet, der aus 20 m Höhe eindrucksvolle Ausblicke auf die bizarren Formationen erlaubt. Erreichbar über den Sauerlandpark und den Park der Sinne.
Adresse: Deilinghofer Str. 71, 58675 Hemer
Führungen: Tourist-Info Hemer, 02372/5516110, www.hiz-hemer.de; *Sonderführungen:* Speläo-Gruppe Sauerland, 02372/80704, www.sgs-ev.de

Heinrichshöhle
Die im Ortsteil Sundwig gelegene Tropfsteinhöhle beeindruckt mit über 20 m hohen Klüften und tiefen Spalten und gehört zum Perick-Höhlensystem, das auf insgesamt etwa 3,2 km Länge erforscht ist. Auf rund 300 m Länge wurde die Höhle ausgebaut und mit Licht versehen, sodass sie relativ bequem besichtigt werden kann. Die unterirdischen Naturräume wurden aufgrund ihrer zahlreichen Knochenfunde von eiszeitlichen Tieren weithin bekannt. Ein Highlight ist das komplett montierte, 2,35 m große Skelett sowie die lebensechte Nachbildung eines Höhlenbären. Eine Besichtigung ist nur im Zuge einer Führung möglich.
Adresse: Am Mittelfeld 1 a, 58675 Hemer, 02372/61549, www.hiz-hemer.de, www.heinrichshoehle.de

Hönnetal
Hemer liegt zum Teil am unteren Teil des Hönnetals, das mit seinen mehr als 100 Höhlen in ganz NRW einzigartig ist. Dramatisch aufragende, bis zu 50 m hohe Felsformationen mit Namen wie „Sieben Jungfrauen", „Uhu-Felsen" oder „Klusenstein" verraten viel über die Natur und Fantasie der Menschen. Der namensgebende Fluss Hönne entspringt in 437 m Höhe am Großen Attig bei Neuenrade, ist über die Oese mit Hemer verbunden, passiert Menden und mündet schließlich bei Fröndenberg (Kreis Unna) in die Ruhr.
Infos: www.hoennetal.de

Jübergturm
Die zur Landesgartenschau 2010 aus 240 Kanthölzern (Sibirische Lärche) zusammengefügte Holzkonstruktion gilt heute als Wahrzeichen der Stadt. Das 23,5 m hohe Bauwerk gehört zum Sauerlandpark Hemer und wird durch die „Himmelsleiter" und den barrierefreien „Zick-Zack-Weg" erschlossen. Wer vom Blücherplatz aus die insgesamt

466 Stufen bis zum obersten Plateau des eleganten Turms überwunden hat, dem eröffnet sich eine tolle Rundumsicht über Park, Stadt und Sauerland.
Adresse: Ostenschlahstr. 59, 58675 Hemer, www.sauerlandpark-hemer.de

Sauerlandpark
Auf dem weitläufigen Terrain einer ehemaligen Kaserne und dem Gelände der Bundesgartenschau 2010 wurde ein 27 ha großer Freizeitpark eingerichtet, der kaum Wünsche offen lässt. Gartenfreunde erfreuen sich am Rosengarten, diversen Themengärten und dem hinreißenden „Park der Sinne". Familien haben Spaß auf dem riesigen „Himmelsspiegel", dem zauberhaften Waldspielplatz „Zwergengold" und der Tunnelrutsche. Im Grünen Klassenzimmer, dem Bundeswehr-Traditionsraum, dem Stalag-Gedenkraum sowie dem Eishockey-Museum wird Wissen vermittelt. Und schließlich kommen auch die Sportler nicht zu kurz. Neben diversen Fitness-Geräten kann man am Boulderfelsen, dem Slackline-Parcours oder der Skate-Anlage seine Grenzen testen. Naturliebhaber erklettern den Jübergturm, besichtigen die Heinrichshöhle und das Felsenmeer.
Adresse: Ostenschlahstr. 59, 58675 Hemer, 02372/551616, www.sauerlandpark-hemer.de

Skelett eines Höhlenbären

Schwimmbäder
Neben dem 25-m-Sportbecken ist im **Freibad „Am Damm"** auch ein separates Sprungbecken mit 1- und 3-m-Plattform vorhanden. Das Nichtschwimmerbecken ist mit Massagedüsen und Brodelliegen, Wasserpilz und -rutsche ausgestattet. Rings um die baumbestandene Liegewiese gibt es ein Beachvolleyballfeld, einen Spielplatz mit Klettergerüst sowie Gastronomie. Für die Kleinsten ist der Matschspielplatz das Highlight.
Wenn das Freibad geschlossen ist, steht das **Hademarebad** für Sport und Erholung zur Verfügung. Das Mehrzweckbad wurde 1973 mit einem 25-m-Becken mit Hubboden, einem Lehrschwimmbecken und einem Sprungbecken ausgestattet. Das großzügig ausgestattete Bad bietet neben Ruhesesseln und -liegen auch ein Sonnenstudio und eine Sonnenwiese an.
Adressen:
Freibad: Teichstr. 23, 58675 Hemer, 02372/551265, www.hemer.de
Hademarebad: Hademareplatz 1, 58675 Hemer

Skatepark
Auf einer Lichtung im Wald sorgen der „Pool" und das „Streetplaza" mit Tables, Ramps, Banks, Hills, Ledges, Roundcorners und Ollie-Box für Tempo. Aufgeteilt in Anfängerbereich und einen wettbewerbstauglichen Teil fordern diverse Ebenen mit einem Höhenunterschied von bis zu 6 m und auf 2000 m² Fläche das Talent von Skateboardern, BMXlern und Inlineskatern heraus.
Adresse: Ostenschlahstr. 59, 58675 Hemer, 02372/551616, www.sauerlandpark-hemer.de

▸ Wandern

Neben den Fernwanderwegen *Sauerland-Höhenflug* und *Sauerland-Waldroute,* die das Stadtgebiet mit einige Passagen queren, sind zahlreiche kürzere Tagestouren ausgeschildert. Einer der beliebtesten Rundwanderwege *Durch die Hönneschlucht* (U, 5 km) überrascht mit schroffen Naturdenkmalen, während der *Rundwanderweg H1* (6,5 km) die künstlerischen und kulturellen Sehenswürdigkeiten der Stadt verbindet. Der *Rundwanderweg Deilinghofen* (17 km) führt durch den Naturpark Sauerland-Rothaargebirge mit lohnenden Aussichten vom Ostenberg und der Balver Höhe.

Herscheid

(Märkischer Kreis)

Die Kleinstadt (7000 Einwohner) im Märkischen Sauerland trägt stolz einen roten Hirsch im Wappen, der die vom Herzog verliehenen Jagdprivilegien symbolisiert. Im Mittelalter war in den zahlreichen kleinen Weilern der heutigen Gemeinde neben der Landwirtschaft die Erzgewinnung sowie die Metallbearbeitung von wesentlicher Bedeutung, aus der später die vorindustriellen Eisenhämmer hervorgingen. Aufgrund seiner abgeschiedenen Lage im südwestfälischen Bergland war die wirtschaftliche Lage zumeist prekär. Das sollte sich erst mit der Schmalspurbahn ändern, die ab 1915 Verbindung schuf. Heute profitiert die Region Herscheid von ihrer Lage als Ferienregion mit hervorragenden Wandermöglichkeiten.

Touristinformation der Gemeinde Herscheid
Plettenberger Str. 27
58849 Herscheid

02357/909332
www.herscheid.de

Sehenswertes

▸ Apostelkirche

Die Ursprünge der Herscheider Gemeinde gehen auf das 10. Jh. zurück, während die Anfänge der heutige ev. Gemeindekirche im 11. Jh. liegen. 1686 zerstörte ein Brand das Gebäude, den nur das Chorgestühl und der Marienaltar überstanden. Die Neueinweihung der damaligen Cyriakuskirche fand 1704 und nochmals nach dem Zweiten Weltkrieg statt. Die Aposteldarstellungen im Inneren sorgten 1971 für die Umbenennung. Bedeutendes Inventarstück ist das alte Chorgestühl mit Schnitzereien von 1548. Der ehemalige spätgotische Altar kann im Burgmuseum Altena bewundert werden.
Adresse: Plettenbergerstr. 11,
58849 Herscheid

Museen & Ausstellungen

▸ ☺ Heimatmuseum Spieker

Eines der ältesten erhalten Gebäude und Wahrzeichen der Stadt ist ein Fachwerkspeicher, in dem einst die Abgaben für die Kirche gelagert wurden. Zu dem Ensemble gehört ein Bruchsteinhaus aus dem 15./16. Jh. sowie ein sehenswertes Fachwerkgebäude, dessen jetzige Form um 1820 entstand. Nach intensiven Renovierungsarbeiten wurde im Spieker das Heimathaus eingerichtet, in dem der Geschichts- und Heimatverein ein kleines Museum mit einer Spielzeugsammlung, Näh- und Buttermaschinen und weiteren Haushaltsgeräten unterhält.
Adresse: Am Kirchplatz 7, 58849 Herscheid,
02357/1343, www.ghv-herscheid.de

▸ Ahe-Hammer

Im Tal der Schwarzen Ahe steht „seit undenklichen Jahren“, vermutlich bereits seit dem 17. Jh., ein Hammerwerk, in dem mittels Wasserkraft geschmiedet wurde. In dem flachen Bruchstein-Fachwerkhaus wurde

Die Apostelkirche zu Herscheid

bis weit in das 19. Jh. die frühe Stahlsorte „Märkischer Osemund" produziert, die lange Zeit das Markenzeichen des Süderlandes war. Seine heutige Form erhielt das „Hammer-Gebäude" Ende des 19. Jhs., und es war bis 1941 in Betrieb. Seither wird es als Industriedenkmal bewahrt. Bei Vorführungen des Fördervereins kann man hautnah erleben, wie der schwere Hammer bis zu 200 Mal pro Minute auf das glühende Schmiedegut trifft.
Adresse: Schwarze Ahe 19, 58849 Herscheid, 0171/8311432, www.ahehammer.de

▸ Märkische Museums-Eisenbahn
Für die Anbindung an die weite Welt waren im ganzen Sauerland einst die Schmalspurbahnen mit Spurweite 1000 mm von großer Bedeutung. Mit der Aufgabe dieses Verkehrssystems ab den 1960er-Jahren gingen viele dieser Fahrzeuge verloren. Seit 1982 bemüht sich ein Verein darum, die besondere Vergangenheit mit einer Museumseisenbahn lebendig zu halten. An der lange stillgelegten Strecke Plettenberg-Herscheid wurde seither das Empfangsgebäude des Bahnhofs Hüinghausen renoviert und ein beeindruckender Kleinbahn-Fuhrpark zusammengetragen. Der Star der Sammlung ist die 100-jährige Dampflok „Bieberlis".
Adresse: Elsetalstr. 46, 58849 Herscheid-Hüinghausen, www.sauerlaender-kleinbahn.de

Freizeit & Natur

▸ Angeln
Die Sportanglervereinigung des Oestertals berichtet, dass in der Oestertalsperre Regenbogen- und Bachforellen, Flussbarsche, Zander, Karpfen, Döbel, Schleien, Rotaugen/Rotfedern sowie Aale beheimatet sind. Zudem haben Taucher einige Waller gesichtet. Beim Verein SAV Oestertal können Tagesscheine erworben werden.
Infos: www.sav-oestertal.de

▸ Aussichtsturm
Seit Beginn des 19. Jhs. wurden auf der 663 m hohen Nordhelle immer wieder Türme errichtet. Den Anfang machte ein Turm, den Kaiser Napoleon zur raschen Befehlsübermittlung mittels optischer Telegrafen aufstellen ließ. Doch die hölzernen Gerüste hielten nie lange. Schließlich konnte 1913, nach einjähriger Bauzeit, der 18 m hohe massive Steinturm eingeweiht werden. Etwa 4000 Besucher waren damals dabei, als der Turm nach dem Hauptwegewart des SGV Robert Kolb benannt wurde. Die verglaste Plattform kann zu den Betriebszeiten der Gaststätte bestiegen werden.
Adresse: Nordhelle 1, 58849 Herscheid, 02357/3876, www.gaststaette-nordhelle.de

▸ Flugsport
Wer sich für das Fliegen interessiert, egal ob aktiv oder passiv, ist am Flugplatz der Fliegergruppe Plettenberg-Herscheid, der schon 1955 eröffnet wurde, richtig. Am Wochenende trifft sich der Verein auf den Habbeler Wiesen bei Hüinghausen, um per Motorflug, Segelflug oder Ultraleicht abzuheben. Es werden Schnupperkurse und Rundflüge über das südliche Sauerland angeboten.

Adresse: Elsener Str., 58849 Herscheid, 02357/2114, www.edkp.de

▸ Minigolf

In Herscheid kann das Minigolfen auf einer internationalen Sportanlage ausgeübt werden, auf der schon Deutsche Meisterschaften stattfanden. Der 6000-m²-Platz „Zum As" bietet 17 Betonbahnen und eine 25-m-Weitschlagpiste. Die verschiedenen Hindernisse im Schatten alter Bäume wurden nach internationaler Norm aufgebaut.
Adresse: Gartenstr. 19, 58849 Herscheid, 02357/2587, www.as-erzgebirge.de

▸ Radfahren

Die Gegend in und um Herscheid bietet für Radfahrer wundervolle Touren aller Schwierigkeitsgrade durch eine landschaftlich reizvolle Gegend. Beliebt ist die *Bergtour rund um Herscheid* (19 km), die *Täler, Türme, Talsperren-Tour* (30 km) oder die *Zwei-Täler-Tour* (48 km) in die Nachbarstadt Plettenberg.

▸ Reiten

Neben der großen, offen konstruierten Reithalle lädt die Umgebung mit ihrer reizvollen Landschaft zu ausgedehnten Geländeritten ein. Reiterinnen und Reiter, die ein Reitzeichen erwerben wollen oder Intensiv- oder Ferienlehrgänge für Dressur, Springen oder Voltigieren absolvieren wollen, sind hier genau richtig.
Adresse: Wellin 13, 58849 Herscheid, 02357/3379 u. 0151/52432687, www.reiten13.de

▸ Schwimmbad

Im Freibad sorgen das Sportbecken mit 25-m-Bahnen, das Sprungbecken mit 1-m- und 3-m-Brettern, das Nichtschwimmerbecken mit Breitrutsche, Strömungskanal und Massagedüsen und das Babyplanschbecken für jede Menge Abkühlung. Dazu kommen drei Liegewiesen und zwei Sonnenterrassen, Strandkörbe, Spiel-, Bolz und Beachvolleyballplatz, die mitten in Herscheid für Urlaubsstimmung sorgen.
Adresse: Unterdorfstr. 24, 58849 Herscheid, 02357/2565

▸ Wandern

Der bekannte Fernwanderweg *Sauerland-Höhenflug* führt auch durch Herscheid. Wer ihn nicht komplett laufen möchte, dem wird die *Etappe Herscheid-Roscheid* (11 km) empfohlen. Wer mehr von der Ebbegemeinde im märkischen Sauerland erleben möchte, der sollte sich auf den *Herscheider Rundwanderweg* (30 km) begeben, der sich prima in zwei Etappen gehen lässt. Kürzer, aber trotzdem mit tollen Ausblicken gesäumt, ist der *Nordhangweg* (4,5 km) oder der kleine *Rundweg Lingenbecken* (3,5 km). Naturfreunde sollten den kleinen Abstecher in die Ebbemoore oder in den Märzenbecherbruch nahe der Ortschaft Hervel im oberen Versetal nicht versäumen.

▸ Wassersport

Die Oestertalsperre, ein 1906 erbautes Gebrauchswasserreservoir zur Regulierung u. a. des Wasserstandes auf der Ruhr, hat bei Vollstau eine Fläche von 24,5 ha. Die „Oester" hat sich zu einem beliebten Revier für Surfer und Segler, Stand-up-Paddler und Taucher entwickelt. Und auch wer Naturbäder bevorzugt, kommt hier auf seine Kosten.
Adresse: Ebbetalstraße, 58849 Herscheid

▸ Wintersport

Ein Förderverein spurt für alle Freunde des **Nordischen Skisports** die ca. 20 km lange Ebbekammloipe. Zudem gibt es verschiedene **Rodelhänge**, die nicht nur Kinder begeistern. Am bekanntesten ist der Rodelhang Walterschlade an den Wanderparkplätzen Walterschlade und Linde, der bei entsprechender Witterung in den Abendstunden sogar beleuchtet wird.

Iserlohn

(Märkischer Kreis)

Die Geschichte der größten und ältesten Stadt im Märkischen Kreis reicht bis tief in das 10. Jh. hinein, auch wenn eine schriftliche Erwähnung erst von 1150 vorliegt. 1278 bestätigte Graf Eberhard von der Mark die Stadtrechte und Iserlohn, was vermutlich „Eisenwald“ bedeutet, nahm allmählich an Bedeutung zu. Im 18. Jh. wurde die Stadt zu einem bedeutenden Zentrum der Bronze- und Messingindustrie und wuchs bis Mitte des 19. Jhs. zur größten Stadt Westfalens heran. Bei einem Spaziergang durch die Innenstadt und die fünf teils ländlichen Stadtteile trifft man immer wieder auf die Zeugnisse der frühen Metallindustrie. Die sympathische „Waldstadt“ (91 800 Einwohner) punktet heute mit zahlreichen Möglichkeiten zur Freizeitgestaltung. Der größte natürliche Besuchermagnet sind die spektakulär in Szene gesetzten Tropfsteingebilde der Dechenhöhle.

Stadtinformation Iserlohn
Bahnhofsplatz 2
58644 Iserlohn
02371/2171820
www.iserlohn.de

Sehenswertes

Pankratiuskirche/Bauernkirche

Über die Baugeschichte der Pankratiuskirche mit kreuzförmigen Grundriss ist nicht viel bekannt, allein, dass sie das älteste Gebäude der Stadt ist und im Kern aus der Zeit um das Jahr 1000 stammt. Sie wurde zu einer bedeutenden Dekanatskirche, lag aber nach Bau der Stadtmauern außerhalb der Stadt. So kam es, dass die „Städter“ die um 1350 erbaute Marienkirche (Oberste Stadtkirche) besuchten, während sich in der „unnersten Kerk“ die umliegenden Bauernschaften einfanden und sie nach der Reformation als „Kirchspielskirche“ oder „Bauernkirche“ bezeichneten. Wesentlicher Ausstattungsgegenstand ist der geschnitzte, ursprünglich farbige Altarschrein (um 1450) und die Barockkanzel (1747).

Adresse: Am Zeughaus 7 (Fritz-Kühn-Platz), 58636 Iserlohn

Tropfsteingebilde in der Dechenhöhle

Marienkirche/Oberste Stadtkirche

Mit der Stadterweiterung von Iserlohn im 14. Jh. entstand aus einer Kapelle zunächst ein Vorgängerbau, der im 15. Jh. durch die heutige Hallenkirche ersetzt wurde. Das seinerzeit als Marienkirche bezeichnete Gotteshaus wurde mit sehenswerten Kostbarkeiten wie dem gotischen Chorgestühl, Sakramentshaus und Standbildern ausgeschmückt. Im Mittelpunkt des kunsthistorischen Interesses steht der um 1455 geschaffene Schnitzaltar vom „Meister von Iserlohn“. Der Klappaltar mit acht Gemälden und 18 Figuren gilt als einer der schönsten flandrischen Altäre Westfalens. Seit der Reformation ist sie die evangelische Hauptpfarrkirche und ein Wahrzeichen der Stadt.

Adresse: Am Bilstein 14, 58636 Iserlohn

▸ St. Aloysius
Die 1894 eingeweihte Pfarrkirche ist eine dreischiffige Backsteinbasilika im neuromanischen Stil. Sie beeindruckt vornehmlich durch ihre hoch aufragende Doppelturmfassade. Neben historischen Figuren und dem Altar lassen sich viele Besucher von den drei Radfenstern nach den Entwürfen einer einheimischen Künstlerin begeistern.
Adresse: Hohler Weg 42, 58636 Iserlohn

▸ Reformierte Kirche
Seine Weihe erhielt der Saalbau aus Bruchstein im Jahre 1718. Sehenswert ist besonders die Bronzetafel über dem südlichen Kircheneingang, auf der 40 Wappenzeichen des ehemaligen Preußischen Herrscherhauses von 1701 zu erkennen sind. Auffällig ist auch der Schwan auf dem Dachreiter.
Adresse: Wermingser Str. 9, 58636 Iserlohn

▸ St. Kilian
Das Gotteshaus aus Westhofener Sandstein wurde 1917 eingeweiht, an Stelle einer abgerissenen Kirche, die mindestens aus dem 14. Jh. stammte. Das ungewöhnliche Patrozinium des heiligen Kilian weist auf ein deutlich höheres Alter der Gemeinde hin. Imposant und den Stadtteil Letmathe beherrschend, wird die neugotische katholische Pfarrkirche auch als „Kiliansdom" oder „Lennedom" bezeichnet, ist sie doch die größte Hallenkirche im Märkischen Kreis. Zu den historisch wertvollen Kunstwerken gehören ein romanisches Kruzifix aus dem 12. Jh., der Corpus eines gotischen Kreuzes aus dem 14 Jh. sowie eine Reliquie von Papst Johannes Paul II.
Adresse: Dechant-Heimann-Str. 1,
58642 Iserlohn-Letmathe

▸ ☺ Fritz-Kühn-Platz
In der südlichen Innenstadt befindet sich die größte innerstädtische öffentliche Grünfläche Iserlohns. Der nach dem Lehrer, Rektor, Stadtarchivar und Schriftsteller Kühn benannte Platz wurde als „Platz der Bürger" und „Platz der Kultur(en)" neu eröffnet. Spielplatz, Grünflächen und Wasserlauf sowie die Lichtinszenierung der historischen Bauwerke machen den Platz zur Visitenkarte der Stadt. Neben verschiedenen Museen und den wichtigsten Kirchen lassen sich Reste der Stadtmauer und sehenswerte historische Bürgerhäuser entdecken (Südengraben 26–30, Am Bilstein 17, Am Zeughaus 14, Altstadt 30–42).

▸ Altes Rathaus
Das 1876 im Stile der Neurenaissance errichtete Gebäude am heutigen Alten Rathausplatz gilt vielen als das eindrucksvollste Gebäude der Stadt. Das mit „Rathhaus" beschriftete Gebäude war bereits das vierte Rathaus der Stadt, über dessen Vorgänger ist allerdings nur wenig bekannt. 1974 zogen Rat und Verwaltung in das neue, fünfte Rathaus, und das Alte Rathaus wurde zur Hauptstelle der Stadtbücherei.
Adresse: Alter Rathausplatz, 58636 Iserlohn

▸ Jüdische Friedhöfe
Auf dem Stadtgebiet von Iserlohn haben sich die Überreste von drei Friedhöfen der einstigen jüdischen Gemeinde erhalten. In der Stadt Iserlohn fanden die Bestattungen bis 1743 auf einem Platz beim „Dicken Turm" vor der Stadtmauer statt und wurden dann zur Grube Gröfeken (heute Dördelweg) verlegt. Es sind noch elf Grabsteine vorhanden. Der Friedhof im Ortsteil Hennen (In der Waldemay) wurde von ca. 1700 bis 1920 belegt, auch die jüdischen Mitbürger aus Ergste, Dellwig (heute Schwerte) und Altendorf (heute Fröndenberg) wurden hier bestattet. Es sind noch acht Grabsteine vorhanden. Wann der Friedhof im Ortsteil Oestrich eröffnet wurde ist unbekannt. Nachweislich wurde er von 1835 bis 1914 belegt und von den Nationalsozialisten zerstört, woran ein Gedenkstein erinnert.

‣ Kirschblütendorf Sümmern
Der Stadtteil Sümmern mit dem markanten Kuheisen im Wappen hat trotz des größten Gewerbegebietes im Raum Iserlohn seinen dörflichen Charakter bewahren können. Sehenswert ist die kleine barocke St.-Antonius-Kapelle oberhalb des Friedhofs, die von den Burgherren von Sümmern gestiftet und 1767 eingeweiht wurde. Seinen Beinamen als Kirschblütendorf erhielt der Ort von den zahllosen Kirschbäumen, die im Frühling rings um den alten Dorfkern in voller Blüte stehen.

Museen & Ausstellungen

‣ Stadtmuseum Iserlohn
Das um 1720 erbaute Kaufmannshaus ist eines der schönsten Barockgebäude der Stadt und beherbergt seit 1987 das Museum zur Stadtgeschichte. Das überregional anerkannte Museum präsentiert auf drei Etagen die regionale Erd-, Ur- und Frühgeschichte, erläutert den Aufstieg der mittelalterlichen Stadt zu einem Zentrum der Draht- und späteren Nadelproduktion, deren Erzeugnisse bis nach Asien exportiert wurden. Ein weiterer Schwerpunkt ist seit dem 18. Jh. die Messingproduktion, deren bekanntestes Erzeugnis eine Sammlung Iserlohner Tabakdosen veranschaulicht.
Adresse: Fritz-Kühn-Platz 1, 58636 Iserlohn, ✆ 02371/217-1960, -1961, -1962

‣ Historische Fabrikanlage Maste-Barendorf
Das beeindruckende Industrieensemble aus zehn Gebäuden stammt aus dem 19. Jh. und ist heute Museum und überregional bekannter Standort für Kunst und Kultur. Im frühen 19. Jh. entstand am Ufer des Baarbachs ein Messingwalzwerk, dem ein Gieß- und ein Stampfhaus, eine Drahtzieherei, eine Eisengießerei und verschiedene Schmieden folgten. Angetrieben von vier Wasserrädern entstanden hier u. a. Bügeleisen und Türbeschläge, Kaffeemühlen, Werkzeuge etc., die weltweit vertrieben wurden. Aus dem einst florierenden Industriestandort, der heute wie ein idyllisches Fachwerkdorf wirkt, entstanden ab den 1980er-Jahren neben einem Nadelmuseum mit Schau-Gelbgießerei ein Trauzimmer und verschiedene Künstlerateliers. Das alte Fabrikendorf ist heute eines der bedeutendsten Denkmäler der südwestfälischen Industriekultur.
Adresse: Baarstr. 220–226, 58636 Iserlohn, ✆ 02371/217-1960, -1961, -1962

‣ Städtisches Museum Haus Letmathe
Die aus dem 11. Jh. stammende, um 1605 in ihre heutige Gestalt umgebaute, ehemalige Wasserburg war der Sitz der Herren von Letmathe. Nach diversen Besitzerwechseln, u. a. der Fürstbischof von Hildesheim, die Unternehmerfamilien Brabeck und Ebbinghaus, der Politiker Carl Overweg sowie eine Schule, verfiel das Haus in den 1970er-Jahren. Daraufhin wurden die Nebengebäude abgerissen, das Haupthaus jedoch umfassend saniert und das Heimatmuseum des Stadtteils Letmathe eingerichtet. Die Sammlungen beschäftigen sich mit den Themen Vor- und Frühgeschichte der Burg, Leben und Wohnen im 18./19. Jh., Landwirtschaft und Handwerk und den Erzeugnissen der Lethmater Industrie- und Verkehrsgeschichte.
Adresse: Hagener Str. 62, 58642 Iserlohn-Letmathe, ✆ 02371/217-1960, -1961, -1962

‣ Museum für Handwerk und Postgeschichte
Das schöne Fachwerkhaus mit rotem Dach, im Volksmund das „Mastesche Fabrikhaus“ genannt, wurde 1999 vom „Förderkreis Iserlohner Museen“ (FIM) in ein schönes Ausstellungshaus verwandelt. Auf zwei Etagen werden die wichtigsten einheimischen Handwerksberufe vorgestellt. Weitere Räume sind der Geschichte des Post- und

des Fernmeldewesens vorbehalten.
Adresse: Am Zeughaus 5, 58636 Iserlohn, 0151/20125059 u. 0175/7100232, www.fim-iserlohn.de

▸ Sammlung SASE
Müll und seine Entsorgung ist ein immer größer werdendes Problem. Um zu veranschaulichen, wie sich in den letzten einhundert Jahren das Thema Stadtreinigung und Abfallentsorgung verändert hat, wurde die „Sammlung aus Städtereinigung und Entsorgung" (SASE) ins Leben gerufen. Sie befindet sich in einer großen Ausstellungshalle und beinhaltet neben Informationstafeln, Fotos und Filmen auch über 200 unterschiedliche Abfallbehälter und etwa 50 Müllwagen, Kehrmaschinen, Streuwagen etc. ab 1920.
Adresse: Max-Planck-Str. 11, 58638 Iserlohn, 02371/953990, www.sase-iserlohn.de

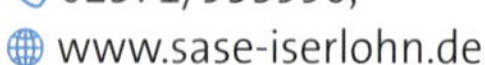

Der Danzturm im Stadtwald

▸ Schmiedemuseum
Das kleine Privatmuseum des Kunstschmieds Eduard Balbach zeigt historische, teilweise handgeschmiedete Schmiedewerkzeuge und die Maschinen einer alten Dorfschmiede. Bei einer Führung erhält man einen kleinen Eindruck von einer der ältesten Handwerkskünste der Welt, die für das Sauerland von jeher von besonderer Bedeutung waren.
Adresse: Grüner Talstr. 336, 58644 Iserlohn, 02371/50110

▸ Deutsches Höhlenmuseum
Seit 2006 zeigt das größte deutsche Museum für Höhlenkunde auf rund 600 m², wie faszinierend diese unterirdischen Welten sind. Der Weg führt von der Entstehung einer Höhle und dem Thema Geologie direkt zu Höhlenbär, Mammut und Wollnashorn, veranschaulicht, wie Menschen in Höhlen gehaust und ihr Zuhause verschönert haben, und beantwortet die Frage, wie Höhlenforscher ihre Forschungen betreiben.
Adresse: Dechenhöhle 5, 58642 Iserlohn, www.dechenhoehle.de, www.iserlohn.de

▸ Hemberg-Museum für Naturkunde und Archäologie
In den Gängen des Schulzentrums Hemberg wurde eine Vitrinenausstellung eingerichtet, deren Exponate aus dem Fundus des 400 Jahre alten Gymnasiums sowie zweier Expertensammlungen stammen. Die originalen Fundstücke zeichnen den Weg der biologischen Evolution und die kulturelle Entwicklung des Menschen von der Urzeit bis heute nach.
Adresse: Alexander-Pfänder-Weg 7, 58636 Iserlohn, 02371/438750, www.hemberg-museum.mgi-iserlohn.de

▸ Varnhagen'sche Bibliothek
Die Anfänge der Bibliothek, deren Bestände heute im ehemaligen Burgmannshaus in der Altstadt von Iserlohn untergebracht sind, liegen im frühen 16. Jh. Bis ins Jahr 1801 stellte die Familie Varnhagen die Vikare von

Iserlohn und baute die Buchsammlung auf rund 1500 Exemplare aus. Im 19. Jh. ging der bibliophile Schatz in den Kirchenbesitz über und wurde lange vergessen. Erst 1927 fand man ihn wieder und erkannte seinen historischen Wert, besonders weil er Drucke aus der Gutenberg-Werkstatt und einige der ältesten deutschen Liederhandschriften enthält.
Adresse: Am Bilstein, 58636 Iserlohn, Ev. Kirchenkreis Iserlohn, ✆ 02371/7950

▸ Ostdeutsche Heimatstuben und Heimatmuseum Ohlau

1956, als die Stadt Iserlohn die Patenschaft für Ohlau an der Oder (Polen) übernahm, wurde im heutigen Stadtteil Letmathe ein entsprechendes Museum eingerichtet. Die durchaus beeindruckende Sammlung von Kulturgütern aus Ostpreußen, Pommern, Schlesien und dem Donauraum präsentiert neben Handwerkzeugen und landwirtschaftlichem Gerät auch Militaria und Trachten, Schmuck, Bilder und Chroniken.
Adresse: Hagener Str. 20, 58642 Iserlohn, ✆ 02371/217-1960 u. 33785

▸ Luftschutzstollen Altstadt

Weil Iserlohn aufgrund seiner kriegswichtigen Industrie während des Zweiten Weltkrieges zunehmend Ziel von Luftanagriffen war, begann man 1943 mit dem Bau von umfangreichen Schutzräumen. Der Luftschutzstollen unter der Obersten Stadtkirche konnte bis Kriegsende auf 200 m Länge ausgebaut werden und bot 2000 Menschen Zuflucht. Im Rahmen einer Führung kann das bedrückende Relikt eines menschenverachtenden Krieges heute besichtigt werden.
Adresse: Stadtmuseum Iserlohn, Fritz-Kühn-Platz 1, 58636 Iserlohn, ✆ 02371/217-1960, -1961, -1962

▸ Städtische Galerie Iserlohn

1783 ließ sich der wohlhabende Tuchhändler Rupe auf der aufgegebenen Stadtmauer ein repräsentatives Palais mit sieben Achsen errichten. 1791 übertrug er es seinem Schwiegersohn von Scheibler, nach dem es auch als Von Scheiblersches Haus bezeichnet wird. Das später als Volksschule und Verwaltungsgebäude genutzte Haus beherbergt seit 1995 das Kulturbüro und die Städtische Galerie. Auf rund 350 m² hat sich die Galerie mit Schwerpunkt für Fotografie und moderne Kunst einen überregionalen Ruf erworben.
Adresse: Theodor-Heuss-Ring 24, 58636 Iserlohn, ✆ 02371/217-1940, -1972

▸ Kettenschmiede Teves

Bereits seit dem 17. Jh. werden im heutigen Stadtgebiet von Iserlohn Ketten geschmiedet. Allein für den Stadtteil Oestrich lassen sich für die Mitte des 19. Jhs. vier Heimschmieden nachweisen, die für die Kettenwerke arbeiteten. Ein kleines Fachwerkhäuschen beherbergt eine der ältesten Stätten dieser Art und zeigt in einer kleinen Ausstellung, wie dieses Handwerk ausgeübt wurde und wie anstrengend es war.
Adresse: Berliner Allee 112, 58642 Iserlohn, ✆ 02374/15527

Freizeit & Natur

▸ Angeln

Im Stadtteil Hennen bietet sich die großzügige Teichanlage vom Anglerparadies Refflingsen an, um ganzjährig Forellen zu ködern. Ab einer Eisdicke von 15 cm ist sogar Eisangeln gestattet. Angelkarten und Köder sind erhältlich. Ein anderes Highlight für Fischfans ist das Fischgut Primus, in dem seit 1926 Störe, Kois und andere Zierfische gezüchtet und in ganz Europa vertrieben werden.
Adressen:
Anglerparadies Refflingsen: Refflingserstr. 87, 58640 Iserlohn, ✆ 0172/1998983 u. 02371/40690, 🌐 www.sauerland-forellen.de

Fischgut Primus: In der Bräke 8, 58644 Iserlohn, ✆ 02371/51043, 🌐 www.fischgut-primus.de

▸ Aussichtstürme

Im Iserlohner Stadtgebiet bieten sich drei tolle Aussichtstürme als Ausflugsziel an. Der nach dem Begründer des Sauerländischen Gebirgsvereines benannte **Karl-Hassel-Turm** (Auf der Humpfert, 58642 Iserlohn) wurde bereits 1891 erstmals erbaut. Der jetzige Turm, gerne als Humpfert-Turm bezeichnet, steht seit 1908 und kann jederzeit bestiegen werden. Nahe dem Seilersee erhebt sich seit 1915 der 14,5 m hohe **Bismarck-Turm** (Turmweg, 58636 Iserlohn) aus heimischer Grauwacke. Der Turm, der auch als Richtfeuer-, Beobachtungs- und Funkturm genutzt wurde, kann nur auf Anfrage erklommen werden. Im Iserlohner Stadtwald lohnt sich der Besuch des **Danzturmes** (Danzweg 60, 58644 Iserlohn) auf dem Fröndenberg, der aus einer optischen Telegrafenstation Preußens entstand. Er wurde 1909 eingeweiht. Heute bietet der Turm dem Besucher eine tolle Weitsicht und zu seinen Füßen ein beliebtes Panoramarestaurant.

Heimat der Iserlohn Roosters

▸ ☺ Dechenhöhle

Die 1868 entdeckte Höhle entstand vor rund 800 000 Jahren und gehört zu einem ca. 20 km langen System aus unterirdischen Hohlräumen im Verlauf des Grünerbachtals. Die Dechenhöhle zählt mit ihren bis zu 500 000 Jahre alten Tropfsteinen und paläontologischen Fundstücken zu den spannendsten und auch schönsten Sinterhöhlen in ganz Deutschland. Neben den wissenschaftlichen Fakten, die vornehmlich im benachbarten Höhlenmuseum verständlich aufgearbeitet werden, ist die Höhle mit Konzerten, Aufführungen, Lichtinstallationen und Whisky-Tastings auch ein Ort des Genusses.
Adresse: Dechenhöhle 5, 58642 Iserlohn, 🌐 www.dechenhoehle.de

▸ ☺ Eissporthalle

Seit 1971 lassen sich die Iserlohner gerne aufs Eis führen, egal ob als Anfänger oder zum leistungsmäßigen Kufensport. Auch als Party-Event-Location hat die Halle am Seilersee inzwischen einen Ruf zu verlieren. Rasant geht es zur Sache, wenn der DEL-Club Iserlohn Roosters dem Puck nachjagt. Genau 4967 Zuschauer können auf den Tribünen Platz finden. Für das öffentliche Eislaufen ist die Halle fast jeden Nachmittag einige Stunden lang geöffnet.
Adresse: Seeuferstr. 25, 58636 Iserlohn, ✆ 02371/20016, 🌐 www.eissporthalle-iserlohn.de

▸ Fliegen

Den kleinen **Verkehrslandeplatz Altena-Hegenscheid** gibt es bereits seit 1951. Auf der Grasbahn dürfen Flugzeuge bis 2000 kg landen. Zudem sind hier Motorsegler, Segel- und Modellflieger willkommen. Vom April bis Oktober ermöglicht der Luftsportverein Hegenscheid bei gutem Wetter Rund- und Tandemflüge mit Gleitschirm und Ultraleichtflugzeug. Und wer nicht selber fliegen will, der schaut den Fliegern beim Fliegen zu, am besten von der Gaststätte „Windsack" aus (✆ 0173/2906859).

Auf dem **Segelflugplatz Iserlohn-Sümmern** bietet der 80 Jahre alte Aero-Club Hagen Gelegenheit zum Mitfliegen und Schnupperkurse an. Auf vereinseigenen Fliegern bilden erfahrene Fluglehrer aus.
LSV-Ruhr-Lenne-Iserlohn ist seit 1959 auf dem **Segelflugplatz Rheinermark** zu Hause. Der Platz ist ein offizieller Leistungsstützpunkt und bildet auf vereinseigenen Flugzeugen im Segelfliegen und auch auf Ultraleichtflugzeugen Nachwuchstalente aus.
Adressen:
Verkehrslandeplatz Altena-Hegenscheid: Hegenscheiderstr. 8, 58644 Iserlohn, 02352/21212, www.flugplatz-hegenscheid.de
Segelflugplatz Iserlohn-Sümmern: Nollenloch 13, 58640 Iserlohn-Sümmern, 02378/3416, www.flugplatz-suemmern.de
Segelflugplatz Rheinermark: Nordhauser Str. 14, 58640 Iserlohn, 02304/5663, www.segelfliegen.com

Floriansdorf

Das nach St. Florian, dem Schutzpatron der Feuerwehr, benannte Dorf ist ein Pionierprojekt, das weltweit große Anerkennung findet. Auf einem 5000 m² großen Übungsgelände wurden im Jahre 2000 insgesamt 16 Häuser in kindgerechter Größe errichtet, um sowohl Kindern als auch Erwachsenen zu zeigen, wie man sich in brenzligen Situationen verhält.
Adresse: Dortmunder Str. 112, 58638 Iserlohn, 02371/806750, www.feuerwehr-iserlohn.de

Minigolf

Direkt am Ufer des Seilersees wartet eine 18-Bahn-Minigolfanlage auf geschickte Spieler. Schulklassen, Kindergeburtstage und Vereine sind herzlich willkommen. Schläger und Bälle stehen im Restaurant „Wilde Ente“ zur Verfügung.
Adresse: Seeuferstr. 40, 58636 Iserlohn, 02371/972123, www.wildeente-iserlohn.de

Naherholungsgebiet Dröschede

Für das kleine Abenteuer um die Ecke lohnt sich für Groß und Klein ein Ausflug ins Dorf Dröschede. Der Heimatverein unterhält hier in unberührter Natur eine Blockhütte mit Grillplatz, Abenteuerspielplatz und Naturlehrpfad, Fischteichen und Wassertretbecken.
Infos: www.heimatverein-dorf-droeschede.de

„Pater und Nonne“ im Tal der Lenne

„Pater und Nonne“

Auf verschiedenen Rad- und Wandertouren gelangt man zu einer sehr beeindruckenden Felsformation an der B7, die senkrecht etwa 60 m hoch aus dem Tal der Lenne emporragt. In einem der Türme befindet sich die Grürmannshöhle, in der man zahlreiche Knochen von eiszeitlichen Tieren fand. Die

Bezeichnung als „Pater und Nonne“ bezieht sich auf eine Sage, nach der die zwei Ordensleute hier gemeinsam lebten, ohne ihre Gewänder abzulegen. Nachdem sie den mahnenden Bischof in die Lenne geworfen hatten, traf sie der Blitz und sie erstarrten zu Stein.

▸ Radfahren

Ob für Genussradler oder sportliche Mountainbiker, die Region Iserlohn trumpft mit verschiedenen, sehr beliebten Touren auf, die vorzüglich ausgeschildert wurden. So startet vom Iserlohner Stadtbahnhof der *Ruhr-Lenne-Achter* (70 km) die Lenne entlang bis nach Letmathe und zurück. Iserlohn hat zudem Anschluss an den *RuhrtalRadweg* (240 km) und die idyllische *Lenneroute* (142 km) von Winterberg nach Hagen. Die verschiedenen Radwege, z. B. im Baartal zwischen dem Seilersee und dem Ruhrstausee oder auf der ehemaligen Bahntrasse, die von Iserlohn nach Hemer führt, bieten landschaftlich reizvolle Erlebnisse und tolle Ausflüge. Vom Seilerseepark geht es *Rund um Sümmern* (24 km), vom Bahnhof Iserlohn aus *Rund um Hennen* (34 km) und die Bergetappe *Rund um Letmathe* (27 km) startet am Bahnhof Letmathe.

Für Mountainbiker sind die zwei *Eisenwaldtrails* (je 2 km) durch den Stadtwald interessant. Unter der Kreisbahnbrücke nahe „Pater und Nonne“ in Letmathe befindet sich der *Dirt-Bike-Park*.

▸ Reiten

Gleich in drei Reitvereinen wird Reitbegeisterten bzw. -interessierten die Gelegenheit gegeben, das Hobby von Grund auf zu erlernen oder bereits vorhandene Kenntnisse zu erweitern.

Adressen:

Reitverein Iserlohn-Dahlsen: Dahlsener Str. 37, 58644 Iserlohn-Dahlsen, 0177/5451188 (16–18 Uhr), 🌐 www.reiterverein-iserlohn.de

Landwirtschaftlicher Reiterverein Kalhof: In den Hagebuchen 10, 58640 Iserlohn, ✆ 0171/7465617, 🌐 www.lrv-kalthof.de

Reiterverein Iserlohn: Reiterweg 16, 58636 Iserlohn, ✆ 02371/60720, 🌐 www.reiterverein-iserlohn.de

▸ ☺ Schwimmbäder

Mit zwei Sportbecken (50 und 33,3 m) bietet das **Heidebad**, ein Freibad des Schwimmvereins Iserlohn 1895, Sport- und Freizeitschwimmern reichlich Gelegenheit, etwas für die Ausdauer zu tun. Zudem sorgen eine Boulebahn, ein Beachvolleyballfeld, Rutschen sowie ein Eltern-Kind-Bereich mit Wasserpilz und ein Kiosk für einen abwechslungsreichen Aufenthalt. Ein Highlight des Jahres ist das Iserlohner Hundeschwimmen Ende September.

Das **Sport- und Freizeitbad Schleddenhof** am Seilersee wurde bereits 1923 gebaut. Heute kann es mit einem 50-m-Sportbecken und einem weitläufigen Spaß-, Sport- und Erholungsbereich punkten. Herausfordernd ist das alljährliche 24-Stunden-Schwimmen.

Das moderne **Seilerseebad** bietet bei jedem Wetter die Möglichkeit für zügige Trainingsrunden, während der Nichtschwimmerbereich mit Wasserspielgarten, Sprung- und Waterclimbing-Anlage lockt. Außerdem lässt es sich prima in der 32 °C-Natursole entspannen. Neben der klassischen Finnsauna werden auch eine Softsauna und ein Dampfbad sowie Eisbrunnen und Tauchbecken angeboten.

Das **Aquamathe**, ein modernisiertes Hallenbad im Ortsteil Letmathe, genügt mit einem wettkampfgerechten 25-m-Becken sowohl Sport-, als auch Freizeitschwimmern. Der Hubboden verwandelt das Bad zum Familienspielbad. Dazu gibt es eine 1- und 3-m-Sprunganlage sowie Wärmebänke, drei Saunen und ein Dampfbad mit entsprechenden Abkühl- und Ruhezonen.

Adressen:
Heidebad: Heideplatz 4, 58638 Iserlohn,
02371/30660, www.i95.de
Schleddenhof: Seeuferstr. 22, 58636 Iserlohn,
02371/62002, www.issv.de
Seeseilerbad: Seeuferstr. 26, 58636 Iserlohn,
02371/8071712, www.seilerseebad.de
Aquamathe: Aucheler Str. 4, 58642 Iserlohn,
02374/2340, www.aquamathe.de

Seilersee

Der See heißt offiziell Callerbach-Talsperre und wurde bereits 1914 in Betrieb genommen. Schnell entwickelte sich die 16 ha große Wasserfläche hinter der 160 m langen Staumauer zu einem beliebten Naherholungsgebiet, sodass die Brauerei Iserlohn 1924 sogar ein Ausflugslokal errichtete. Seit 1971 überquert eine Betonbrücke der A46 den See, dennoch hat sich der Seilersee als beliebtes Ausflugs- und Freizeitgebiet etabliert. Ein Rundweg (1,5 km), Vogelvolieren, Kinderspielplatz, die Vogelinsel, die Modellschiffkapitäne und das Tretbootfahren lohnen immer wieder einen Besuch.
Adresse: Bootsverleih am Seilersee, Seeuferstr., 58636 Iserlohn, 0173/2832874

Skateparks

Weil Inlineskaten und Skateboardfahren sich längst von einer Trend- und Funsportart zu einer angesehenen Sportdisziplin entwickelt haben, wurden im Stadtgebiet Iserlohn verschiedene Skateparks und -hallen eingerichtet:
Adressen:
Halfpipe-Skatepark Seilersee: Seeuferstr., 58636 Iserlohn
Skateboard-Anlage Letmathe: Aucheler Str., unter der BAB-Brücke, 58642 Iserlohn
Skatepark in der Läger: In der Läger 1, ehem. Lägersportplatz, 58644 Iserlohn
Heidehalle: Friedrich-Kaiser-Str. 24, 58638 Iserlohn
Inline-Skater-Halle Zöpidrom: Langer Brauck 13, 58640 Iserlohn-Sümmern

Wandern

Die hügelige und idyllische Landschaft Iserlohns bietet beste Voraussetzungen für Outdoor-Aktivitäten per pedes. Neben den bekannten Fernwanderwegen *Sauerland-Waldroute* (342 km) und *Sauerland-Höhenflug* (250 km) bietet der *Iserlohn Rundweg* (62 km) von Kesbern aus tolle Aussichten. Der Weg *Rund um das Bergdorf Lössel* (12 km) ist lohnenswert, aber durchaus anspruchsvoll. Einen Einblick in die industriegeschichtliche Entwicklung bietet der *Drahthandelsweg* (31 km) von Iserlohn über die Burgstadt Altena nach Lüdenscheid. Im Stadtwald kann man einem *Umweltlehrpfad* (3 km, Südstraße/Ecke Frauenstuhlweg) folgen.

Wintersport

Bei entsprechender Witterung wird auf der Lande- und Startbahn des Flugplatzes Altena-Hegenscheid eine **Langlaufloipe** gespurt, die mit Flutlicht ausgestattet ist.
Adresse: Hegenscheider Str., 58644 Iserlohn, F. J. Hilpke, 02371/45283

Kierspe

(Märkischer Kreis)

Das kleine Städtchen (16 100 Einwohner) mit über 1000-jähriger Vergangenheit liegt im südwestlichen Märkischen Sauerland und ragt mit seiner Spitze in Rönsahl sogar bis in das Rheinland hinein. Deutlich ist zu erkennen, dass sich der Ort in Form einer Kirchenringsiedlung rings um die zentrale Margarethenkirche gebildet hat, welche seit 1330 das aus Stein gebaute Zentrum und Wahrzeichen des Ortes ist. Bedeutung erlangte der Ort mit dem schwarzen Raben im Wappen als Sitz eines Femegerichtes unter der Thingslinde. Schon seit dem Mittelalter hallten die

Schläge der verschiedenen Hämmer durch die Täler, mit denen Eisenwaren für den Weltmarkt produziert wurden. Der flotte Wechsel von Bergen und Tälern, Bächen und Stauseen macht die Region zudem zu einem attraktiven Gebiet für Radfahrer und Wanderer.

Touristinformation im Rathaus Kierspe
Springerweg 21
58566 Kierspe
02359/6610
www.kierspe.de

Sehenswertes

Haus Rhade

Das schöne Herrenhaus, dessen ältester Teil ein rechteckiger, großer Turm ist, wurde erstmals im Jahre 1003 schriftlich erwähnt. Bereits damals war „curtis Rothe" Mittelpunkt herrschaftlicher Güter. Neben Artefakten aus der mittleren Steinzeit konnte auch ein Masseofen ausgegraben werden, der im Mittelalter lange betrieben wurde und als Vorläufer heutiger Hochöfen anzusehen ist. Das Gut ging durch vielerlei Hände und wird heute für Seminare und Feiern in herrschaftlicher Atmosphäre und als Hotel genutzt.
Adresse: Haus Rhade 1, 58566 Kierspe, 0177/6330440, www.haus-rhade.de

Pfarrkirche St. Josef

Schon von Weitem ist zu erkennen, dass es sich bei der Kiersper Josefskirche um eine Besonderheit handelt. Sie wurde 1959 bis 1961 von dem vielfach ausgezeichneten Architekten Gottfried Böhm entworfen, der weltweit für seine skulpturalen Bauten aus Beton, Glas und Stahl gefeiert wurde. In Kierspe ließ sich die Architektur-Ikone des 20. Jhs. vom Buch der geheimen Offenbarung inspirieren. Neben der Ausführung sind besonders die teils riesigen Glasbilder sehenswert.
Adresse: Glockenweg 4, 58566 Kierspe, 02359/2733

St. Margarethen

Das älteste Kirchengebäude in Kierspe wurde bereits 1147 erwähnt. Ein Nachfolgebau aus dem 14. Jh. wurde 1816 bis 1819 in seine heutige Form umgebaut und der Turm mit einer markanten Zwiebelhaube abgeschlossen. Sehenswert sind eine Orgel von 1828 und der evangelische Kanzelaltar mit hohen Säulen und Kapitellen. Eine dreiseitige Empore umfasst den Innenraum.
Adresse: Kirchplatz 1, 58566 Kierspe, 02359/2390

Kirche Rönsahl

Die ursprünglich katholische, dem Hl. Servatius geweihte Wallfahrtskirche wurde bereits vor 1250 erbaut. Von ihr blieb jedoch nach dem Dorfbrand im Jahre 1766 nur noch der wehrhafte Turm stehen. Das Kirchenschiff mit drei Achsen wurde im Bergischen Barock erneuert und mit einem Orgelkanzelaltar ausgestattet. Die 1786 gebaute Pfeifenorgel ist in den wesentlichen Teilen erhalten und macht das Instrument zu einem der wertvollsten in der gesamten Region. Bei Restaurierungsarbeiten konnten zudem verschiedene Fresken freigelegt werden, die sich auf die Reformation beziehen. Die „Rönsahler Kirchenkonzerte" begeistern alljährlich eine große Fangemeinde.
Adresse: Vor dem Isern 4, 58566 Kierspe, 02269/7425, www.kirche-roensahl.de

Ölmühle Rönsahl

Das wunderschön verschieferte Gebäude im Ortsteil Rönsahl war zunächst eine Pulvermühle, deren Ursprünge möglicherweise bis in das 17. Jh. reichen. 1804 ist sie als Ölmühle überliefert, um 1900 wurde sie im Bergischen Stil zweigeschossig neu gebaut. Zudem entstand eine Teichanlage zur Forellenzucht. Eine Turbine sorgte für die erste

Stromversorgung im Dorf. Das Gebäude ist heute ein privates Wohnhaus, eine Innenbesichtigung ist daher nicht möglich.
Adresse: Ölmühlerweg, 58566 Kierspe-Rönsahl

▸ Brunnen
Zwei sehenswerte Brunnen, die sich auf die Ortsgeschichte beziehen, sind in Kierspe zu entdecken. Gegenüber der Margarethenkirche wird der hier häufig vorkommenden Raben gedacht, die man einst „Rauk" nannte und die es sogar bis auf das Stadtwappen geschafft haben. Die am **Raukbrunnen** dargestellten Vögel haben sogar Namen: Naseweis, Nieschier, Schlaumeier, Motz und Krösus. Der **Spatenbrunnen** vor dem Rathaus erinnert an die hier produzierten Spaten, Hacken und Gerätschaften für die Landwirtschaft. Eine Besonderheit waren die Afrika-Spaten, die von hier aus in die afrikanischen Kolonien verschickt wurden.

Museen & Ausstellungen

▸ Bakelitmuseum Kierspe
Der 1907 patentierte erste Kunststoff des belgisch-amerikanischen Chemikers Baekeland wurde zum kostengünstigen Ersatzmaterial für Schellack und Porzellan und sollte die Alltagskultur auf der ganzen Welt verändern: Bakelit, der erste Kunststoff. Der „Stoff der tausend Dinge" fand auch in der sauerländischen Metall- und Elektroindustrie unendliche Anwendungen, sodass um 1930 allein in Kierspe 36 Betriebe mit über 450 Kunststoffpressen arbeiteten. Aus der Bakelit-Sammlung eines Fabrikanten entstand 2003 das in Deutschland einzigartige Bakelit-Museum, in dem neben den bekannten „Dickhäuter"-Lichtschaltern tausende Formen und Dinge aus hiesiger Produktion zu entdecken sind.
Adresse: Altes Amtshaus, Friedrich-Ebert-Str. 380, 58566 Kierspe, ☏ 02359/661140

▸ Industriemuseum Schleiper Hammer
Das technische Denkmal ist Zeugnis für die Periode der Eisenerzeugung und -verarbeitung, die für die gesamte Region so prägend war und ist. Im Laufe des 19. Jhs. spezialisierte man die Produktion auf Breitewarenschmiederei, sprich Schaufeln, Spaten, Hacken und andere Werkzeuge. Das Herz der Schmiede, die großen Feder- und Fallhämmer, sind bis heute betriebsbereit. Zu Demonstrationszwecken werden in der Schlosserei einzelne Teile gepresst. Schautage mit Vorführung am Mühlentag (Pfingsten) und am Tag des offenen Denkmals (Sept.).
Adresse: Schleipe 3, 58566 Kierspe, ☏ 02359/661140, 🌐 www.kierspe.de/heimatverein

▸ Historische Brennerei Rönsahl
Bis in die 1950er-Jahre war die Brennerei in Familienbesitz, wurde dann von der Kornbrennerei Krugmann in Meinerzhagen übernommen, die sie bis 2002 weiterführte. Das denkmalgeschützte, ehemalige Brennereigebäude wurde vom Heimatverein in ein attraktives Veranstaltungs- und Kulturzentrum verwandelt. Im Untergeschoss befinden sich noch immer die alte Brenntechnik, eine Braustube sowie eine Heimatstube mit Exponaten aus Rönsahler Produktion. Bis heute wird hier das hauseigene Rönsahler Bier gebraut und ausgeschenkt.
Adresse: Hauptstr. 23, Kierspe-Rönsahl, ☏ 0226/9482 u. 0170/2972530, 🌐 www.brennerei-roensahl.de

▸ Fritz-Linde-Museum
Heimatdichter Fritz Linde (1882–1935) erlernte den Beruf eines Draufschlägers und arbeitete als Automateneinrichter, wobei man ihm gestattete, seine schriftstellerischen Eingebungen auch während der Arbeit niederzuschreiben. Tatsächlich wurde er mit seinen vier Büchern mit niederdeutscher Dichtung über die Grenzen des Märkischen

Kreises hinaus bekannt. Das Museum zeigt seine Briefe und anderen Nachlass. Zudem werden Arbeiten der Kinderbuchautorin Anny Wienbruch (1899–1976) und das Kiersper plattdeutsche Wörterbuch von Fritz Karge gezeigt.
Adresse: Höferhof 23, 58566 Kierspe, ☏ 02359/7584 u. 3614

Freizeit & Natur

▸ Actionball
Sich in eine durchsichtige, aufblasbaren Riesenkugel aus Kunststoff zwängen und dann in wilder Fahrt einen Hügel hinabsausen, dafür braucht es einigen Mut, einen guten Magen und Vertrauen in die Technik. „Zorbing", wie dieses Actionspektakel mit den doppelhülligen Kugeln auch genannt wird, ist ein echt runder Spaß.
Infos: ☏ 0151/58563586, 🌐 www.dractionball.de

▸ Bikepark
Das naturnahe Gelände des Kiersper Bike-Parks bietet Trainingsmöglichkeiten für BMX und MTB. Es wurden verschiedene Streckenführungen mit Pumptrack, Flow-Line, Geschicklichkeitsparcours, Dirtline/Sprunghügel in unterschiedlichen Schwierigkeitsstufen errichtet. Ein toller Platz nahe Fußballplatz und Tennisanlagen.

▸ ☺ Fußballgolf
Der Trendsport, bei dem der Ball wie beim Minigolfen über verschiedene Hindernisse ins Ziel gebracht werden muss, kann auch in Kierspe erprobt werden. Auf neun Bahnen geht es durch das hügelige Gelände, durch Treckerreifen, über Steine bis in einen Autokofferraum.
Zugang: Am Stadion unterhalb des Hallenbades Räukepütt

▸ Golf
1976 fanden sich sieben Nichtgolfer zusammen, um im Märkischen Kreis den ersten Golfclub zu gründen. Daraus entwickelte sich in landschaftlich reizvoller Lage eine anspruchsvolle 18-Loch-Anlage. Besonders die verschiedenen Schräglagen stellen eine Herausforderung dar. Ein renovierter Fachwerkbauernhof dient als gemütliches Clubhaus des Golf-Club Varmert.
Adresse: Woeste 2, 58566 Kierspe, ☏ 02359/290215, 🌐 www.golfclub-varmert.de

▸ Jubachtalsperre
Für die Trinkwasserversorgung wurde 1904 bis 1906 auf dem Gebiet der heutigen Stadt Kierspe ein Stausee eingerichtet. Die fast 30 m hohe Staumauer ist 152 m lang und sammelt das Wasser des Jubachs, eines Nebenflusses der Volme. Die größte Ausdehnung ist bei 11,7 ha erreicht. Viele Spaziergänger, die den See auf einem knapp 3 km langen Weg umrunden, halten sie gar für die schönste Talsperre des ganzen Sauerlandes. Baden ist nicht gestattet.
Zugang: Wanderparkplatz Herlinghausen-Volme

Winterzauber an der Jubachtalsperre

▸ Kletterfelsen

Für Freunde des Klettersports wurde oberhalb des sagenumwobenen Hüllochs eine 15 m steil aufragenden Felswand für das Sportklettern zugerichtet. Insgesamt sind etwa 20 Routen entstanden (Schwierigkeit 4 bis 9), inklusive Überhang.
Zugang: Heerstraße von Kierspe nach Meinerzhagen, unterhalb des Waldgebiets Arney

▸ Radfahren

Für Besucher, die das Märkische Sauerland mit dem Fahrrad erkunden wollen, wurden zahlreiche Touren markiert, die für unterschiedlichste Radlertypen interessant sind. Auf Kiersper Stadtgebiet ist die Rundtour *Talsperrenroute* (30 km) mit Start in Rönsahl sehr beliebt. Die *Museumstour* (18 km) mit Start am Bakelitmuseum bietet ebenfalls viele spannende Begegnungen.
Infos: 🌐 www.maerkisches-sauerland.com

▸ ☺ Reiten

Zwar sind die Mitglieder des Reit- und Fahrvereins zumeist Turnierreiter, weshalb hier viel Wert auf Spring- und Dressurreiten gelegt wird. Allerdings hat man sich auch dem Breitensport zugewandt und bietet sowohl Reitunterricht als auch Voltigieren an. In direkter Nachbarschaft befindet sich zudem ein attraktives Gelände für Ausritte. Ein Ponyhof bietet die Möglichkeit zum unbeschwerten Ausflug in die Umgebung.
Adressen:
Ländlicher Reit- und Fahrverein Kierspe: Hohenholten 1 a, 58566 Kierspe, ✆ 02359/2508, 🌐 www.kierspe.de/de/verein/rvk
Ponyhof Isenburg: Isenburg 3, 58566 Kierspe, ✆ 023359/2456, 🌐 www.agrotourismus.de

▸ ☺ Schwimmbäder

Das zentral gelegene **Hallenbad Räukepütt** ist in ein Schwimmer- und Nichtschwimmerbecken unterteilt. Es ist ein Kinder- und ein separates Babyplanschbecken vorhanden, sowie ein 3-m- und ein 1-m- Sprungbrett. Dazu kommen eine Kinderrutsche, Schwimmmatten und ein Riesenkrake.
Am Ortseingang von Rönsahl befindet sich seit 1932 das unbeheizte **Naturschwimmbad** des Strandbadvereins. Das Bad ist aufgeteilt in einen Schwimmer-, Nichtschwimmer- und Kleinkinderbereich, es gibt ein Sprungbrett, eine Kinderrutsche und sogar einige Paddelboote. Für die Mitglieder des Vereins oder angemeldete Gruppen ist das Bad ganzjährig geöffnet und manchmal kann hier im Winter sogar Schlittschuh gelaufen werden.
Adressen:
Hallenbad: Fritz-Linde-Str. 44, 58566 Kierspe, ✆ 02359/295840, Kurse: ✆ 02269/927307
Naturschwimmbad: Strandbadweg, 58566 Kierspe, ✆ 0176/12920171

▸ ☺ VolmeFreizeitPark

Seit 2017 steht bei Jung und Alt in der Region „Oben an der Volme" ein neues Freizeitziel auf dem Programm. Die mit einem Preis für Landschaftsarchitektur ausgezeichnete öffentliche Fläche bietet ein sportliches Angebot mit Skaterbahn, Slackline, Outdoor-Fitnessgeräten bzw. Parcourstangen, Tischtennisplatten, Drehteller und Trampolinen.
Adresse: Volmestr. 149, 58566 Kierspe

▸ Wandern

Neben dem *Rhein-Ruhr-Wanderweg* (X9, 168 km), der durch das Stadtgebiet verläuft, empfehlen sich der *Rönsahl-Rundweg* (A7, 12,5 km) und der abwechslungsreiche Rundkurs *Raukweg* (schwarzer Vogel, Schnabel zeigt die Richtung, 24,5 km), der vom Rathaus aus am Aussichtsturm, Fritz-Linde-Stein und der Thingslinde vorbeiführt. Zudem wurden in der Region „Oben an der Volme" im westlichen Sauerland insgesamt neun Themenwanderwege unter dem Titel *VolmeSchatz* ausgewiesen (von 4 bis 11 km). Interessant ist auch der Rundweg

Gewässerlehrpfad (7 km), der auf zwölf Infotafeln das Leben in und an der Lingese und der Lingese-Talsperre beschreibt.

▸ Wienhagener Turm

In 479 m Höhe, an der höchsten Stelle des Wienhagens, erhebt sich der 1929 erbaute Aussichtsturm, der laut Inschrift auch als Kriegerdenkmal fungiert. Zwar ist die Aussicht von der Plattform in etwa 15 m Höhe durch Bäume eingeschränkt, doch dafür wird man beim Aufstieg der 72 Stufen von dem bunten Werk – Lauf durch die Zeit – eines hiesigen Künstlers begleitet.
Zugang: Wanderparkplatz Dürener Haus oder Elbringhausen

▸ ☺ Wintersport

Im Stadtgebiet von Kierspe gibt es bei guter Schneelage diverse Möglichkeiten, den **Rodelschlitten** auszuprobieren und Im Wiehnhagen und Im Thal werden **Langlaufloipen** gespurt. Wenn es sehr kalt ist, kann man auf dem Becken des Strandbades **Schlittschuh** laufen.

Kirchhundem

(Kreis Olpe)

Die Gemeinde Kirchhundem (rd. 11 900 Einwohner) im südlichen Sauerland, zu der 37 Ortsteile gehören, zählt zu den waldreichsten Gemeinde in NRW. Schon das Wappen mit seinen zwei großen Geweihstangen und Wolfsangel verweisen auf den ländlichen Charakter dieser Region, deren Landschaft, Fachwerkdörfer und verwunschene Kapellen zu den schönsten des Sauerlandes zählen. Die Region, die vornehmlich durch den Grenzverlauf zwischen Sauerland, Siegerland und dem Wittgensteiner Land geprägt wurde, zeichnet sich durch den Fernwanderweg „Rothaarsteig" und ein hochwertiges Wanderwegenetz aus.

Tourist-Information
Lennestadt & Kirchhundem
Hundemstr. 18
57368 Lennestadt-Altenhundem
☏ 02723/686780 u. 608800
🌐 www.lennestadt-kirchhundem.de

Sehenswertes

▸ Adolfsburg

Am Ortseingang von Oberhundem befindet sich ein sehenswertes Wasserschloss, das sich aus einem barocken Herrensitz aus den 1670er-Jahren entwickelt hat. Namensgeber und Bauherr war der begüterte Domherr, Propst und Geheime Rat Johann Adolf von Fürstenberg, der hier bis zu seinem Tode lebte. Später wurde es nur noch gelegentlich als Jagdschloss genutzt. Eine erneute dauerhafte Nutzung begann 1919 als erste Missionsschule Deutschlands. Später drohte es abermals zu verfallen, konnte jedoch gerettet werden. Heute ist die markante, rot verputzte Schlossanlage mit Schieferdach und barocken Turmhauben in 60 Wohneinheiten unterteilt.
Adresse: Hauptstr. 1, 57399 Kirchhundem-Oberhundem

Museen & Ausstellungen

▸ Gemeinde-Heimat-Museum im Kulturgut Schrabben Hof

Im Ortsteil Silberg wurden der Stall und das Wohnhaus der Hofanlage „Schrabben Gut" in ein Museum verwandelt, zu dem auch ein altes Backhaus gehört. Aus der ursprünglich provisorischen Sammlung entstand ein sehenswertes Museum, das auf 250 m² über Menschen, Handwerk und Bergbau informiert. Zudem gibt es wechselnde

Sonderausstellungen, ein Café, eine Kleinkunstbühne und eine Trödelscheune.
Adresse: Silberger Str. 32, 57399 Kirchhundem-Silberg, ✆ 02764/7613, 🌐 www.kulturgut-schrabbenhof.de

‣ Radiomuseum
Die private Sammlung eines Technikfans füllt inzwischen ein ganzes Haus. Etwa 400 technische Audioschätze vom Röhrenradio bis zum Volksempfänger, Musiktruhen, Grammophone, Tonbandgeräte und Telefone umfasst die Radiosammlung Flöper Heinsberg inzwischen.
Adresse: Oberndorfer Str. 10, 57399 Kirchhundem-Heinsberg, ✆ 02723/72995

‣ Stickereimuseum „Im Bilde"
Im alten Pastorat von Oberhundem, einem sehenswerten Fachwerkhaus aus dem Jahre 1685, werden seit über 30 Jahren Bilderrahmen und Passepartouts hergestellt. Zudem wurde ein Museum eingerichtet, das sich der Kunst und Geschichte der Stickerei widmet, die sehr viel mehr sein kann als eine alte Handarbeitstechnik. Ein Museumslädchen lädt zum Stöbern ein.
Adresse: Rüsper Str. 1, 57399 Kirchhundem-Oberhundem, ✆ 02723/688722 u. 72409, 🌐 www.imbilde-rahmen.de

Freizeit & Natur

‣ Angeln
Petrijünger dürfen ihre Geduld an der Rute am Angel-Weiher Albaum unter Beweis stellen. An den Wochenenden dürfen Forellen an den Haken gelockt werden.
Adresse: Heinsberger Str. 33, 57399 Kirchhundem, ✆ 02723/73320

‣ ☺ Kulturgut Schrabben Hof
Nostalgisches Café und sonniger Biergarten mit Spielplatz, Heimatmuseum und Trödelscheune, dazu noch ein reichhaltiges

Das markante Wasserschloss Adolfsburg

Kulturprogramm im Scheunentheater – so präsentiert sich ein beliebtes Ausflugsziel für die ganze Familie. Der ehemalige Resthof ist ein geschichtsträchtiges Ensemble, in dessen Zentrum zahllose Objekte die heimatliche Geschichte dokumentieren. Rund um das Backhaus werden zudem naturpädagogische Aktivitäten und kulturelle Veranstaltungen angeboten.
Adresse: Silberger Str. 32, 57399 Kirchhundem-Silberg, ✆ 02764/7613 u. 0160/96643905, 🌐 www.kulturgut-schrabbenhof

‣ ☺ Naturpark-Infozentrum
Die zwei Stationen in Saalhausen und Oberhundem bieten Spannendes rund um die Themen Lebensraum Bach und Köhlerei,

Stickereimuseum „Im Bilde"

Wasser und Feuer. Neben einem Multitouch-Tisch, der zu virtuellen Entdeckungstouren einlädt, geben die Entdecker-Rucksäcke Anregungen für ein Naturerlebnis in der Umgebung. Beide Standorte lassen sich prima bei einem Tagesausflug kombinieren, da ein abwechslungsreicher Rad- und Wanderweg die beiden Infozentren in den Häusern des Gastes in Saalhausen und Oberhundem verbindet.
Adresse: Grubenweg 18, 57399 Kirchhundem, 02723/608800

Ausflugsziel Schrabben Hof

▸ PanoramaPark

Langeweile gibt es nicht, denn hier kann man der Wildnis ganz nah kommen. Im Wildtierpark sind neben Mufflons, Emus, Wildschweinen und den mächtigen Bisons auch Wölfe, Luchse und Otter zu Hause. Außerdem kann man Waschbären, Lamas und die lustigen Erdmännchen beobachten. Danach geht es zum Rutschenparadies, auf das Riesentrampolin oder in die Spiel- und Kletterburgen. Höhepunkt ist natürlich die flotte Fahrt mit dem Fichtenflitzer, der durch vier Tunnels und 13 Steilkurven rauscht.
Adresse: Rinsecker Str. 100, 57399 Kirchhundem, 02723/716220, www.panopark.de

▸ Radfahren

Insbesondere für Rennradfahrer wurden zahlreiche Strecken für jede Kondition ausgewiesen. Zu den ambitionierten Touren gehören die Tour *Über den Rhein-Weser-Turm* (123 km), die Rundstrecke *Kirchhundemer Allerlei* (129 km) sowie die Tour *Zwischen Rothaar und Hawerland* (74 km) und der *Kurze Grenzgang* (44 km).

▸ Reiten

Während des ganzen Jahres kann auf dem Reiterhof Silberg Reitunterricht genommen werden. Das Angebot für Groß und Klein reicht vom geführten Ponyreiten bis hin zum anspruchsvollen Einzelunterricht. Während der Ferien gibt es besondere Kinderkurse. Wanderreiter sind herzlich willkommen.
Adresse: Hohlweg 10 , 57399 Kirchhundem-Silberg, 0170/6938843, www.reitunterricht-cathia-wieczorek.de

▸ Rhein-Weser-Turm

Zwischen den Ortsteilen Oberhundem und Rüspe ragt in etwa 680 m Höhe seit 1932 dieser 24 m hohe Aussichtsturm empor. Der verfensterte Holzturm steht auf einem quadratischen Grundriss, der sich bis zum achten Stockwerk verjüngt. Nach dem Zweiten Weltkrieg wurde das beliebte Ausflugsziel wieder instand gesetzt und offenbart, wenn man die 113 Stufen hinauf geschafft hat, eine grandiose Aussicht. Inzwischen wurde der Turm mit Kupferplatten belegt und zum Denkmal erklärt. Sein Name bezieht sich auf die Wasserscheide zwischen Rhein und Weser, die genau hier entlangführt. Zu seinen Füßen verläuft der *Rothaarsteig*.

▸ Wandern

Mehrere Themenwanderwege gilt es in Kirchhundern zu erkunden: Der *Rahrbacher PoesieWeg* (8 km) durch besonders geschützte Waldgebiete lädt zu innerer Einkehr, Inspiration und Naturbegegnung ein. Mit den „Grenzgeschichten hautnah – ein Hörerlebnis mitten am Rothaarsteig“ erzählen sechs Hörgeschichten auf drei kurzen Rundtouren

Poetische Wandererlebnisse

von Wissenswertem in Natur und Kultur entlang des alten Grenzverlaufs zwischen Sauerland, Siegerland und Wittgensteiner Land (Download als mp3-Datei). 14 Kreuzstationen begleiten den Wanderer auf dem *Alten Kirchweg* (4,7 km) zwischen Albaum (Parkplatz Herz-Jesu-Kirche) und Kirchhundem (Pfarrkirche St. Peter und Paul).
Zu den beliebten Tagestouren gehören die Rothaarsteig-Spur *Oberhundemer Bergtour – Unterwegs auf Eselspfaden in Oberhundem* (11,5 km), die u. a. entlang der Oberhundemer Klippen und dem Alpenhaus führt und einige tolle Fernsichten bietet. Im Ortsteil Heinsberg lohnt sich die Qualitätstour *Krenkeltal und Goldener Zapfen* (11,5 km), die auch zum Dreiherrenstein führt. Neben dem berühmten Fernwanderweg *Rothaarsteig* (156 km) verlaufen auch der *Christine-Koch-Weg* (126 km) und der *Wilhelm-Münker-Weg* (94 km) durch das Gemeindegebiet von Kirchhundem. Sie kreuzen sich am Rhein-Weser-Turm.

▸ Wintersport
Das Wintersportgebiet der Gemeinde Kirchhundem liegt am Rhein-Weser-Turm auf 680 m Höhe direkt am *Rothaarsteig*. Dort befindet sich der Einstieg in ein weitläufiges Netz gut gespurter **Loipen**, das Langläuferherzen begeistert.
Infos: www.wintersport-arena.de

Lennestadt

(Kreis Olpe)

Die Gemeinde (25 100 Einwohner) mit ihren insgesamt 43 Ortsteilen trägt die namensgebende und sich blau schlängelnde Lenne im Wappen. Steinzeitliche Funde, Hügelgräber und Wallanlagen belegen, dass sich die Menschen hier schon sehr lange wohlfühlen. Auf einem Bergsporn über der Lennefurt entstand im 12. Jh. die Burg Gevore, deren Ruine hier besser als „Peperburg" bekannt ist. Anfang des 13. Jhs. verlagerten die herrschenden Edelherren ihren Sitz auf die Burg Bilstein. Mit dem Bau der Ruhr-Sieg-Bahn 1861 konnten die Hüttenindustrie und das eisenverarbeitende Gewerbe Fuß fassen, was die Region bis heute prägt. Inmitten des Naturparks Sauerland-Rothaargebirge gelegen, punktet Lennestadt mit seiner größtenteils ursprünglichen Natur, bemerkenswerten Fachwerkdörfern und einer lebendigen Kultur, zu der auch die Karl-May-Festspiele zählen.

Tourist-Information
Lennestadt & Kirchhundem
Hundemstr. 18
57368 Lennestadt
02723/608800
www.lennestadt-kirchhundem.de

Sehenswertes

▸ Fachwerkdorf Kirchveischede
Das bereits im Jahr 1019 erstmals erwähnte Dorf „Viesche" ist heute ein Ortsteil von Lennestadt und weithin für sein Fachwerkensemble bekannt. Im Zentrum stehen insgesamt elf rund 200 Jahre alte Fachwerkhäuser in einer Geschlossenheit, wie man sie selbst im Sauerland nur selten zu sehen bekommt.

Alle Gebäude tragen in einem Balken die Jahreszahl 1784, da sie vermutlich allesamt nach einem großen Brand errichtet wurden. Sehenswert ist auch die Kirche St. Servatius aus dem 13. Jh., die die Tauf-, Hochzeits- und Grabeskirche der Edelherren zu Bilstein war.

Lenneidyll in Kirchveischede

▸ Ruine Peperburg

Im Naturschutzgebiet Breiter Hagen im Ortsteil Grevenbrück wurden in den 1980er-Jahren die verbliebenen Mauerreste einer Höhenburg freigelegt, auf der bis 1225 die Edelherren von Gevore ihren Wohnsitz hatten. Die ursprüngliche Burg hatte vermutlich die dreifache Größe des heutigen Areals. Mit dem Abzug der Edelherren auf die Burg Bilstein begann der Niedergang der Burg, die nach einem Familienzweig derer von Gevore, den Herren von Hundem, genannt Pepersack, benannt wurde, deren Stammreihe ab 1292 nachweisbar ist.
Zugang: Parkplatz Förder Linde, Lennestadt-Grevenbrück

▸ Burg Bilstein

Auf einem Ausläufer des Rosenbergs, an drei Seiten von steilen Hängen geschützt, erhebt sich im Ortsteil Bilstein seit dem 13. Jh. die sehenswerte Burg Bilstein. Nachdem die Herren von Gevore ihre Burg Peperburg in Grevenbrück verlassen und die Burg Bilstein bezogen hatten, nannten sie sich fortan von Bilstein. Später ging die Burg an die Grafen von Mark und in der Soester Fehde an Kurköln. Das Aussehen der hell verputzten Burg wird von zwei mächtigen Rundtürmen bestimmt. Bereits seit 1927 befindet sich in dem trutzigen Gemäuer die Jugendherberge Bilstein, in der Gäste Outdoor-Action, Ritterprogramm und Teamtraining erleben dürfen.

Adresse: Von-Gevore-Weg 10, 57368 Lennestadt-Bilstein, ✆ 02721/81217

▸ Kapelle St. Johannes

Oberhalb des Dorfes Oedingerberg erhebt sich die Kapelle St. Johannes Baptist, deren Bau die wenigen hier lebenden Familien im Jahre 1716 beim Kölner Erzbischof beantragt haben. Für den Bau benutzten sie die Steine des ruinierten Damenstifts Oedingen (1000–1533) und der 1670 eingestürzten Kirche. Der kleine, massiv errichtete Saalbau mit barocker Ausstattung wurde innerhalb einer ehemaligen Wallanlage in sehr exponierter Lage errichtet. Ein Kreuzweg mit 14 Stationen führt zu diesem wirklich schönen Baudenkmal hinauf.

▸ Sauerland-Seelenorte

Bei den Sauerland-Seelenorten handelt es sich um beeindruckende Orte wie Felsen und Steinbrüche, Kirchen und Bergkuppen, mächtige Bäume und unterirdische Grotten. Sieben Seelenorte gibt es in der Region Lennestadt und Kirchhundem, die eine besondere Bedeutung haben und ihre eigene Geschichte erzählen. Orte, die inspirieren und berühren.
Infos: 🌐 www.lennestadt-kirchhundem.de

Museen & Ausstellungen

▸ Museum der Stadt Lennestadt
Das Stadt-Museum informiert in erster Linie über das Werden jener Orte, die heute zur Stadt Lennestadt gehören. Der historische Bogen reicht von Fossilienfunden bis zu den archäologischen Fundstücken in der Peperburg bei Grevenbrück. Die Sammlung erzählt vom Bau und der Bedeutung der Ruhr-Sieg-Eisenbahn, stellt die verschiedenen Handwerkbetriebe und industriellen Entwicklungen vor, erzählt von Auswanderungswellen übers Vereinsleben bis hin zum modernen Tourismus.
Adresse: Kölner Str. 57, 57368 Lennestadt-Grevenbrück, ☏ 02721/1404 u. 02723/6080 (Verwaltung), 🌐 www.lennestadt.de

▸ Bergbaumuseum Siciliaschacht
Seit der Mitte des 19. Jhs. wurde von der aufstrebenden chemischen Industrie Schwefelsäure benötigt, die man aus Schwefelkies (Pyrit) gewann, der ab 1852 in Meggen und Halberbracht abgebaut wurde. In Meggen schürfte man ab 1890 zudem Schwerspat, ein Rohstoff für eine besondere weiße Farbe. Ab den 1950er-Jahren verlegte man sich auf die Gewinnung von Zink- und Bleisulfiden. Die letzte Schicht wurde 1992 gefahren und in der vollständig erhalten gebliebenen Schachtanlage „Sicilia" konnte ein Museum eingerichtet werden. In der ehemaligen Markenkontrolle befindet sich heute eine spannende Ausstellung, in der manches über den hiesigen Bergbau und die hier geförderten Erze und Metalle zu erfahren ist.
Adresse: Am Siciliaschacht. 9, 57368 Lennestadt-Meggen, ☏ 02721/9539954 u. 80922, 🌐 www.bergbaumuseum-siciliaschacht.de

▸ ☺ Galileo-Park
Weithin sichtbar sind diese sieben Pyramiden in den vergangenen Jahrzehnten zu einem heimlichen Wahrzeichen des Sauerlandes geworden. In vier dieser markanten Bauwerke begeistert der Galileo-Park mit interessanten und ungewöhnlichen Ausstellungen. Hier werden (natur-)wissenschaftliche und „rätselhafte" Themen auf unterhaltsame Art und Weise präsentiert.
Adresse: Sauerland-Pyramiden 4–7, 57368 Lennestadt-Meggen, ☏ 02721/6007710, 🌐 www.galileo-park.de

▸ ZeitFenster Oedingen
Auf rund 90 m² hat ein Arbeitskreis eine spannende Ausstellung zur Geschichte, Gegenwart und Zukunft des Lennestadt-Ortsteils Oedingen konzipiert. Zahlreiche Exponate wie z. B. Karbid-Lampen, Uhren und landwirtschaftliche Geräte verweisen auf bekannte Produkte, die von Oedingen aus in die Welt gingen. Weitere Themen sind die „Sauerlandkaserne", religiöses Leben und Auswanderung nach Amerika. Und alles nach dem Motto: Anfassen erwünscht!
Adresse: Hunold-Rump-Str. 52, 57368 Lennestadt-Oedingen, ☏ 02725/381, 🌐 www.arge-oedingen.de

▸ Kultur- und EssBahnhof
1862 im Tudorstil errichtet und mit Uhrentürmchen verziert, steht das ehemalige Bahnhofsgebäude seit 1991 unter Denkmalschutz. Während man sich in dem einen Teil des renovierten Gebäudes, im „EssBahnhof", kulinarisch verwöhnen lassen darf, wartet der andere Teil mit einer neuen Dauerausstellung zum Thema „Mobilität" auf Besucher. Im Zentrum steht die Ruhr-Sieg-Strecke mit den Auswirkungen des Eisenbahnbaus auf die Region. Im „Bahnhof der Ideen" können sich Gäste sogar aktiv an der Ausstellung beteiligen.
Adresse: Bahnhofplatz 10, 57368 Lennestadt-Grevenbrück, ☏ 02723/608401

Freizeit & Natur

▸ ☺ Alpaka-Trekking

Wer nicht allein unterwegs sein möchte, der sollte über eine Wanderung mit Lamas und Alpakas nachdenken. Entspannung, Freude und ganz neue Sichtweisen sind garantiert.
Adresse: Kickenbachstr. 36 ,
57368 Lennestadt, ✆ 0160/91768307,
🌐 www.alpaka-trekking.de

▸ Angelpark

In den Auen der Lenne wurde im Ortsteil Gleierbrück eine 2 ha große parkähnliche Angelteichanlage, das „Sauerländer Anglerglück", aufgebaut. Der Park verfügt über einen Fischschlachtplatz, einen Grillplatz sowie über einen Kinderspielplatz und eine Sonnenterrasse. Insgesamt wurden sieben Teiche angelegt, in denen Besatzfische von Aal bis Bachforelle und Stöer bis Wels leben. Auch das Fliegenfischen ist auf über 2 km fischbarer Strecke möglich.
Adresse: Saalhauser Str. 8, 57368 Lennestadt-Gleierbrück, ✆ 02723/919134,
🌐 www.sauerlaender-anglerglueck.de

▸ Aussichtsturm Hohe Bracht

Wanderer, Radler und Motorradfahrer finden sich regelmäßig auf dem 588 m hohen Berg ein, um sich einen einmaligen Rundblick über das „Land der tausend Berge" zu gönnen. Das 36 m hohe Wahrzeichen von Kreis und Region Olpe mit seiner eigentümlichen Form wurde bereits 1930 eröffnet.
Adresse: Hohe Bracht 1, 57368 Lennestadt-Bilstein, ✆ 02723/7199595,
🌐 www.hohebracht.com

▸ ☺ Crossgolf & Minigolf

In der Nähe des „Aqua Fun" Naturbads Veischedetal kann auf ca. 6000 m² auf zehn Bahnen eingelocht werden. Nicht nur gepflegter Rasen, sondern auch natürliche Hindernisse wie Bäume und Büsche sowie Autoreifen oder eine eingegrabene Schubkarre machen das Crossgolf-Spiel zu einem besonderen Erlebnis.
Mit ihrem naturbelassenen Flair und einer wunderschönen Sonnenterrasse bietet die 18-Loch-Minigolfanlage Elspe nicht nur Turnierstandard, sondern auch jede Menge Freizeitvergnügen. Während der Saison wird das Gelände zudem für besondere Aktionstage wie Outdoor-Dartturnier, Bierprobe oder Club-Turniere genutzt.
Adressen:
Crossgolfanlage Bilstein: Am Freibad 4,
57368 Lennestadt-Bilstein, 🌐 www.bilstein-online.de
Minigolf Elspe: Bielefelder Str. 72 a,
57368 Lennestadt-Elspe, ✆ 0176/46790612,
🌐 www.minigolf-elspe.de.

Aussichtsturm Hohe Bracht

▸ ☺ Elspe-Festival

Bereits 1958 wurde auf der großen Naturbühne erstmals eine Aufführung mit den Protagonisten Winnetou und Old Shatterhand inszeniert und hat den kleinen sauerländischen Ort Elspe zu einem Synonym für Karl-May-Festspiele gemacht. Neben der sommerlichen Western-Show mit rund 60 Schauspielern und bis zu 40 Pferden begeistert der Festivalpark mit Dinner-,

Stunt- und Pyroshows, Konzerten und einer Greifvogelvorführung.
Adresse: Zur Naturbühne 1, 57368 Lennestadt-Elspe, 02721/94440, www.elspe.de

Western-Erlebnis beim Elspe-Festival

▸ Naturpark-Infozentrum

Die zwei Infozentren in Saalhausen und Oberhundem bieten viel Spannendes rund um die Themen Lebensraum Bach und Köhlerei, Wasser und Feuer. Neben einem Multitouch-Tisch, der zu virtuellen Entdeckungstouren einlädt, geben die Entdecker-Rucksäcke Anregungen für ein Naturerlebnis in der Umgebung. Beide Infozentrum-Standorte lassen sich prima bei einem Tagesausflug kombinieren, da ein abwechslungsreicher Rad- und Wanderweg die beiden Zentren in den Häusern des Gastes in Saalhausen und Oberhundem verbindet.
Adresse: Infozentrum Saalhausen, Fasanenweg 3, 57368 Lennestadt-Saalhausen

▸ PEPA Funpark

Spielen, toben, Spaß haben auf ca. 3000 m² bei jedem Wetter und das ganze Jahr über. Eine HOLOGATE Arena und ein Gastro-Bereich zum Relaxen und Genießen runden das Angebot für die ganze Familie ab.
Adresse: Dr.-Paul-Müller-Str. 12, 57368 Lennestadt-Grevenbrück, 02721/9839948, www.pepa-funpark.de

▸ Radfahren

Für Radfahrer ist rings um Lennestadt bestens gesorgt, da diese Region nach dem Motto „Radeln nach Zahlen" das Knotenpunkt-Wabensystem eingeführt hat. Eine der schönsten Rundtouren ist die *Hohe-Bracht-Tour Nr. A* (27,5 km), die entlang der Lenne über Elspe und Langenei führt. Überdies liegt Lennestadt am *SauerlandRadring* (84 km), der größtenteils über alte Bahntrassen die zentralen Sauerlandorte Finnentrop, Eslohe, Schmallenberg und Lennestadt verbindet und den idealen Radeleinstieg in die Region bietet. Eine Erweiterung bietet die *Hennesee-Schleife* (40 km) durch das Wennetal entlang des Hennesees.

▸ Reiten

Jeden Sonntagnachmittag dürfen Kinder auf Heinemanns Hof am Rande des kleinen Dörfchens Kickenbach ausprobieren, ob das Reiten vielleicht ein Hobby werden könnte. Zudem gibt es ein Hofcafé und eine Reitschule. Auf dem Quinkenhof haben Schulklassen, Förderklassen und Heimgruppen die Möglichkeit, einen unbeschwerten Aufenthalt mit einem spannenden Rahmenprogramm zu erleben. In Obermelbecke warten die Islandpferde von Falkenegg auf Reiter, die sich hier aus- und weiterbilden wollen. Zudem können Tiere z. B. in Sole-Inhalationskammern, auf dem Laufband oder mit Vibrationsplatten therapiert werden.
Adressen:
Heinemanns Hof: Im Brauck 4, 57368 Lennestadt-Kickenbach, 02723/8308, www.heinemannshof.de
Quinkenhof: Melbecke 6, 57368 Lennestadt, 02721/2521, www.quinkenhof.com
Islandpferdegestüt Falkenegg: Obermelbecke 2, 57368 Lennestadt,

📞 02721/120713 u. 01517/2460436, 🌐 www.falkenegg.de

▸ Schwimmbäder

Das 1925 gegründetete Naturbad im Ortsteil Bilstein wurde einst mit Bachwasser gespeist, in den 1970er-Jahren zu einem beheizten Freibad umgebaut und 2001 wieder zum heutigen **„Aqua Fun" Naturbad Veischedetal** zurückgebaut. Das 25-m-Schwimmer- und das Nichtschwimmerbecken (ohne Chlorzusätze), Tischtennisplatten, Trampolin und großer Sandkasten bieten reichlich Gelegenheit, mit der Familie die Freizeit zu verbringen.

Springen, Spielen, Toben und dann Seepferdchen, Schwimmabzeichen (Bronze, Silber, Gold) oder das Sportabzeichen – in dem großzügigen Sportbecken der **Lenne Therme** ist vieles möglich.

Die Anlage des **Naturerlebnisbads Saalhausen** für ein natürliches Badevergnügen ohne Chlor besteht aus einem 750 m^2 großen Schwimmteich. Der Schwimmerbereich wird vom Nichtschwimmerbereich mit einer Treppe getrennt. Für Kleinkinder gibt es ein Planschbecken, Sportler dürfen sich am Sprungfelsen austoben.

Adressen:

Aqua Fun: Am Freibad, 57368 Lennestadt-Bilstein, 📞 02721/8962, 🌐 www.naturbad-veischedetal.de

Lenne Therme: Auf'm Ohl 12 c, 57368 Lennestadt-Meggen, 📞 02721/80213, 🌐 www.lennetherme.de

Naturerlebnisbad: Fasanenweg 10, 57368 Lennestadt-Saalhausen, 📞 02723/717334, 🌐 www.naturbad-saalhausen.de

▸ Wandern

Am Infozentrum des Bergbaumuseums Siciliaschacht beginnt der *Bergbauhistorische Wanderweg* (4,3 km). Auf 17 Tafeln wird erläutert, wie in Meggen vor über 140 Jahren der Abbau verschiedener Erze für die Chemische Industrie begann. Die „Wanderwege durch die Meggener und Halberbrachter Bergbaugeschichte" können auch als geführte Wanderungen gebucht werden.

Die Nachbarkreise Lennestadt und Kirchhundem haben sich zusammengetan, um auf Schritt und Tritt ihre Erlebnismöglichkeiten vorzustellen. Als besonders empfehlenswert gelten der *Lenne-Weg* (77 km) quer durch den Naturpark und der *Hundem-Paad* (68 km) entlang des beliebten Fernwanderweges *Rothaarsteig* (156 km).

Abendaussicht Veischedetal

▸ Wintersport

Oberhalb der Ortsteile Bilstein und Altenhundem unterhält der Skiclub Lennestadt auf ca. 580 m Höhe ein kleines Skigebiet. Neben drei **Langlaufloipen** (19, 13, 2,5 km) befindet sich am Nordhang der Hohen Bracht eine 800 m lange **Skipiste** mit Lift- und Flutlichtanlage. Über die Kreeggenbergschleife erreicht man zudem zwei **Skiwanderwege**.

Adresse: Hohe Bracht 1, 57368 Lennestadt-Hohe Bracht, 📞 02723/4444, 🌐 www.skiclub-lennestadt.de

Lüdenscheid

(Märkischer Kreis)

Nach den zahlreichen Funden zu urteilen war das Gebiet im westlichen Sauerland bereits in der Steinzeit ein beliebter Lebensraum. Das wurde im 9. Jh. fortgeführt, als an einem Heerweg eine erste Siedlung entstand. 1268 gilt als das Jahr der Stadtwerdung, womit Lüdenscheid zu einem bedeutenden Bollwerk der Grafen von Altena bzw. Mark gegen die Kölner Erzbischöfe wurde. Die ringförmige Bebauung während des Mittelalters innerhalb der Stadtmauern ist trotz sechs großer Stadtbrände bis heute erkennbar. In jenen Tagen sorgte die vorindustrielle Eisenbearbeitung in kleinen Hammerwerken und Drahtziehereien für Aufschwung. Neue Produktionsarten und Techniken wie Stanzen, Prägen, Drehen hielten Einzug und die Berg- und Schmiedestadt wurde zur „Stadt der Knöpfe", aus der sehr viel später die „Stadt des Lichts" wurde. Zwischen Volme und Lenne, eingebettet in die herrlichen Höhen des Ebbegebirges, lockt Lüdenscheid (71 900 Einwohner) mit einem großartigen Kultur- und Freizeitangebot.

Bürger- und Tourismusinformation der Stadt Lüdenscheid
Rathausplatz 2
58507 Lüdenscheid
02351/171444
www.luedenscheid.de

Sehenswertes

▸ Neue Schützenhalle
Aufgrund der Bevölkerungszunahme wurde 1899/1900 auf dem Loher Höhenzug vom hiesigen Schützenverein eine zweite massive Festhalle errichtet, die seinerzeit zu den größten in Westfalen zählte. Der weithin sichtbare Jugendstilbau mit ungewöhnlichem Turmaufsatz ähnelt durchaus einer Basilika. Heute wird sie, neben dem jährlichen Schützenfest, für die unterschiedlichsten Feste, Veranstaltungen und Märkte genutzt.
Adresse: Reckenstr. 6, 58511 Lüdenscheid

Wasserschloss Neuenhof

▸ Wasserschloss Neuenhof
Die kunst- und stadthistorisch bedeutsame Anlage im Elspetal wurde bereits im frühen 14. Jh. erwähnt. Nach einem verheerenden Brand erfolgte bis 1693 der Aufbau des heutigen, allseitig von Wasser umgebenen Haupthauses mit seinem markanten Giebel zwischen zwei Türmen. Dazu gehören ein weiter Ehrenhof und eine reich geschmückte Toranlage. Im 18. Jh. erfolgten weitere Umbauten und 1808 der Neubau der Vorburg. Das repräsentative Ensemble wird seit 20 Generationen von der Waldwirtschaft getragen. Seit einigen Jahren wird zudem ein breites Veranstaltungsangebot in charmantem Ambiente unterbreitet.
Adresse: Neuenhofer Str. 54,
58515 Lüdenscheid, 02351/41094,
www.schloss-neuenhof.de

▸ Schloss Oedenthal
Nördlich von Lüdenscheid, dort wo Linnepe und Grebbecke zusammenfließen,

erhebt sich auf einem Bergsporn der Herrensitz Schloss Oedenthal. Der schon 1160 als „Odincala" bezeichnete Ort war vermutlich eine Wasserburg mit Zugbrücke. Die heutigen Gebäude entstanden 1865 nach einem Brand auf den alten Grundmauern im neugotischen Tudorstil. Ein Wappen verweist auf die Familie Holtzenbrinck, die das Anwesen von 1725 bis 1930 besaß. Vor den Toren verläuft der *Rhein-Ruhr-Wanderweg*.
Adresse: Oedenthaler Str., 58515 Lüdenscheid

▸ Erlöserkirche

Die Vorgängerkirche, die bereits 1072 genannt wird, trug bis 1902 den Namen des Lüdenscheider Ortspatrons Medardus und ist die älteste Kirche der Stadt. 1826 entstand ein Neubau, bei dem lediglich der alte Turmschaft beibehalten wurde. Dieser wird heute durch insgesamt 180 durchaus dekorative Maueranker gesichert. Das klassizistische Kirchenschiff wurde vermutlich von einem Schüler des berühmten Baumeisters Karl Friedrich Schinkel entworfen, was die lange Zugehörigkeit der Stadt zu Preußen unterstreicht.
Adresse: Kirchplatz 11, 58511 Lüdenscheid

▸ Christuskirche

Der spitze, steinerne Turm der 1902 eingeweihten Kirche ist mit 61,5 m der höchste der Stadt. Darunter entstand im neugotischen Stil die größte Kirche im Märkischen Kreis, in der bis zu 1000 Menschen Platz finden können. Der das Stadtbild beherrschende Bau ist berühmt für seine Walcker-Orgel von 1902, die mehrfach umgebaut wurde und sich heute wieder in ihrem Urzustand befindet. Regelmäßig steht diese „Königin der Instrumente" im Mittelpunkt von gefeierten Konzerten. Sehenswert sind auch die zwei Rosettenfenster mit einem Durchmesser von 8 m.
Adresse: Knapper Str. 56, 58511 Lüdenscheid

Museen & Ausstellungen

▸ Stadt- und Regionalmuseum

1988 zog das Museum in das Alte Amtshaus samt benachbarter Villa und entwickelte sich unweit vom Bahnhof zu einem kulturellen Zentrum für ganz Südwestfalen. Die verschiedenen Sammlungsgebiete dokumentieren umfassend die kulturelle und industrielle Entwicklung der Stadt Lüdenscheid. Die Ausstellung zeigt Objekte zur Industrie- und Technikgeschichte, darunter einen vollständigen originalen Eisenbahnzug. Eine riesige Knopfsammlung von der Bronzezeit bis heute unterstreicht Lüdenscheids Ruf als „Knopfstadt". Zudem gibt es eine bedeutende Landkartensammlung und wechselnde Ausstellungen über die Preußen im südlichen Sauerland.
Adresse: Sauerfelder Str. 14–20, 58511 Lüdenscheid, ☏ 02351/171496

▸ Städtische Galerie

Ziel der 1979 gegründeten Galerie ist es, die gesamte Bandbreite der Bildenden Kunst in Deutschland nach 1945 abzubilden und bekannt zu machen. Dazu gehören neben Malereien auch Licht- und Bewegungsinstallationen der 1970er-Jahre sowie konzeptionelle Stile der 1990er-Jahre. Ein Schwerpunkt sind die Arbeiten des in Lüdenscheid geborenen Malers Paul Wieghardt und der westfälischen Malerin Ida Gerhardi.
Adresse: Sauerfelder Str. 14, 58511 Lüdenscheid, ☏ 02351/171496

▸ Schmiedemuseum

In dem technischen Kulturdenkmal Bremecker Hammer, dessen Geschichte bis 1753 zurückreicht, wird mit einer Handschmiede, Schwanz- und Fallhammer das örtliche Schmiedehandwerk dargestellt. Zudem gibt es eine Schleiferei, eine Feilenhauerei und eine Ausstellung über die Geschichte der

Eisenbearbeitung im Raum Lüdenscheid zu besichtigen. Zweimal im Jahr werden sehenswerte Schmiedetage veranstaltet.
Adresse: Brüninghauser Str. 95, 58513 Lüdenscheid, 02351/42400, www.bremecker-hammer.de

Phänomenta – Das Erlebnismuseum
Im ersten Science-Center in NRW lässt sich Wissenschaft interaktiv erleben. Rund 200 Stationen stehen zur Verfügung, um mit Experimenten in die geheimnisvolle Welt von Physik, Technik und Mathematik einzutauchen. Ein Highlight ist das 28 m lange sphärische Pendel in dem beleuchteten, 75 m hohen Turm.
Adresse: Phänomenta-Weg 1, 58507 Lüdenscheid, 02351/21532, www.phaenomenta.de

Dokumentationsstätte Ge-Denk-Zellen
Im Alten Rathaus Lüdenscheid wird die Erinnerung an die Opfer des Nationalsozialismus bewahrt und die Bedeutung der Menschenwürde für heute thematisiert. In den ehemaligen Arrestzellen des früheren Polizeigefängnisses dokumentieren wechselnde Ausstellungen die Ursachen und Folgen des Nationalsozialismus in Lüdenscheid.
Adresse: Marienstr. 1/Ecke Wilhelmstr., 58511 Lüdenscheid, 02351/25138, www.ge-denk-zellen-altes-rathaus.de

Ausstellung Bürotechnik
Die Gesellschaft für historische Technik hat eine Ausstellung über historische Bürotechnik zusammengestellt. Wer sich für dieses Thema interessiert, kann sich anhand von Maschinen, diversem Zubehör und Möbelstücken einen Überblick über ein Jahrhundert Bürogeschichte machen, das spannender ist, als man glaubt.
Adresse: Gustav-Adolf-Str. 4 (Haus 8), 58511 Lüdenscheid, 0160/97723326

Verkehrshistorische Ausstellung „Galerie"
Seit 2018 dokumentiert der Verein Traditionsbus Mark-Sauerland in einer Ausstellung die Geschichte des Omnibus- und auch Kleinbahnbetriebes im Märkischen Kreis. Mit zahlreichen Exponaten wird der ÖPNV in den Abteilungen Pausenraum, Werkstatt, Verwaltung und Verkehrsaufsicht dargestellt. Nebenan lädt die originale Kneipe „Schaffnerlounge" ein. Zu verschiedenen Anlässen werden Sonderverkehre mit Oldtimerbussen angeboten.
Adresse: Gartenstr. 49 (BHG Gewerbepark), 58511 Lüdenscheid, 02351/9749601, www.traditionsbus-ms.de

SIKU/WIKING Modellwelt
Hier wird das Kind im Manne wach. Auf etwa 500 m^2 werden über 3500 Ausstellungsstücke aus über einem Jahrhundert Unternehmensgeschichte präsentiert. Die Bandbreite reicht von den ersten Automodellen bis hin zu Bluetooth-gesteuerten Fahrzeugen. Und natürlich kann man auch mit ihnen spielen.
Adresse: Schlittenbacher Str. 56 a, 58511 Lüdenscheid, 02351/876212, www.siku.de

Freizeit & Natur

Bogenschießen
Der Verein der Märkischen Bogenschützen unterhält in Lüdenscheid einen Parcours mit 25 Stationen, an denen das ganze Jahr über auf lebensechte 3-D-Tiermodelle angelegt werden kann. Neben besonderen Events wie dem Nachtschießen richtet der Verein auch Geburtstagspartys oder Betriebsausflüge aus.
Adresse: Alsenstr. 6, 58511 Lüdenscheid, 0172/2332224 u. 0152/34541423, www.maerkischebogenschuetzen.de

Homertturm
Auf dem rund 540 m hohen Berg Homert bietet der 22 m hohe Rundturm beste

Aussichten. Der Bau wurde 1894 mit historistischen Zierelementen für die hiesige Abteilung des Sauerländischen Gebirgsvereins errichtet, der ihn bis heute unterhält. Der Rundblick reicht bis in das Bergische Land. An den Wochenenden ist auch die Schutzhütte zu seinen Füßen geöffnet.
Adresse: Opderbeckstr. 2, 58515 Lüdenscheid, ✆ 02351/1754699

▸ ☺ Knax-Erlebnispfad

Auf dem 2 km langen Rundweg um die Hokühler Bucht der Veersetalsperre bieten neun Stationen spannende Einblicke in die Natur. Der Pfad wurde besonders für Kinder erstellt, die hier u. a. auf musikalisches Holz und Geschichten erzählende Bäume treffen. Alles wird von den Comic-Helden Didi und Dodo erklärt.
Zugang: Parkplatz Versetalsperre L694, 58515 Lüdenscheid

▸ Ochsentour

Auf dieser Tour durch das Naturschutzgebiet Stilleking, das über lange Jahre als Truppenübungsplatz diente, kann man heute ein ganz ursprüngliches Naturerlebnis erfahren. Neben der weitläufigen Heidevegetation und den großen Weideflächen fanden hier viele gefährdete Tier- und Pflanzenarten einen Rückzugsort. Auf den Weiden steht eine Herde von Heckrindern, die aufgrund ihres urtümlichen Aussehens an die ausgestorbenen Auerochsen erinnern, nach denen der Pfad benannt wurde. Die SGV-Hütte am Homertturm bietet nach Absprache eine Einkehrmöglichkeit und ein kleiner Abstecher führt zur Gerichtslinde des Lehngerichtes Stilleking, das hier einst jährlich tagte.
Start: Wanderparkplatz Werkshagener Str., Nähe der BAB-Abfahrt A45 Lüdenscheid-Süd
Infos: SGV-Hütte: ✆ 02351/1755700, 🌐 www.naturpark-sauerland-rothaargebirge.de

Versetalsperre und Klamer Brücke

▸ Saunadorf

Wer dieses Dorf besucht, der lässt den Alltag weit hinter sich. Erbaut aus ganzen Kieferstämmen bieten die urigen Häuschen ein ganz besonderes Erlebnis und jede Menge Entspannung. Was darf es sein? Biosaunabad, finnische Blockbohlensauna (Tuli, Doppel-MAA-Erdsauna, Korkea-Event-Sauna), Rhassoul- und Dampfbad, diverse Massagen, Sonnenliegen, Raucher-Kota oder lieber das Restaurant, die Bar oder der Grillplatz?
Adresse: Am Nattenberg 2, 58515 Lüdenscheid, ✆ 02351/157499, 🌐 www.saunadorf.de

▸ ☺ Schwimmbad

Im Familienbad Nattenberg gibt es ganzjährig die Möglichkeit, seine Runden zu drehen. Ein Schwimmer-, Nichtschwimmer- und Kinderbecken, dazu eine 70-m-Rutsche, ein separates Solebad und ein abgetrennter Saunabereich sprechen für sich. Im Sommer wird das Angebot um das Freibad mit großem Nichtschwimmer- und Schwimmerbecken samt Sprungkuhle für die 10-m-Sprungturmanlage ergänzt. Beachvolleyball- und Beachsoccerplätze sowie Spielplatz und Liegewiesen runden das Angebot ab.
Adresse: Talstr. 59, 58515 Lüdenscheid, ✆ 02351/157394, 🌐 www.familienbad-nattenberg.de

▸ Versetalsperre
Die in den 1940er-Jahren von Zwangsarbeitern errichtete Talsperre dient bis heute der Trinkwasserversorgung, dem Ausgleich der Ruhr und der Stromerzeugung. Daher ist der mit 170 ha größte Stausee im Märkischen Kreis nicht für Wassersport geeignet. Dennoch ist er mit seinen zwei Brücken zwischen Lüdenscheid und Herscheid ein beliebtes Ziel für Spaziergänger, Wanderer und Radfahrer. Schautafeln informieren über die Wasserwirtschaft, Technik und Entstehung der Talsperre.
Start: Parkplätze an der Hohkühler Bucht (L694) und an der Staumauer (L561)

▸ Wandern
In Lüdenscheid beginnt bzw. endet die historische Thementour *Drahthandelsweg* (17 km) bis nach Altena. Sehr beliebt ist der abwechslungsreiche Rundweg *Schloss Neuhof* (15,5 km), der bei eben jenem Schloss im Süden seinen Anfang nimmt. Sehr schön sind auch die *Oedenthaler Wald-Runde* (6 km) oder die aussichtsreiche *Runde Lüdenscheid Nord* (8 km). Auch der *Rundwanderweg A1* (11 km) um die Versetalsperre und die Tour *Vom Homertturm zur Jubachtalsperre über den Werhan und um das NSG Stilleking* (15,5 km) werden immer wieder gelobt.

Marsberg

(Hochsauerlandkreis)

Vermutlich war der Eresberg in Obermarsberg schon vor Beginn unserer Zeitrechnung besiedelt. Aus dem Dunkel der Geschichte trat der Ort im Jahre 772, als Frankenkönig Karl der Große die Eresburg eroberte und das Heiligtum der Sachsen, die Irminsul, zerstörte. An ihrer Stelle ließ er eine Kirche errichten. Das war das Startsignal für die Christianisierung und einen umfassenden Kulturwandel in der gesamten Region. Handwerker und Kaufleute sorgten bald für eine fast 400-jährige Blütezeit, die mit dem Dreißigjährigen Krieg jäh endete. Bis heute erzählen Gotteshäuser, Türme, Wälder, eine gewaltige Staumauer und lauschige Dörfer ihre Geschichten. Daneben hat sich am Diemelsee südlich der Kernstadt eine Freizeit-Location erster Güte entwickelt.

Touristinformation Marsberg
Bäckerstr. 8
34431 Marsberg
02992/8200
www.tourismus-marsberg.de

Sehenswertes

▸ Nikolauskirche
Das auch als Nikolaikirche bekannte Gotteshaus wird häufig als schönste frühgotische Kirche in ganz Westfalen bezeichnet und gilt vielen Kunsthistorikern als „Perle der Frühgotik". Zwischen 1229 und 1247 erbaut, zeigt die Hallenkirche innen wie außen deutliche Formen dieses Übergangsstils. Herausragend ist dabei das Südportal, das in diesem Fall die Schauseite bietet und mit drei überlebensgroßen Köpfen verziert ist: Karl der Große, Ludwig der Fromme (als Kind) und Otto I. Innen ist eine steinerne Pietà sehenswert, die im 18. Jh. vermutlich in der bedeutenden Werkstatt Papen in Giershagen gefertigt wurde.
Adresse: Eresburgstr. 33, 34431 Marsberg-Obermarsberg, 02992/8494 u. 8981, www.obermarsberg.de

▸ Stiftskirche St. Peter und Paul
Nachdem Karl der Große die Eresburg erobert und das Heiligtum der heidnischen Sachsen, die Irminsul, zerstört hatte, ließ er im Jahre 785 an eben jener Stelle eine

steinerne Basilika errichten und gründete einen Benediktinerkonvent, der bis 1803 bestand. Daher gilt das Gotteshaus auf dem Eresberg als eine der ersten Kirchen Westfalens, auch wenn ihre heutige Form im Wesentlichen aus dem 13. Jh. stammt. Auch diese Kirche wurde mit Bänken, Altären, Beichtstühlen, Kanzel und Orgelprospekt aus der bedeutenden Handwerkstatt Papen ausgestattet. Eine verwitterte Rolandsstatue vor der Kirche aus der Zeit um 1600 zeigt vermutlich den Kirchenstifter Karl. Ein Benediktusbogen (1759) mit päpstlicher Tiara bildete den Eingangsbereich des Stifts. Hier beginnt auch der Kreuzweg zum Kalvarienberg.

Blick vom Bilsteinturm auf Marsberg

Adresse: Am Stift 9, 34431 Marsberg-Obermarsberg, ✆ 02992/8981 u. 8494, 🌐 www.katholische-kirche-marsberg.de

▸ Altes Rathaus und Pranger Obermarsberg

Das Gebäude, das sich seit 1922 in Privatbesitz befindet, wurde vermutlich schon lange vor seiner ersten Erwähnung im Jahre 1377 erbaut. Im Dreißigjährigen Krieg zum größten Teil zerstört, wurde das heutige Gebäude 1650 wieder aufgebaut und bis 1827 als Gerichtsgebäude genutzt. Der Schandpfahl, auch Pranger, Kaak oder Kook genannt, ist das markante Symbol für die hier ausgeübte Gerichtsbarkeit. Besonders im 16. Jh. wurden Gauner, Diebe und andere Halunken angekettet und dem Gespött und Angriffen der Bevölkerung ausgesetzt. Die letzte Bestrafung dieser Art fand 1808 gegen einen Dieb statt.

Adresse: Münzstr. 3 34431 Marsberg, 🌐 www.altesrathausobermarsberg.hpage.com

▸ Staumauer Diemelsee

Der Diemelsee ist der kleinste der fünf Sauerlandseen und liegt mit dem Großteil seiner Fläche in der hessischen Gemeinde Diemelsee. Die Staumauer allerdings ist vom Marsberger Ortsteil Helminghausen aus zu besichtigen. Die 42 m hohe und 250 m lange Mauer wurde im Jahre 1912 begonnen und konnte kriegsbedingt erst 1924 fertiggestellt werden. Der entstandene 1,65 km^2 große See dient dem Wasserausgleich von Weser und Mittellandkanal.

Adresse: L912, 34431 Marsberg-Helminghausen

▸ Wach- und Warttürme

Bis heute sind Teile der mittelalterlichen Stadtmauer und weiterer Verteidigungswerke erhalten, mit denen sich Obermarsberg einst zu schützen versuchte. Von den insgesamt sieben Festungstürmen haben sich der **Wasserturm** (Am Wasserturm), der einst auch als Brunnen diente, und der **Buttenturm** (Außenturm, Nordseite des Berges) erhalten. Zudem wurde die Gegend von der **Donnersberger Warte**, auch Mäuseturm genannt, von der **Priesterberger Warte** auf dem Donnersberg sowie von der **Enemuder Warte** (Lange Ricke, Diemeltal) bewacht.

▸ Kreuzweg und Kapelle auf dem Kalvarienberg

An der Stiftskirche beginnt ein Kreuzweg mit den sieben Fußfällen auf dem Leidensweg Christi. Die Bildstöcke aus der Zeit um 1700 zeigen noch immer die feinen Reliefs. Endpunkt des Weges hinauf auf den 373 m hohen Kalvarienberg vor den Toren von Obermarsberg bildet die 1868 erbaute Kalvarienkapelle. Sie beherbergt die letzte Station, die Grablege mit dem Corpus Christi, die der bekannten Barockwerkstatt Heinrich Papen zugeordnet wird.
Adresse: Lülingshecke, 34431 Marsberg-Obermarsberg

▸ Kloster Bredelar/Theodorshütte

Der Kölner Erzbischof Philipp von Heinsberg gründete im Jahr 1170 im heutigen Ortsteil Bredelar ein Kloster, in das zunächst Prämonstratenserinnen einzogen. 1196 wurde es in ein Zisterzienserkloster umgewandelt, dessen Blütezeit in der Mitte des 13. Jhs. lag. In den folgenden Jahrhunderten sorgten Fehden und Kriege immer wieder für Rückschläge. Nach einem verheerenden Brand 1787 erfolgte der Wiederaufbau in seiner heutigen Form. Nach der Auflösung 1804 wurde die Anlage 1842 an einen Hüttenbesitzer verkauft, der hier die Eisengießerei Theodorshütte gründete, für die sogar Hochöfen in die Klostergebäude eingebaut wurden. Heute kümmert sich ein Förderverein um den Erhalt der Anlage, in der ein Museum sowie ein Kultur- und Begegnungszentrum untergebracht sind.
Adresse: Sauerlandstr. 74 a, 34431 Marsberg-Bredelar, ☎ 02991/962535, 🌐 www.kloster-bredelar.de

▸ Padberger Synagoge

Eine der ältesten noch erhaltene Fachwerksynagoge in ganz Westfalen wurde Anfang 1751 erstmals schriftlich erwähnt. Das schlichte Gebäude mit quadratischem Grundriss und Frauenempore verlor ab dem späten 19. Jh. wieder an Bedeutung. 1932 wurde die Padberger Gemeinde aufgelöst und das Gotteshaus verkauft und als Lagerraum und Werkstatt genutzt. So entging es den Angriffen der Novemberpogrome 1938.
Adresse: Oberhof 1, 34431 Marsberg-Padberg, ☎ 02991/408, 🌐 www.ring-padberg.de

▸ St. Maria Magdalena

Die als „neue“ Kirche oder auch als „Padberger Dom“ bezeichnete Kirche erhebt sich mit ihrer gelb verputzten Fassade und den zwei markanten Türmen mit Barockhelmen fast genau mittig im Dorf. Sie ersetzt erst seit 1915 den Vorgängerbau an gleicher Stelle. Entgegen dem Zeitgeist einigte man sich seinerzeit auf eine (neo-)barocke Ausführung. Im Innern wurden der Hoch- und Marienaltar sowie der Taufstein vom Vorgängerbau übernommen, die allesamt aus der berühmten Heinrich-Papen-Werkstatt im Giershagen stammen.
Adresse: Casparistr. 3, Kötterberg 2, 34431 Marsberg-Padberg, 🌐 www.ring-padberg.de

▸ Kluskirche Giershagen

Die im Kern romanische Kirche im Ortsteil Giershagen fiel als Dorfkirche des aufgegebenen Dorfes Upsprunge nicht ebenfalls wüst, sondern diente bis 1802 als Kirche für das verbliebene Dorf Oberuppsprunge/Giershagen. Das im 12. Jh. erbaute einschiffige Gotteshaus mit fensterlosem Turm wurde im 17. Jh. umgestaltet. U. a. erhielt es einen Hochaltar aus der Werkstatt des Bildhauers Heinrich Papen, der führenden

Barockwerkstatt Westfalens. Schon früh wurde die Kluskirche zu einem Wallfahrtsort, dem verschiedene Wunderheilungen zugesprochen wurden. Heute noch ist sie das Ziel der überregional bekannten Pferdeprozession. Besichtigung nur durch ein Gitter im Vorraum und bei Führungen.
Adresse: Ortsausgang Giershagen L870/ Unterm Klausknapp Richtung B7

Museen & Ausstellungen

▸ Museum der Stadt Marsberg

Seit 2014 residiert das Museum der Stadt in der ehemaligen Sturmi-Schule. Seine unterschiedlichen Themenbereiche sind die besondere geologische Situation der Region, die Frühgeschichte und Karl der Große, mittelalterliches Zunftwesen und Hexenverfolgung sowie die Auswirkungen des Dreißigjährigen Krieges. Spezielle Marsberger Schwerpunkte sind die berühmte Bildhauerwerkstatt Papen aus Giershagen und die Apotheke der Familie Iskenius.
Adresse: Eresburgstr. 38, 34431 Marsberg-Obermarsberg, ☏ 02994/1566 u. 0171/1235159, 🌐 www.museum-der-stadt-marsberg.de

▸ Museum Haus Böttcher

Dieses schöne Fachwerkhaus stammt aus dem Jahre 1589 und ist das älteste erhaltene Haus der Stadt. Der Keller des Ackerbürgerhauses mit großem Dielentor soll sogar doppelt so alt und bereits im 12. Jh. angelegt worden sein. Heute beherbergt es unterschiedlichste historische Sammlungen zur Geschichte von Marsberg: Chroniken und Schriften ebenso wie Exponate zur Rüstungs-, Waffen-, Gerichts-, Kirchen- und Alltagsgeschichte. Und weil der Jakobsweg von Paderborn nach Elspe direkt an der Tür vorbeiführt, wurde hier eine offizielle Stempelstelle eingerichtet.
Adresse: Eresburgstr. 28, 34431 Marsberg-Obermarsberg, ☏ 02992/3388 u. 8200, 🌐 www.hausboettcher.de

▸ Besucherbergwerk Kilianstollen

Hier gilt es nicht weniger als 1400 Jahre Bergbaugeschichte zu erleben. Dabei erfährt man u. a. einiges von der harten Arbeit und den Lebensbedingungen der Bergleute, den Abbaumethoden und der Verhüttung der Erze. Die farbenprächtigen Vererzungen lassen dabei nicht nur Mineralogen und Geologen schwärmen. Wer mit der Grubenbahn einfahren möchte, sollte sich vorher anmelden und warm anziehen, denn hier herrschen permanent 10 °C.
Adresse: Mühlenstr. 40 B, 34431 Marsberg, ☏ 02992/4366, 🌐 www.kilianstollen.de

Farbenpracht im Kilianstollen

▸ Ortsgeschichtliche Sammlung Bredelar

Im Gewölbe des ehemaligen Klosters und der späteren Eisengießerei zeigt eine Ausstellung zur Geschichte der Anlage, wie höchst unterschiedlich sie bis heute genutzt wurde. Zudem wird die hiesige Post-, Schul- Kirchen- und Feuerwehr-Geschichte sowie die Bedeutung der oberen Ruhrtal- und Rhenetalbahn dokumentiert.
Adresse: Sauerlandstr. 74 a, 34431 Marsberg-Bredelar, ☏ 02991/1075, 🌐 www.bredelar-ortsgeschichte.de, 🌐 www.bergbauspuren-bredelar.de

Oldtimer-Museum Westheim
In der backsteinroten Scheune dreht sich alles um das bäuerliche Leben unserer Vorfahren. Neben einer alten Küche samt Gegenständen und Hilfsmitteln sowie einem Schlafzimmer von anno dazumal wurde auch eine alte Schusterwerkstatt aufgebaut. Schwerpunkt sind die historische Landtechnik, Traktoren, Pkw und Maschinen zum Dreschen oder für die Holzarbeit.
Adresse: Im Winkel 4, 34431 Marsberg-Westheim, 02994/347 u. 753, www.oldtimermuseum-westheim.de

Modelleisenbahn-Schauanlage Westheim
Seit 1985 nutzt der Verein der Eisenbahnfreunde Marsberg das letzte noch bestehende Bahngebäude der Stadt als Vereinsheim. Das 1909 errichtete Einheitsstellwerk beherbergt eine Ausstellung mit Schautafeln, Fotos und Exponaten zur Geschichte des Stellwerks. Zu bestimmten Tagen finden in einem ehemaligen Getränkemarkt „Fahrtage" statt, an denen die 35 m lange Modulbahnanlage „Im Diemeltal" in Betrieb genommen wird.
Adresse: Waldecker Str., 34431 Marsberg-Westheim, 02992/4578, www.eisenbahnfreundemarsberg.de

Freizeit & Natur

Angeln
Die Diemel und der Diemelsee sind die wohl bekanntesten Angelreviere in Marsberg. Wie gut, dass man in der Nähe der Staumauer elektrisch angetriebene Angelboote ausleihen und sogar ein Echolot mieten kann.
Adresse: Bootsverleih Diemelsee-Staumauer, Am See 8, 34431 Marsberg-Helminghausen, 02991/6441 u. 0151/11633941, www.seerundfahrten-diemelsee.de

Aussichtsturm Bilstein
Hoch über dem Zentrum der Stadt erhebt sich seit 1892 auf 387 m Höhe der 26 m hohe Aussichtsturm. Seine Standfläche bietet in den Sommermonaten einen genialen Blick über Marsberg und die Bergwälder des Sauerlandes.
Adresse: Ostseite über Friedhof/Flur 7, Flurstück 4, 34431 Marsberg-Niedermarsberg

Bogenparcours
Auf einem fast 6 ha großen Gelände, auf dem einst Kupfer abgebaut wurde, hat der Verein der Eresburger Bogenschützen einen Parcours eingerichtet, der auch von Gastschützen mit eigener Ausrüstung genutzt werden kann. Auf den Parcouren für geübte (rot) und alle anderen (gelb) Schützen können an insgesamt 34 Stationen über 70 Ziele ins Visier genommen werden. Auf Parcours „Weiß" stehen Feldbogenscheiben.
Adresse: Mühlenstr. 40 A, 34431 Marsberg-Obermarsberg, 0151/64571817, www.eresburger-bogenschuetzen.jimdofree.com

Bürgerwiese Marsberg
Auf der Fläche eines ehemaligen Freibades wurde ein Generationentreffpunkt geschaffen, der die Bedürfnisse unterschiedlicher Altersgruppen vereinigt. Insgesamt entstanden sechs Bereiche mit zahllosen Attraktionen wie die Mehrpersonenwippe, das Tipidorf, ein Seilgarten, Baumstammmikado, Wasserspiele etc.
Adresse: Schildstr. 4, Jahnstraße, 34431 Marsberg

Golf
Es begann im Jahr 2000, als man neun einfache Bahnen in die Wiesen mähte. Schließlich konnte ein 9-Loch-Platz eröffnet werden, der später zum 18-Loch-Platz wurde und um einen Kurzplatz mit 6 Löchern erweitert wurde. Im Golfclub Westheim spielt man

von Natur umgeben, wobei besonders die höheren Bahnen eine fantastische Fernsicht auf das Sauerland bieten.
Adresse: Kastanienweg 16 b, 34431 Marsberg-Westheim, 02994/908854, www.golfclub-westheim.de

Pilgern
Nichts leichter als das, führt doch der westfälische *Jakobsweg* von Paderborn nach Elspe durch Marsberg (Etappen: Kloster Dalheim bis Obermarsberg, 20 km, weiter bis Brilon, 30 km). Und auch die *Klosterroute* verspricht besinnliches Wandern (Etappen: Obermarsberg bis Bredelar, 16 km, weiter bis Flechdorf, 18 km).

Reiten
Mit der großen Reithalle samt Tribüne und Reiterstube, großem Rasenturnierplatz, Sandreitplatz und vier Paddocks weit ab von Stadt und Verkehr bieten sich die allerbesten Reitmöglichkeiten. Im Reit- und Fahrverein Marsberg werden klassischer Reitunterricht, Schulungen und Lehrgänge angeboten.
Adresse: Diemelbogen 5, 34431 Marsberg, 0176/20119491, www.reitverein-marsberg.de

Seerundfahrten & Bootsverleih
Vom Anleger in Helminghausen lässt sich der Diemelsee vom Wasser aus erkunden oder bietet die ideale Gelegenheit, eine Rad-/Fußwanderung mit einer vergnüglichen Schifffahrt zu verbinden. Die „MS Muffert“ nimmt Fahrräder und trockene Hunde gerne mit. Für die individuelle Bootstour können Tret-, Ruder- und Elektroboote ausgeliehen werden.
Ablegehäfen: Großparkplatz Diemeltalsperre Helminghausen, Badestrand Heringhausen
Adresse: Am See 8, 34431 Marsberg-Helminghausen, 02991/6441, www.seerundfahrten-diemelsee.de

Strandbad & Hundestrand
Im Ortsteil Helminghausen direkt am Diemelsee sorgt ein 290 m langer Badestrand mit großer Liegewiese für Badespaß. Dank Schwimmponton, Wasserrutsche, Klettergeräten und Strandbadkiosk lassen sich hier herrliche Sommertage genießen. Hinter dem Strandbad dürfen die vierbeinigen Fellnasen leinenlos toben und schwimmen.
Adresse: Am See, 34431 Marsberg-Helminghausen

Vogelpflegestation Essenthoer Mühle
Der Standort der Wassermühle in einem Seitental der Diemel ist seit 1442 urkundlich belegt. Zu einer absoluten Besonderheit wurde die Mühle 1879, als der Müller zwei oberschlächtige Wasserräder mit einer Stange koppelte, um die unzureichende Wasserkraft zu verstärken. So wurde sie bis um 1900 betrieben, später wurde eine amerikanische Pelton-Turbine eingebaut, die bis 1963 in Betrieb blieb. Heute ist sie wieder reaktiviert und wurde als technisch-geschichtliches Baudenkmal eingetragen. Neben der einzigen betriebsbereiten Pelton-Turbine in NRW gilt der Greifvogel-Auffangstation das Interesse. Zum Gelände gehört zudem eine Arboretum mit über 100 verschiedenen Baumarten.
Adresse: Essenthoer Mühle, 34431 Marsberg, 02992/8684, www.essenthoer-muehle.de

Waldinformationszentrum (WIZ) Hammerhof
Das WIZ zwischen Marsberg und der ostwestfälischen Stadt Warburg wurde 2004 gegründet. Seither dient das ehemalige Eisenhammerwerk aus dem Jahre 1611 der modernen Umweltbildung. Die Bildungseinrichtung des Regionalforstamtes Hochstift von Wald und Holz NRW bietet hier ein vielfältiges Programm aus Veranstaltungen und Ausstellungen an, um Menschen für Natur, Wald und nachhaltige Forstwirtschaft zu

begeistern. Das Wisentgehege Hardehausen (1 km entfernt) wird vom WIZ betreut und bietet ein urtümliches Erlebnis.
Adresse: Walme 50, 34414 Warburg-Scherfede, 05642/949750,
www.wald-und-holz.nrw.de

▸ Wandern
Im Stadtgebiet von Marsberg hat man Zugang zu einigen überregionalen Wanderwegen, wie dem *Europäischen Fernwanderweg* (E1), dem *Eggeweg*, den *Hermannshöhen* (X, 226 km), dem *Kaiser-Otto-Weg* (X16, 85 km), der *Sauerland Waldroute* (W, 352 km, nördl. oder südl.) oder dem *Uplandweg* (X15, 174 km).
Neben zahlreichen Rundwegen um die Ortsteile verläuft der *Bezirkswanderweg Marsberg* (M, 42 km) rings um Marsberg. Im Stadtgebiet gibt es den *GeoPfad Marsberg* (5,5 km) mit 13 Stationen zu den Themen Historie, Landschaft, Kupferbergbau. Oder man folgt dem Ritter auf den ca. 2,5 h dauernden *Sagenweg Obermarsberg*. Der idyllische *Bionik-Pfad Marsberg* zwischen Giershagen und Padberg (P2, 5 km) führt entlang der Diemel und macht an acht Stationen besondere Schätze der Natur sichtbar. Dabei geht es um physikalische Prinzipien, die mittels der Bionik von der Natur auf die Technik übertragen wurden, wie beispielsweise den Lotus-Effekt, rotierende Samenflügel, Facettenaugen, Klettverschlüsse etc.
Wandern auf Bergbauspuren: Markiert mit gekreuztem Schlägel & Eisen auf rostbraunem Grund, führen die Wege *Giershagener Bergbauspuren* (G, 18 km) und *Bredelarer Bergbauspuren* (B, 12 km) zu den Überresten ehemaliger Gruben, bei denen man in verschiedenen Stationen etwas über Leben und Arbeit der Bergleute erfahren kann.
Infos: Verein für Ortsgeschichte und Heimatpflege Bredelar, 0178/8581067,
www.bergbauspuren-bredelar.de,
www.wanderbares-marsberg.de

Medebach

(Hochsauerlandkreis)

Am Fuße des Rothaargebirges macht das einstige Ackerbürgerstädtchen (8000 Einwohner) mit seinen neun Ortsteilen seinem Titel als staatlich anerkannter Erholungsort alle Ehre. Alte Fachwerkhäuser, charmante Straßenzüge und bunte Blumengärten laden ein, die historische Hansestadt mit ihren typischen Sauerländer Dörfern kennenzulernen. Nicht zuletzt wird die Medebacher Bucht auch als „Toskana des Sauerlandes" bezeichnet, da die Region im Regenschatten der 800 m hohen Berge sich der meisten Sonnenstunden in NRW rühmen darf.

Tourist-Information Medebach
Marktplatz 1
59964 Medebach

02982/9218610
www.medebach-touristik.de

Sehenswertes

▸ Pfarrkirche St. Peter und Paul
Mit ihrem 63 m hohen Turm inklusive Kreuz und Wetterhahn ist die Pfarrkirche das weithin sichtbare Wahrzeichen von Medebach und eine der größten Hallenkirchen im Bistum Paderborn. Die Entstehung reicht bis in das 12. Jh. zurück, allerdings wurde das heutige neuromanische Gotteshaus erst Mitte des 19. Jhs. errichtet, nachdem der Vorgängerbau 1844 ein Raub der Flammen wurde.
Adresse: Kirchstr. 2, 59964 Medebach

▸ Stadtkapelle St. Andreas
Mit ihrer Erwähnung im Jahre 1283 und einigen Bauteilen aus dem 8. Jh. gilt die weiß getünchte Kapelle weithin als das älteste

Gebäude. Die barocke Ausstattung stammt aus dem späten 17. Jh. Die Kapelle ist nicht zur Besichtigung geöffnet, jedoch finden gelegentlich Andachten statt.
Adresse: Kapellenstr., 59964 Medebach

▸ Gut Glindfeld
1298 entstand an dieser Stelle ein Kloster, das zunächst von Augustinerinnen, später von Kreuzherren bewohnt wurde. Unter Letzteren erlebte das Kloster eine Blüte, die die gesamte Region prägte. Nach Auflösung und Abriss der dazugehörigen Kirche um 1804 entstand der landwirtschaftliche Gutshof, der bis 1962 betrieben wurde. Heute sorgt die zauberhafte historische Kulisse vor allem als Veranstaltungsort für klassische Konzerte, Tagungen und Traumhochzeiten für Aufmerksamkeit.
Adresse: Gut Glindfeld, 59964 Medebach, ✆ 0171/8651128, 🌐 www.gut-glindfeld.de

Museen & Ausstellungen

▸ Städtisches Museum Medebach
In einem typischen Fachwerkgebäude des späten 18. Jhs. wurde eine Sammlung zur Geschichte der Stadt und ihrer Ortsteile zusammengetragen. Der historische Bogen reicht von der Urzeit über Mittelalter und Kriegszeiten bis hin zur Verwandlung in einen modernen Touristik- und Wintersportort. Highlights sind die große Modellbahnanlage (Maßstab 1:45) und Sammlungsstücke zu den örtlichen Kleinbahnstrecken.
Adresse: Oberstr. 26, 59964 Medebach (Kernstadt), ✆ 02982/8146 u. 3180, 🌐 www.hgv-medebach.de

▸ Schwerspatmuseum Dreislar
Wer kennt die „Dreislarer Rosen" nicht oder weiß nicht, was es mit Baryt und Schwerspat auf sich hat? Im Schwerspatmuseum wird die 200-jährige Bergbaugeschichte des Ortes veranschaulicht. Tatsächlich hatte sich das Kristall Baryt bzw. Schwerspat, das im 20. Jh. für die chemische Industrie von großer Bedeutung war, zum „weißen Gold des Sauerlandes" entwickelt und die Region nachhaltig geprägt. Mit dem industriellen Bergbau und qualifizierten Facharbeitern entwickelte sich hier ab 1957 sogar das modernste Schwerspatbergwerk in ganz Europa. Neben Erdgeschichte und Geologie, Leben und Arbeit der hiesigen Bergleute sollte man nicht die glitzernde Kristallsammlung verpassen.
Adresse: Am Scheidt 2, 59964 Medebach-Dreislar, ✆ 02982/92985924 u. 0152/22382296, 🌐 www.schwerspatmuseum.de

▸ Kunst- und Malzentrum
Im Ortsteil Oberschledorn wird Kunst großgeschrieben. Mitten im Ortskern wartet das KUMA auf kunstsinnige Besucher, die sich für die Ausstellung über die Kirchenmalerfamilie Bergenthal interessieren oder die moderne Kunst- und Malschule mit Kreativwerkstatt kennenlernen möchten.
Adresse: Grafschafter Str. 6, Obergeschoss, 59964 Medebach-Oberschledorn, ✆ 02982/1602, 🌐 www.oberschledorn-aktiv.de

▸ Drechsel-Museum und Kulturscheune
Wenn im Ortsteil Düdinghausen die Späne fliegen, dann wird in der historischen „Dreggenstobe" das Drechseln von Tellern, Schalen und vielem mehr gezeigt. Und während sich in der Pastoren-Scheune die Hölzer drehen, kann man sich im Kulturspeicher (mit Museumscafé) über die Wüstung Wieferinghausen und den Streit in der Freigrafschaft Düdinghausen informieren.
Adresse: Grimmestr. 9, 59964 Medebach-Düdinghausen, ✆ 0160/8471524, 🌐 www.pastorenscheune.de

Freizeit & Natur

Angeln
Am Rande der Stadt liegt der 6000 m² große Weddelsee, in dem sich Welse, Karpfen, Schleien, Aale, Barsche und Forellen tummeln. Und wem das „normale" Angeln zu ruhig ist, der darf sich in der „Angeloase Weddelsee" auf Events wie Nachtangeln, Großforellen- oder Fliegenfischen freuen.
Adresse: Am Weddel, 59964 Medebach, 0151/23086966 u. 0160/8811894, www.angeloase-weddelsee.de

Aventura
Der „Spielberg" oberhalb des Center Parcs bietet auf 13 000 m² ein ganz besonderes Outdoor-Vergnügen für die ganze Familie. Die kostenfreie Spiel-, Sport- und Freizeitwelt bietet für große und kleine Abenteurer jede Menge Übungen in den unterschiedlichsten Schwierigkeitsgraden. Und mit einer Gesamtlänge von 160 m ist sie nicht weniger als Europas längstes Spielgerät.
Adresse: Am Bromberg, 59964 Medebach

Erlebnisscheune
Für Kinder ab 2 Jahren bleiben hier kaum Wünsche offen. Ob Spielen, Entdecken oder Kreativsein, hier wird alles geboten. Es geht durch den Strohtunnel, ins Getreidebecken und zu verschiedenen Mitmachstationen.
Adresse: St. Johannesstr. 1, 59964 Medebach-Berge, 02982/622, www.erlebnisscheune-berge.de

Falknerei
In Medebach kann man erleben, wie Falkner und Eulen-Spezialisten mit ihren Tieren trainieren. Neben Gerfalke, Uhu und Wüstenbussard werden hier auch richtige Exoten wie der Milchuhu oder der Falklandkarkara beschäftigt.
Adresse: Oberstr. 91, 59964 Medebach, 0150/62609773, www.falknerei-im-sauerland.de

Hochseilgarten
Nicht umsonst zählt der Hochseilgarten am Schlossberg in Küstelberg zu den attraktivsten Kletterparcours des Sauerlandes. Die verschiedenen Kletterrouten für Einzelkletterer oder Teams führen an 16 Bäumen in 10 bis 14 m Höhe entlang.
Adresse: Schlossbergstr. 33, 59964 Medebach-Küstelberg, 02981/3414

Mountain Golf, Bowling & Laser Battle
18 Löcher und 18 liebevoll gestaltete Bahnen mit Tunneln und Labyrinthen, Kreiseln und Loopings haben schon manch einen verzweifeln lassen und sorgen doch für großen Familienspaß. Auch die sechs Bowlingbahnen bieten jede Menge Stimmung und Unterhaltung. Und schließlich kann man im Team, ausgerüstet mit Lasergewehr und Infrarotsensoren, einen echten Nervenkitzel erleben.
Adresse: Sonnenallee 1, 59964 Medebach, 02982/953008, www.tagesausflugcenterparcs.de

Naturschutzgebiet
Die einzigartige Vielfalt im „Europäischen Vogelschutzgebiet Medebacher Bucht" wurde mittels sechs höchst unterschiedlicher Rundwanderwege erlebbar gemacht. Eine Besonderheit ist der Naturforscherrucksack für Kinder, der an der Tourist-Info ausgeliehen werden kann. Touren: *Medebach* (11 km), *Hallenberg* (3 km), *Rundwanderweg Medebach* (27 km), *Medelon* (9,5 km), *Düdinghausen* (5 km), *Liesen* (13 km).

Outdoorescape-Adventure
Hier kann man ein gemeinsames Abenteuer mitten im Wald erleben. Sie schlüpfen in die Rolle von Handelsleuten des Jahres 1858, die kurz vor Küstelberg überfallen und angekettet werden. Um den Freibrief zu erlangen, hat das Team 60 Minuten, in

denen sämtliche Rätsel, Codes und Schlösser geknackt werden müssen.
Adresse: Schlossbergstr. 33, 59964 Medebach-Küstelberg, ☏ 02981/820336, 🌐 www.outdoorescape-winterberg.de

▸ Planwagen-, Kutsch- & Schlittenfahrten
Ob romantisch, gemütlich oder etwas turbulenter mit bis zu 34 Freunden, Kollegen oder Verwandten, wer mit zwei Pferdestärken durch die Medebacher Bucht zockelt, erlebt die zauberhafte Landschaft auf besondere Art. Und wie wäre es mit einer abendlichen Fackelfahrt oder einer Schlittenpartie?
Adresse: Hermann-Schmidt-Str. 8, 59964 Medebach, ☏ 02982/8132 u. 0170/7351964

▸ ☺ Schwimmbäder
Das 4000 m² große **Erlebnisbad Aqua Mundo** mit Saunalandschaft im Center Parcs Park Hochsauerland bietet einfach alles, was Wasserratten lieben. Wellenbecken, Strömungskanal, Reifenrutsche, „Water-Playhouse" auf drei Etagen, Whirlpool und Liegewiese. Und wem das zu viel Action ist, der kann sich in drei unterschiedlich temperierten Saunen, einer Grotte mit heißem Stein oder in der Blockhaussauna entspannen.
Weniger spektakulär, aber mit allem ausgestattet, was es für ein gemütliches oder sportliches Badeerlebnis braucht, lockt das **Hallenbad Medebach** mit 25-m-Sportbecken Schwimmer und solche, die es noch lernen wollen. Auch eine Sauna ist vorhanden.
Adressen:
Aqua Mundo: Sonnenallee 1, 59964 Medebach, ☏ 02982/9500, 🌐 www.tagesausflugcenterparcs.de
Hallenbad: Schützenstr. 10, 59964 Medebach, ☏ 02982/400211 u. 922911

▸ Wandern
Der *Medebacher Bergweg* (63 km) verbindet den Hauptort mit all seinen Ortsteilen. Er führt durch dichte Wälder, schmucke Dörfer und über die lichten Berghöhen der „Toskana des Sauerlandes". Auf dem *Medebacher Geschichtsweg* (20 km) kann man auf gepflegten Wanderwegen die Vergangenheit der Stadt und ihrer Ortsteile erlaufen. Zudem wurden diverse kürzere Routen ausgeschildert: z. B. *Weddelbergrundweg* (A3, 3 km), *Naturweg Kahler Pön* (5,5 km), *Kahlenweg* (M1, 6,5 km), *Hessebergweg* (M2, 9,5 km), *Kuckucksuhlenweg* (M3, 8 km), *Feltebelweg* (D1, 9,5 km) und *Reetsbergweg* (K1, 10 km).

Meinerzhagen

(Märkischer Kreis)

Das „Grüne Städtchen" (20 800 Einwohner) am Fuße des Ebbegebirges wird von den Wäldern, Höhen und Talsperren des Märkischen Sauerlandes umringt. Es soll seinen Namen von einem Mönch namens Meinhardus abgeleitet haben, der hier als Einsiedler lebte. Die Siedlung trat im 11. Jh. erstmals urkundlich in Erscheinung, wurde 1220 um eine Kirche ergänzt und war fortan ein bedeutender Marienwallfahrtsort. Nachdem sie die Reformation, die Pest und den Dreißigjährigen Krieg überstanden hatte, fasste auch hier im späten 18. Jh. die frühindustrielle Entwicklung Fuß und beteiligte Meinerzhagen am seinerzeit weltweit größten Zentrum der Montanindustrie. Die Region besticht zudem durch ihre traumhafte, von zahllosen Wander- und Radwegen durchzogene Landschaft.

Touristinfo Meinerzhagen
Zur Alten Post 1
58540 Meinerzhagen
☏ 02354/77132
🌐 www.meinerzhagen.de

Sehenswertes

▸ Villa im Park

Die Vergangenheit der Villa Schmiemicke oder einfach „Villa im Park“ reicht bis in das 15. Jh. zurück. Das heutige Gebäude wurde 1888 auf altem Grundriss und mit großem Park neu gebaut. Inzwischen ist die Villa im Besitz der Stiftung Villa im Park, die das denkmalgeschützte Gebäude mit renaissancehaften und klassizistischen Elementen zu einem „Haus der Kultur“ erklärt hat.
Adresse: Bahnhofstr. 10, 58540 Meinerzhagen, ✆ 02354/70661-7, -8, 🌐 www.villa-im-park-meinerzhagen.de

▸ Kapelle St. Maria Magdalena

Das kleine Gotteshaus steht ein wenig von Bäumen verdeckt auf einer kleinen Anhöhe am Rande des Ortsteils Valbert an der Heidenstraße. Mit ihrem ungewöhnlichen Grundriss wie ein halbes Sechseck, schmalen Spitzbogenfenstern und kleinem Dachreiter strahlt die 1863 errichtete Kapelle etwas sehr Friedvolles aus.
Adresse: Grotewiese 5, 58540 Meinerzhagen, 🌐 www.kapelle-grotewiese.de

▸ Meinhardus Mattenschanzen

Tatsächlich hat das Schanzenspringen in Meinerzhagen eine fast 100-jährige Tradition, denn einen ersten Sprunghügel gab es bereits 1912. Zum Beweis erheben sich die Große Meinhardusschanze, die Kleine Mattenschanze und die Kindersprungschanze beeindruckend in den südsauerländischen Himmel. 1964 wurde die große Winterschanze in eine Mattenschanze umgebaut, um auch unabhängig von der Schneelage üben zu können. Bis heute werden auf den erneuerten Konstruktionen Trainings und Wettbewerbe absolviert. Wer traut sich?

Sprungschanze und Schützenkreisel

Adresse: Butmicke, 58540 Meinerzhagen, ✆ 02354/6387, 🌐 www.skiklub-meinerzhagen.de

▸ Gut Listringhausen

Rote Dächer, gelb verputzte Mauern, ein schönes Eingangstor, so präsentiert sich der historische Rittersitz im Süden der Stadt. Erste Nachrichten über das Schlossgut gehen auf das Jahr 1621 zurück, als der Kurfürst von Brandenburg es als Rittergut anerkannte. Mitten im Waldgebiet zwischen Dannenberg und Genkel und unweit der idyllischen Genkeltalsperre lohnt sich ein äußerlicher Blick auf die private Anlage. Der *Bergische Panoramasteig* und auch der

Kapelle Maria Magdalena

Fernwanderweg *Sauerland-Höhenflug* führen direkt daran vorbei.
Adresse: Listringhausen, 58540 Meinerzhagen

Wasserschloss Badinghagen
Die umgebende Gräfte des romantischen Wasserschlosses wird von der Agger gespeist. Die Geschichte des Rittersitzes, der schon im 12. Jh. als Lehnsgut genannt wurde, geht wahrscheinlich über tausend Jahre zurück. Die mehrfach umgestaltete Anlage bietet den vorbeiziehenden Spaziergängern einen malerischen Blick, allerdings nur von außen, da der Besitz privat ist.
Adresse: Badinghagen, 58540 Meinerzhagen

Jesus-Christus-Kirche
Auf einer Anhöhe im Zentrum der Stadt erhebt sich als weithin sichtbares Wahrzeichen die romanische Jesus-Christus-Kirche, die im Ursprung auf die erste Hälfte des 13. Jhs. datiert wird. Sie wurde später im spätgotischen Stil umgestaltet. Ihr Bautyp wird als Emporenbasilika bezeichnet, die einzige im Märkischen Kreis. Sehenswert ist besonders der achteckige Taufstein in der Apsis.
Adresse: Kirchstr. 17, 58540 Meinerzhagen, ☏ 02354/5001; Führungen: ☏ 02354/6251, 🌐 www.evangelische-kirchengemeinde-meinerzhagen.de

Knochenmühle
Im Ortsteil Mühlhofe kann man ein technisches Kulturdenkmal mit Seltenheitswert bewundern. Die etwa 1849 erbaute Mühle im Tal der Ihne nahm den Platz einer hier seit dem 16. Jh. klappernden Kornmühle ein und produzierte durch das Zerstampfen von getrockneten Tierknochen ein begehrtes Düngemittel. Ende des Zweiten Weltkrieges stillgelegt, drohte das Gebäude zu verfallen, wurde jedoch in den 1980er-Jahren restauriert und ist seither wieder voll funktionstüchtig.
Adresse: Mühlhofe, 58540 Meinerzhagen, 🌐 www.heimatverein-meinerzhagen.de

Die Jesus-Christus-Kirche erhebt sich über Meinerzhagen

Freizeit & Natur

Angeln
Sich in aller Frühe an den 4,5 km langen, nur 400 m breiten Listerstausee begeben, ist an sich schon ein Erlebnis, das wohl nur mit einem erfolgreichen Fang getoppt werden kann. Denn schließlich erreicht der See bei Vollstau eine Tiefe von 33 m, in der sich allerlei Schuppenträger wohlfühlen. Die Fischereierlaubnisverträge sind beim Ruhrverband oder Tourismusverband Biggesee-Listersee erhältlich.
Infos: ☏ 02722/6579240, 🌐 www.angeln-im-sauerland.de

☺ Badestellen
Das Naturerlebnisgebiet Biggesee-Listersee bietet zahlreiche Badestellen:
Badestelle Heiligenberg, Seeuferstr.: Die verkehrsgünstig am Nordrand der Listertalsperre gelegene Badestelle bietet eine

Liegewiese und DLRG-Station. Zudem gibt es eine Hörspielstation.
Badestelle Hunswinkel, Listerstr.: Als eine kleine Liegewiese, dafür mit einem großem Badesteg, lockt diese Stelle an der Listertalsperre zum fröhlichen Planschen. Parkplatz Richtung Hunswinkel.
Badestelle Windebruch, Seeuferstr.: Nahe zweier Campingplätze an der Listetalsperre sorgt diese Badestelle mit Liegewiese, Umkleide- und WC-Anlage für Abkühlung.

Discgolf

Es sieht so einfach aus, wenn die rotierende Plastikscheibe im eleganten Bogen direkt im Korb landet. Doch es braucht viel Übung, und die erlaubt der abwechslungsreiche Parcours mit tollen Aussichten auf der Anlage von Hotel Landhaus Nordhelle. Hier warten 13 unterschiedlich lange und unterschiedlich schwierige Bahnen auf geschickte Werfer. Anmeldung erwünscht.
Adresse: Zum Koppenkopf 3, 58540 Meinerzhagen, 02358/80090, www.landhaus-nordhelle.de/disc-golf-anlage

Fliegen

In erster Linie landen auf dem Regionalflugplatz Meinerzhagen Geschäftsleute, weshalb hier rund 30 Flugzeuge und drei Hubschrauber stationiert sind. Bei der ansässigen Flugschule „FIT für FLY“ kann man sich für Flächenflugzeuge, Ultraleichtfluggeräte und Hubschrauber ausbilden lassen. Und wer nur das feine Flugplatz-Feeling erleben möchte, darf im Biergarten Platz nehmen und überlegen, ob ein Rundflug vielleicht das richtige Abenteuer ist.
Adresse: Steinsmark 2, 58540 Meinerzhagen, 02354/902941 u. 0171/4145600, www.edkz.de

Kletterfelsen

Die Alpenvereinssektion Gummersbach unterhält im ehemaligen Steinbruch Scharpenbeul einen frei zugänglichen Kletterfelsen, der besonders bei Einsteigern und Familien beliebt ist. Die Anlage nahe der Listertalsperre weist etwa 35 Routen der Schwierigkeitsgrade 3 bis 8 auf. Die Länge der gut abgesicherten Routen beträgt 12 bis 18 m.

Kuhkuscheln in der Kuh-Arche

Der Bergwaldhof ist ein ganz besonderer Ort, auch im Sauerland, wo abgelegene Höfe keineswegs eine Seltenheit sind. In diesem Falle handelt es sich um einen Arche-Hof, eine Art Altersheim für ehemalige Nutztiere. Und wir Menschen dürfen eine Kuh- oder Esel-Patenschaft übernehmen, eigene Nutztiere in Pension geben, verschiedene Hühnerrassen beobachten oder mit einer richtigen Kuh kuscheln! Wer hat so etwas schon getan?
Adresse: Bergwaldhof unterm Berge, 58540 Meinerzhagen, www.bergwaldhof-1.de

Minigolf

Der gepflegte 18-Bahnen-Platz zum kleinen Einlochen liegt auf dem Gelände des Freibades und kann über die Freibadkasse erreicht werden.
Adresse: Am Stadion 1, 58540 Meinerzhagen, 02354/2002

Radfahren

Zahlreich sind die gut ausgebauten Radwege in und um Meinerzhagen. Die Rundrouten *Vom Sauerland ins Bergische Land* (61 km) und *Gipfelstürmer – über die Höhen des Ebbekamms* (44 km) starten und enden am Bhf Meinerzhagen. Die *Radtour zur Genkel- und Aggertalsperre* ist teilweise gebirgig und führt über 25 km asphaltierte Nebenstraßen und Forstwege. Zu den anspruchsvolleren Touren, die ein wenig Kondition verlangen, gehört der *Bigge-Lister-Radring* (Attendorn, Drolshagen, Meinerzhagen, Olpe, Biggesee,

Listersee), der auf der Seenroute 50 km, auf der Höhenroute 64 km lang ist.

Reiten

In Meinerzhagen kann man alles finden, was Pferde, Reiter und Pferdefans benötigen. Umgeben von weiten Wiesen und Feldern kann man sich hier den ganzen Tag im Umgang mit Pferden üben.

Adressen:

Reiterhof Listerhof: Listerhof 1 a, 58540 Meinerzhagen, 02358/216 u. 0172/2913548, www.listerhof.de

Reiterhof Hof Rolle: Neuhohlinden 1, 58540 Meinerzhagen, Tel.0170/5819683, www.hof-rolle.de

Reitverein Meinerzhagen: Grünenbecke 8, 58540 Meinerzhagen, 02354/6266, www.reitverein-meinerzhagen.de

Schwimmbäder

Im **Freibad Meinerzhagen** bietet das Sportbecken mit acht 50-m-Bahnen und 1- und 3-m-Sprungturm alle Voraussetzungen für sportliche Betätigung. Zudem gibt es eine weitläufige Liegewiese, eine kleine Wasserrutsche, abgetrennte Bolz- und Skateplätze sowie ein Babyplanschbecken. Die Besonderheit ist der 18-Loch-Minigolfplatz auf dem Gelände.

Weil sich die Wassertiefe des 17 m langen Sportbeckens verstellen lässt, bietet die **Kleinschwimmhalle Meinerzhagen** geübten wie ungeübten Besuchern ideale Bedingungen. Entspannung findet man zudem in der Finnischen Sauna.

In der Sommersaison lockt das im Grünen liegende und von Bäumen beschattete **Freibad Valbert** zum Ausflug. Wasserrutsche, Bolzplatz und Kiosk runden das familienfreundliche Angebot ab.

Adressen:

Freibad Meinerzhagen: Am Stadion 1, 58540 Meinerzhagen, 02354/2002, www.meinerzhagen.de

Kleinschwimmhalle Meinerzhagen: Genkeler Str. 24a, 58540 Meinerzhagen, 02354/77141

Freibad Valbert: Heidehang 2, 58540 Meinerzhagen, 02358/548, www.meinerzhagen.de

Skaterpark

Nahe dem Freibad Meinerzhagen wurde ein spezieller Skaterpark ausgestattet. Hier kommen auch Geübte Skater auf ihre Kosten. Der Platz hat sich zu einem Treffpunkt der jungen Generationen entwickelt.

Talsperren

Auch wenn die **Genkeltalsperre** (Genkel) ausschließlich der Trinkwasserversorgung dient und daher kein Wassersport gestattet ist, ist sie ein beliebtes Ausflugsziel. Der 1953 gestaute See ist 64 ha groß und wird von den Zuflüssen Genkel und Grotmicke gespeist. Es stehen zwei Rundwege (10, 14 km) für Wanderer und Radler zur Verfügung und 13 Infotafeln bieten allerlei Wissenswertes. In einem Waldgebiet zwischen Dannenberg und Genkel liegt der ehemalige Rittersitz Listringhausen.

Die 1904 fertiggestellte, 166 m lange und 29 m hohe Bruchstein-Staumauer der **Fürwiggetalsperre** (L694) staut insgesamt fünf Bäche. Der 18 ha große See ist besonders bei Wanderern, Joggern und Spaziergängern beliebt, die sich auf dem 4 km langen Rundweg tummeln.

Der 165 ha große, 4,5 km lange See der **Listertalsperre** (Listerstraße) ist eines der fünf Vorbecken der großen Biggetalsperre (Attendorn, Olpe), mit der sie verbunden ist. Für Meinerzhagen ist er der Hotspot für Freizeit, Sport und Erholung. Segeln, Surfen und Schwimmen ist möglich, ebenso wie entspanntes Radfahren oder Wandern auf den gut markierten Wegen rings um den See.

Infos: www.visit.oben-an-der-volme.de, www.biggesee-listersee.com

▸ Umweltstation

Das Wald- und umweltpädagogische Zentrum im Einzugsbereich der Genkeltalsperre liegt am Höhenflug und lohnt sich als schöner Tagesausflug. Vortrags- und Medienräume, ein abwechslungsreicher Außenbereich sowie eine museale Ausstellung warten auf Besucher. Unter dem Titel „Buchdrucker & Kupferstecher" kann man hier auf Tafeln und in Filmen allerlei Wissenswertes rund um den Borkenkäfer und seine Auswirkungen auf die heimischen Wälder erfahren. Rund um den Heedberg verläuft der dazugehörige *Wald-Aktiv-Pfad* mit zahlreichen Infotafeln zum Thema Wald und einem Waldklassenzimmer.
Adresse: Heed 3 ,58540 Meinerzhagen, ✆ 02354/7046800, 🌐 www.fsj.de

Wandern am Sauerländer Fjord

▸ Wandern

Das Naturerlebnisgebiet Biggesee-Listersee bietet zahlreiche Möglichkeiten, der wunderschönen Natur auf ausgezeichneten Wegen näherzukommen. Eines der schönsten Naturerlebnisse bietet der *Bigge-Lister-Wanderweg* (46 km), auf dem der „Sauerländer Fjord" umrundet werden kann. Der Weg kann auch in mehreren kürzeren Touren gemeistert werden. Der *Rundwanderweg am Sauerland Höhenflug* führt unter dem Motto „Vom Wasser haben wir's gelernt" 12 km durch tiefe Wälder, entlang der idyllischen Genkeltalsperre und teilweise auf dem Wegeverlauf des Fernwanderwegs *Sauerland-Höhenflug*. Zu den schönsten Tagestouren zählt die *Runde von Meinerzhagen* (12 km) zur Genkeltalsperre, den Mattenschanzen und dem Jagdschloss, die Rundwanderung *VolmeSchatz* zur Fürwiggetalsperre (13 km) über den 600 m hohen Rothenstein, der Erlebniswanderweg *Faszination Ebbemoore* (5 km) durch die Ebbemoore sowie der LandArt-Rundwanderweg *KulTour am Listersee* (7 km) mit 25 Kunstobjekten vorbei am Gut Kalberschnacke. Der Rundwanderweg A2 *Kneipp'sche Spuren im Quellental*, beginnend und endend im Meinerzhagener Ortsteil Hösinghausen am Wanderparkplatz Quellental, bietet auf ca. 4 km Länge eine kurzweilige Wanderung mit der Möglichkeit zu kneippen.
Infos: Sauerland-Höhenflug-Hotline, ✆ 02974/202199, 🌐 www.sauerland-hoehenflug.de

Auf dem Sauerland Höhenflug

Wintersport
Das Skigebiet Hardenberg/Möllsiepen in Meinerzhagen eignet sich in erster Linie für Kinder, Anfänger und zum Einfahren. **Skifahren** und **Snowboarden** sind dank Flutlichtanlage auch in den Abendstunden möglich. Ein Lift befördert die Fahrer nach oben und die örtliche Skischule verleiht auch Ausrüstung. Für **Schlittenfahrer** lohnt der Rodelhang Hahnenbecke und der Rodelhang Schallershaus/Butmicke.
Infos: DSV Ski Schule Meinerzhagen, Skilift am Hardenberg in Möllsiepen, 02304/777986 u. 0173/2776299

Menden

(Märkischer Kreis)

Die im Norden des Sauerlandes gelegene Stadt (52 450 Einwohner) wird aufgrund ihrer Lage am Flüsschen Hönne auch als Hönnestadt bezeichnet. Schon im 9 Jh. erwähnt, hatte es die Siedlung im Grenzgebiet des Herzogtums Westfalen nicht besonders leicht und wurde immer wieder in kriegerische Auseinandersetzungen verwickelt, mehrfach belagert, erobert und geplündert. Dazu kamen verheerende Stadtbrände. Trotzdem hat sich in den engen Gassen der Innenstadt bis heute eine ganze Anzahl von liebevoll restaurierten Kleinbürgerhäusern und stattlichen Kaufmannshäusern erhalten. Mit ihrer Lage im Hönnetal ist die Stadt mit dem Wehrturm im Wappen der ideale Ausgangspunkt für Outdoor-Aktivitäten im Niedersauerland.

StadtMarketing Menden GmbH
Bahnhofstr. 24
58706 Menden
02373/923060
www.stadtmarketing-menden.de

Sehenswertes

St. Vincenz
Als eine von 13 Urpfarreien im Sauerland wurde St. Vincenz um 800 gegründet. 1344 ersetzte eine Hallenkirche mit mächtigem Westturm den romanischen Vorgänger. Der Chor der Kirche wurde 1867 abgerissen und durch ein Querhaus und einen neugotischen Chor ersetzt. Absolut sehenswert sind die farbigen Glasfenster, die das himmelwärts strebende Gewölbe untermalen.
Adresse: Kirchplatz, 58706 Menden

Altstadt
Im Schatten von St. Vincenz steht am Kirchplatz das älteste Gebäude der Stadt: Das ehemalige Hospiz „Zum heiligen Geist" wurde bereits vor 1300 erbaut. Am gleichen Platz befindet sich auch das barocke Parizierhaus „Schmittmannhaus", das der namengebende Richter 1571 erbauen ließ. 1864 bis 1886 war hier das Rathaus der Stadt untergebracht. Neben Resten der alten Stadtmauer und dem Rentschreiberturm (14. Jh.) mit Resten des ehemaligen kurfürstlichen Schlosses finden sich in den Straßenzügen der Innenstadt bürgerliche Fachwerkhäuser aus dem 17./18. Jh. (An der Stadtmauer), gut erhaltene Straßenzüge mit Kleinbürgerhäusern (Gerberstr., Pastoratsstr., Färber- und Synagogengasse), aber auch der schmucke ehemalige Adelshof oder klassizistische Fassaden des 19. Jhs. (Hauptstr.).

Marktplatz
Am Mendener Marktplatz fällt das schmucke Alte Rathaus ins Auge, das 1912 mit Jugendstilelementen erbaut wurde. Wer genau hinschaut, erkennt das Westfalenross und die zwei Schildhalter mit dem Stadtwappen. Der Laubengang und der Turm wurden nach mittelalterlichem Vorbild errichtet,

sie beherbergen heute das Stadtarchiv und die Dorte-Hilleke-Bücherei. Ebenfalls am Marktplatz steht die Alte Marktapotheke, ein barockes Patrizierhaus von 1710, in dem 1785 Mendens erste Apotheke eingerichtet wurde.

▸ Turmbläserhaus
Das Turmbläserhaus stand bis 1978 an der Turmstraße und wurde 1981 am Neuen Rathaus wieder aufgebaut, wo es heute für Trauungen dient und daher nur noch als „Hochzeitshäuschen" bezeichnet wird.

▸ Burgruine Rodenberg
Am Hünenköpfchen oberhalb der Hönne wurde 1249 die Spornburg Rodenburg bzw. Burg Rodenberg errichtet, die zum Stammsitz der Herren von Rodenberg wurde. 1301 wurde sie erfolgreich belagert, zerstört und nicht wieder aufgebaut. Fortan übernahm die ummauerte Stadt Menden die Sicherung des Gebietes. Die Überreste der Ruine wurden in den 1950er-Jahren ausgegraben und bieten sich heute als ideales Ausflugziel (erreichbar z. B. über den *Mendener Z-Weg*) an.
Adresse: Am Hünenköpfchen 1, 58706 Menden

▸ Antoniuskapelle und Kreuzweg
Nach einer Legende geht der Brauch der Mendener Kreuztracht auf ein Gelübde zurück, das der Bürgermeister im Jahre 1684 gab, damit seine Frau von der Pest geheilt würde. Anscheinend zeigte das Gelübde Wirkung, denn seit 1685 steht in der Kreuzkapelle auf dem Rodenberg das Mendener Bußkreuz. Alljährlich vor Ostern findet eine Prozession statt, die von der St. Vincenz-Kirche aus an acht Stationen vorbei auf den Rodenberg und zurück durch den Stadtforst führt. Die Kreuzwegstrecke führt auch an der Kapelle des Stadtpatrons Antonius von Padua vorbei.

Museen & Ausstellungen

▸ Museum für Stadt- & Kulturgeschichte
Das barocke Patrizierhaus am Marktplatz, nach seinem Erbauer auch Biggelebenhaus genannt, wurde 1730 errichtet. Seit 1914 verbirgt sich hinter einer der schönsten Haustüren der Stadt ein spannendes Museum, das von der Eiszeit im Hönnetal, dem harten mittelalterlichen Leben und Arbeiten sowie dem Erfolg der hiesigen Ackerbürger und Kaufleute berichtet. Höhepunkt der Ausstellung ist das vollständige Skelett eines riesigen Höhlenbären.
Adresse: Marktplatz 3, 58706 Menden, ☏ 02373/9031653, 🌐 www.menden.de

▸ Schmarotzerhaus
Als Außenstelle des Stadtmuseums wurde das 1710 errichtete Haus an der mittelalterlichen Stadtmauer für die Öffentlichkeit zugänglich gemacht. Die Dauerausstellung zeigt die Werkstatt eines Nadlers nebst Möbeln und Hausgeräten aus der Zeit um 1840. Eindrucksvoll wird deutlich, unter welch ärmlichen Verhältnissen seinerzeit unter einem Dach gelebt und gearbeitet wurde.
Adresse: An der Stadtmauer 5, 58706 Menden, 🌐 www.menden.de

▸ Industriemuseum Gut Rödinghausen
In dem 1807 erbauten Herrenhaus von Gut Rödinghausen residierten die Freiherren von Dücker, eines der bekanntesten Adelsgeschlechter Westfalens. Heute ist hier eine Außenstelle des Stadtmuseums, die in zahlreichen Mitmachstationen Einblicke in die Entwicklung der südsauerländischen Industriegeschichte vermittelt. In dem aufwendig restaurierten Fachwerkgebäude finden zudem wechselnde Ausstellungen zu Kunst und Kulturgeschichte statt, im Kaminsaal werden Lesungen und kleine Konzerte abgehalten.

Adresse: Fischkuhle 15, 58710 Menden, ☏ 02373/9031653, 🌐 www.menden.de

▸ Hexenausstellung im Poenigeturm
Der mittelalterliche Turm in der Mendener Stadtmauer hat seinen wehrhaften Charakter bis heute bewahrt. Die Besonderheit des Poenigeturms ist, dass er einst als Gefängnis diente, in dem auch viel Opfer der Hexenverfolgung gefangen gehalten wurden. Heute beherbergt der Turm die Dauerausstellung „47 Hexenschreine", in der Originalzitate der Mendener Hexenprozesse künstlerisch aufgearbeitet wurden.
Adresse: Turmstr., 58706 Menden, 🌐 www.menden.de

Gut Rödinghausen

▸ Karnevalsmuseum Teufelsturm
Der „Duivelsturm", einer der ehemals zwölf Wehrtürme der Stadt, diente ebenfalls als Kerker. Heute ist hier das Westfälische Karnevalsmuseum untergebracht. Eingerichtet von der Mendener Karnevalsgesellschaft Kornblumenblau geht die Ausstellung hier auch der Frage auf den Grund, warum sich Menden zu einer wahren Hochburg des Westfälischen Karnevals entwickelt hat.
Adresse: An der Stadtmauer 47, 58706 Menden, ☏ 02373/12666

Freizeit & Natur

▸ BNE Regionalzentrum Arche Noah
Die drei Buchstaben stehen für **B**ildung **n**achhaltiger **E**ntwicklung und das Zentrum möchte dabei helfen, die dafür notwendigen Kompetenzen zu entwickeln. Dafür wurden seit 2001 auf dem Gelände des ehemaligen Freibades „Arche Noah" unterschiedliche Lebensräume gestaltet, sodass jeder die unterschiedlichen Ökosysteme genau untersuchen kann.
Adresse: Zur Arche 3, 58706 Menden, ☏ 02373/9170492, 🌐 www.arche-menden.de

▸ Boule
Das französische Kugel-Wurf-Spiel hat auch in Menden Fuß gefasst und wird von Hobbyspielern praktiziert. Insgesamt gibt es sogar fünf Spielflächen, drei davon im Ortsteil Bösperde (Maroeuiler Platz, Equipment vorhanden), Ortsteeil Halingen (Halinger Dorfstr. 41) und im Zentrum Menden (Kaplan-Wiesemann Str.).

▸ Hönnetal
Menden liegt im unteren Teil des Hönnetals, das mit seinen mehr als 100 Höhlen in ganz NRW einzigartig ist. Dramatisch aufragende, bis zu 50 m hohe Felsformationen mit Namen wie „Sieben Jungfrauen", „Uhu-Felsen" oder „Klusenstein" verraten viel über die Natur und Fantasie der Menschen. Mit seinen wildromantischen Aussichten gehört es zu den absolut sehenswerten Naturphänomenen im Sauerland und in Südwestfalen. Der namensgebende Fluss Hönne entspringt in 437 m Höhe am Großen Attig bei Neuenrade, passiert Menden und mündet schließlich bei Fröndenberg (Kreis Unna) in die Ruhr.
Infos: 🌐 www.hoennetal.de

▸ Kinderbauernhof

Auf dem Hof Schulte-Berge warten Ponys, Kaninchen und Co. darauf, dass spiel- und toblustige Kinder ein paar vergnügliche Stunden erleben. Der im Ortsteil Böingsen gelegene malerische Fachwerkhof ist zudem von weiten Feldern und Wiesen umgeben, die zum Wandern und Spazierengehen einladen.
Adresse: Berger Weg 22, 58708 Menden-Böingsen, 02379/215,
www.kindergeburtstag-landluft.de

▸ KiKi-Island

Dieser große Indoor-Spielplatz nimmt es locker mit den größten seiner Art in NRW auf und verwandelt jeden Familienausflug in ein unvergessliches Tagesabenteuer. Und eines ist klar, schlechtes Wetter gibt es hier nicht und nach Bungee-Trampolin, Klettervulkan und Wabbelberg, nach Inselflitzer, Kartbahn und Rollenrutsche, Safari Express und dem Schwarzen Loch geht es in die KiKi-Bar.
Adresse: Blumenweg 5, 58708 Menden, 02373/6918, www.kiki-island.de

▸ Labyrinth

Im Ortsteil Oberrödinghausen steht über dem Hönnetal die 1948 erbaute Pfarrkirche Maria Königin des Friedens. Das moderne Gotteshaus beeindruckt innen wie außen durch seine klare Formensprache. Dadurch inspiriert entstand hier 2012 aus sieben Tonnen Kalkstein das Mendener Labyrinth, das viele als Ort der Entschleunigung besuchen. Der mit „Ly" markierte *Labyrinthweg* (2,5 km) bietet eine wunderbare Sicht auf Menden.

▸ Minigolf

Echte Minigolfer wissen, dass die Bahnen zwar kleiner sind, das Geschick aber genau so groß sein muss wie beim echten Golf. Und weil sich viele diesem Freizeitspaß immer häufiger hingeben, gibt es in Menden gleich drei Plätze mit unterschiedlichen Herausforderungen.

Adressen:
Kinderspieleparadies KiKi-Island: Blumenweg 5, 58708 Menden, 02373/6918,
www.kiki-island.de
Freizeitanlage Almterrassen: Osberner Weg, 58708 Menden, 02373/15599,
www.almterrassen.de
Haus Lenze: Biebergkamp 83, 58710 Menden, 02373/988080, www.haus-lenze.de

▸ Radfahren

In Menden und Umgebung sind Strecken und Rundkurse für das sportliche oder gemütliche Radfahren schnell gefunden. Am bekanntesten ist wohl der *RuhrtalRadweg* (240 km), der als einer der erfolgreichsten Fernradwege Deutschlands gilt. Ebenfalls sehr abwechslungsreich ist der *Ruhr-Lenne-Achter,* der zumeist in drei Etappen (68, 42, 52 km) gefahren wird. Beliebt ist die Familienroute *Feldertour* (18,5 km) mit nur mäßigen Steigungen. Die Rundtour *Menden Ost* (22 km) hingegen hält durchaus einige herausfordernde Steigungen parat.

▸ Schwimmbäder

In schöner Waldrandlage und trotzdem nahe der Innenstadt liegt das **Freibad Bürgerbad Leimecke**. Engagierte Bürger kümmern sich um das beheizte Sportbecken mit 50-m-Bahn, Nichtschwimmerbereich, Kinder- und Planschbecken. Natürlich fehlen weder Sprunganlage, Rutschen und Eisberg noch Beachvolleyball- und Fußballfeld sowie ein Kiosk.
Das inzwischen grundsanierte **Hallenbad** von Menden wurde bereits 1969 eröffnet und bietet ein 25 m langes Kombinationsbecken für Schwimmer und Nichtschwimmer. Zudem sind eine 1- und 3-m-Sprunganlage sowie ein 10 m langes Lehrschwimmbecken vorhanden.
Adressen:
Freibad: Bürgermeister-Rau-Str.2, 58706 Menden-Leitmecke, 02373/64611,
www.leitmecke.de

Hallenbad: Am Hünenköpfchen, 58706 Menden, ✆ 02373/12957, 🌐 www.menden.de/hallenbad

▸ Soccer-Arena

In Menden finden Fußballbegeisterte auf drei modernen Kunstrasen-Courts (32 x 16 m) ideale Voraussetzungen zum lockeren Kicken oder schweißtreibenden Training vor dem nächsten Spiel.
Adresse: Dieselweg 6, 58706 Menden, ✆ 02373/1659069, 🌐 www.soccer-arena-menden.de

▸ Wandern

Naturnah und aussichtsreich gestalten sich die Wanderungen rings um Menden. Neben der *Sauerland-Waldroute* (342 km) und dem *Sauerland-Höhenflug* (250 km) sind auch die lokalen Rundwanderwege überaus abwechslungsreich. In Menden bieten sich die Rundtouren *Dicke Berta* (10 oder 14 km) oder der *Blick übers Tal – Hexenteich* (12 km) an. In Oberoesbern lädt ebenfalls ein *Blick übers Tal* (11 km) oder der *Wildwald Vosswinkel* (12,5 km) zur Tagestour ein. Ländliche Idylle findet man auf dem Höhenrundweg *Mendener O-Weg* (14 km) mit St. Michaelis und Dicker Berta, ebenso auf dem *Mendener Z-Weg* (10,5 km) durch die Altstadt und über den Lahrberg. Naturfreunden sei die *Rundwanderung Luerwald* empfohlen.
Nach dem Motto „Lernen mit Spaß und Bewegung" wurden in Menden drei Lehrpfade angelegt, die sich hervorragend für einen Spaziergang mit der Familie eignen: *Gewässerlehrpfad Hönne* (700 m), *Waldlehrpfad Kyrill* (2,5 km) und der *Planetenweg* (3 km) quer durch unser Sonnensystem. Der Rundkurs *Wanderweg der Lieder* (2 km) ist mit neun Singsäulen ausgestattet, an denen Noten, Texte und QR-Codes für Playback bereitliegen. Der idyllische Rundweg *Mendener Liebesweg* (2 km) führt an Partnerschaukel, Schnitzscheibe (Messer nicht vergessen) und Herzbank vorbei bis zum Gitterherz, an dem man sein Liebesschloss anbringen darf (Start: Parkplatz Hexenteich). Auf dem *Rolliweg* (500 m) kommt man absolut barrierefrei mit der Natur auf Tuchfühlung (Start: Mendener Forsthaus/Biggelebenstr.).

Meschede

(Hochsauerlandkreis)

Die Stadt (29 700 Einwohner) findet bereits im 8. Jh. Erwähnung. Nach den Sachsenkriegen wurde im Jahre 870 unweit einer fränkischen Wallburg und im Kreuzungsbereich zweier Handelswege ein adeliges Damenstift errichtet. König Otto I. verlieh dem Kloster 958 das Markt- und Zollrecht, wodurch ein lukrativer Marktort entstehen konnte. Das Stift wuchs zu einem der reichsten und größten in Westfalen heran und hatte bis 1804 Bestand. Auch der Ort wuchs zusehends und wurde sogar Mitglied der Hanse. Im 19. Jh. gelang der Aufstieg zu einer industriell geprägten Stadt mit Eisenbahnanschluss. Ein historischer Höhepunkt war der Bau der Hennetalsperre (1901–05), mit der Überflutungen abgewendet werden konnten und wodurch der Hennesee entstand. Nach Zerstörung und Wiederaufbau erblühte Meschede nach dem Zweiten Weltkrieg allmählich zu einer attraktiven Einkaufs-, Kreis- und Hochschulstadt.

Tourist-Information Meschede
Le-Puy-Str. 6–8
59872 Meschede
✆ 0291/9022443
🌐 www.meschede.de
🌐 www.hennesee-sauerland.de

Sehenswertes

Haus Meschede

Das in Meschede als Haus Meschede bekannte Bürogebäude gegenüber dem Rathaus erhielt seine heutige Form im Jahre 1740. Vermutlich stammt es in seinem Kern aus dem Mittelalter. Es gilt als eines der ältesten Gebäude der Innenstadt.
Adresse: Franz-Stahlmecke-Platz 1, 59872 Meschede

Altes Rathaus Eversberg

Auf dem Marktplatz erinnert das einstöckige Fachwerkgebäude aus dem Jahre 1750 an die einstige Selbstständigkeit von Eversberg. Unter dem geschwungenen Mansardendach zieren zwei mächtige Jagdtrophäen aus den 1760er-Jahren den Eingang. Heute wird das schmucke Haus für kulturelle Veranstaltungen und als Stadtbibliothek genutzt.
Adresse: Hoppegarten 35, 59872 Meschede-Eversberg, 0291/2004246

Altes Pfarrhaus

Sehenswert ist auch das Alte Pfarrhaus, ebenfalls eines der wenigen Gebäude, die den Zweiten Weltkrieg überdauert haben. Besonders zu beachten ist die kunstvolle Schieferfassade und ihre asymmetrische Aufteilung sowie das auffällige Rundfenster, das auch als Ochsenauge bzw. Okulus bezeichnet wird.
Adresse: Schützenstr. 4, 59872 Meschede, 0291/7723, www.evangelische-kirchengemeinde-meschede.de

Pfarrkirche St. Walburga

Um in den altsächsischen Gebieten zu missionieren, wurde um 870 das adelige Kanonissinnenstift gegründet, für das um 900 eine erste Kirche erbaut wurde. Auf den Grundmauern dieser im Dreißigjährigen Krieg zerstörten Kirche wurde 1664 die heutige Pfarrkirche im Herzen von Meschede errichtet. Der erhaltene Turm gilt als älteste Einturmanlage nördlich der Alpen und die ebenfalls erhaltene karolingische Ringkrypta gilt als „Bauwerk europäischen Ranges“. Neben den zwei Orgeln, die von einem Spieltisch aus bedient werden können, ist die Schatzkammer unbedingt beachtenswert. In der Kirche werden zudem verschiedene Reliquien aufbewahrt.
Adresse: Stiftsplatz 1, 59872 Meschede, 0291/1820, www.st.wallburga-meschede.de

Pulverturm

Der schiefergedeckte kleine Rundturm an der nach ihm benannten Pulverturmstraße stand einst weit vor den Toren der Stadt. Er wurde 1825 errichtet, um das hochexplosive Schießpulver für ein hier stationiertes preußisches Landwehrbataillon sicher aufzubewahren.

Pfarrkirche St. Severinus

An der Stelle eines baufälligen Vorgängerbaus wurde in den 1850er-Jahren im Ortsteil Calle eine dreischiffige Hallenkirche errichtet. Die ungewöhnliche Größe der Kirche für ein kleines Dorf erklärt sich daraus, dass zum Kirchspiel insgesamt 15 Ortschaften gehören. Neben dem Hochaltar (1636) und verschiedenen Seitenaltären beeindrucken besonders die herrlich bunten Fenster der Kirche. Und wer hat unter den zahlreichen Figuren den Fickeltünnes entdeckt, den hl. Antonius mit einem Wildschwein unter dem Fuß?
Adresse: Severinusplatz 3, 59872 Meschede-Calle, 0160/99850213

Pfarrkirche St. Johannes Evangelist

Im Zentrum von Eversberg erhebt sich die beeindruckende Pfarrkirche mit ihrem mächtigen, einst als Wehrturm genutzten Turm. Mit dem Bau wurde 1242 begonnen, als Graf Gottfried von Arnsberg den Eversbergern

die Stadtrechte verlieh. 1712 erhielt der stärkste und mächtigste Kirchturm im Hochsauerlandkreis seine geschwungene Barockhaube. Der prächtig bunte Orgelprospekt wurde 1765 vom Soester Orgelbauer Fromme angefertigt.
Adresse: Marktplatz 15, 59872 Meschede, 0291/51525

▸ Gut Stockhausen
Schon vor über 1000 Jahren wurde der alte Schultenhof im Ortsteil Stockhausen als Mittelpunkt einer kleinen Ansiedlung von etwa 20 Unterhöfen erwähnt. Die Besitzer nannten sich von Stockhausen und halten das Gut bis heute. Es wird auch für kulturelle und feierliche Anlässe genutzt.
Adresse: 59872 Meschede-Stockhausen, 0291/6043, www.gutstockhausen.de

Die Himmelstreppe am Hennesee

▸ Wasserschloss Laer
Direkt neben der Ruhr entstand bereits im 13. Jh. eine wehrhafte Burg und Lehnsgut des reichen Stifts Meschede. Zu Beginn des 17. Jhs. wurde die Anlage vom Paderborner Hofmeister Heinrich von Westphalen in ein prächtiges, schlossartiges Herrenhaus umgebaut. Später kamen das eindrucksvolle Portal, eine Kapelle sowie eine Vorburg mit Wirtschaftsgebäuden hinzu. Da sich die Gebäude in Privatbesitz befinden, ist das Innere nicht zu besichtigen. Es ist jedoch gestattet, durch den weitläufigen Park zu spazieren.
Adresse: Laer 3, 59872 Meschede

▸ Abtei Königsmünster
Das erst 1928 gegründete Kloster einer bayerischen Benediktinerkongregation wurde 1956 zur Abtei erhoben und in Meschede aufgebaut. 1964 wurde die imposante, auffällig modern gestaltete Klosterkirche eingeweiht und prägt seither sowohl das Stadt- als auch das Kulturbild der Stadt. Neben Mission und Seelsorge betreiben die Mönche ein Gymnasium, ein Gästehaus sowie verschiedene handwerkliche und landwirtschaftliche Betriebe. Alleine deshalb sind der Abteiladen (www.abteiladen.de) und die Abtei-Gaststätte (0291/2995139) einen Besuch wert. Das angegliederte „Haus der Stille“ ist ein modernes Gebäude aus Sichtbeton und Glas, besteht aus zwei Kuben und wurde 2001 als Gästehaus der Abtei Königsmünster eröffnet. Dabei soll die architektonische Kargheit zur Kontemplation und zum „Wohnen in sich selbst“ anleiten.
Adresse: Klosterberg 11, 59872 Meschede, 0291/2995210, www.koenigsmuenster.de

▸ Burgruine Eversberg
Hoch über der Bergstadt künden die Reste eines kleinen Steinturms von der Burg, die Graf Gottfried III. im 13. Jh. errichtete, um seine Grafschaft vor dem Zugriff des Kölner Erzbischofs zu schützen. Heute kann man über eine kleine Freitreppe auf eine Aussichtsplattform gelangen, die einen herrlichen Blick auf Eversberg und das umliegende Sauerland bietet.

▸ Glockendenkmal

Direkt am Hennesee kann man ein beeindruckendes Denkmal sehen, hören und erleben. Die dort aufgehängten Friedensglocken wurden aus den Köpfen von Fliegerbomben aus dem Zweiten Weltkrieg geschaffen. Ihr Klang soll stets an die Wahrung des Friedens erinnern, der häufig fragiler ist, als er scheint.

▸ Berger Mühle

Bis in die 1980er-Jahre war Heinemanns Mühle, die am Ortsausgang von Berge direkt an der Wenne liegt, in Betrieb. Zwar sind mit der Restaurierung seit 1991 die alten Holzwasserräder Strom produzierenden Stahlrädern gewichen, dennoch kann man die ursprünglichen Mahlwerke, Abfüllmaschinen, das Stauwehr und den Gewölbeofen entdecken. Letzterer wird immer wieder in Betrieb genommen, um Schrotbrot zu backen.
Adresse: Oberberger Str. 11 a, 59872 Meschede-Berge, ✆ 02903/850101 u. 0175/3893716

Museen & Ausstellungen

▸ Heimatmuseum Eversberg

Die korrekte Bezeichnung lautet „Museum für Bäuerliche Handwerks- und Gewerbegeschichte, Landschafts- und Kulturentwicklung“ und erklärt bereits in diesem Namen, wie vielfältig das hier gesammelte Material ist. Das schlichte Fachwerkhaus mit verschieferter Schmuckfassade wurde 1756 erbaut und dient bereits seit den 1930er-Jahren als Museum.
Adresse: Mittelstrasse 12, 59872 Meschede-Eversberg, ✆ 0291/50674 u. 200997, 🌐 www.museum-eversberg.de

▸ Sägemühle Remblinghausen

Von einer ursprünglichen Sägemühle, die im Ortsteil Remblinghausen schon vor 1671 betrieben wurde, sind keine Überreste geblieben. 1809 entstand jedoch an gleicher Stelle erneut eine wassergetriebene Sägemühle, die zu Beginn des 20. Jhs. mit modernen Maschinen in eine neue Epoche ging und bis 1983 betrieben wurde. Die kleine Manufaktur war u. a. auf Wäscheklammern und hölzerne Harken spezialisiert. Seit 1994 kümmert sich der Sägemühlenverein um das einzigartige Kulturdenkmal und bietet Themenführungen an. In direkter Nachbarschaft lohnt die achteckige 14-Nothelfer-Kapelle aus dem Jahre 1713 unbedingt einen Abstecher.
Adresse: Sägemühle 17, 59872 Meschede-Remblinghausen, ✆ 0291/53203 u. 0160/90300244, 🌐 www.saegemuehle-remblinghausen.de

Freizeit & Natur

▸ ☺ Badestellen

Mit drei ausgewiesenen Badestellen bietet der Hennesee im Sommer ausreichend Abkühlung. Der DLRG sorgt von Mai bis September für Sicherheit und ein Kiosk für eine Stärkung zwischendurch. Am Nordufer liegt die **Berghauser Bucht**, unterhalb der Ferienhaussiedlung die **Badestelle Mielinghauser Bucht** und am Vorstaubecken die **Badestelle Campingpark** Hennesee.
Infos: DLRG, ✆ 0291/8991 u. 02972/5025, 🌐 www.dlrg-meschede.de, 🌐 www.schmallenberg.dlrg.de

▸ Ballonfahren

Wer einmal das Sauerländer Ballon-Spektakel, die Warsteiner Internationale Montgolfiade, nur als Zuschauer erlebt hat, wird sich in den strahlendsten Farben daran erinnern. Ein ebenso buntes und abenteuerliches Erlebnis wird in Meschede von gleich vier Ballon-Teams angeboten, bei denen man unglaubliche Aussichten erwarten darf.
Adressen:
AIRlebnis – Ballonfahrten im Sauerland: Neuenbecke 65, 59872 Meschede-

Grevenstein, 02934/779879,
www.sauerlandballon.de
Ballonteam Werl-Meschede: Leiblweg 20, 59872 Meschede, 0291/58220,
www.ballonteam-werl-meschede.de
Ballonteam Becker: Eichentrasse 32, 59872 Meschede, 0291/2116879,
www.ballonteam-becker.de
Stratmann Ballonteam: Birmecker Weg 18, 59872 Meschede-Wehrstapel,
0291/9086908,
www.stratmannballonteam.de

Bienenlehrpfad
Im Ortsteil Freienohl hat der Deutsche Imkerbund einen Bienenlehrpfad eingerichtet. Entlang des ca. 2 km langen Rundweges informieren sieben Schautafeln über die summenden Insekten und die Imkerei. Am Ende des Weges steht ein Bienen-Schaukasten. Öffnet man die Türen, so kann man hinter der Scheibe das Bienenvolk beobachten.
Zugang: vom Marktplatz die Bergstraße bis zu den letzten Häusern hochfahren
Infos: www.kleinolpe.de/imkerverein

Bikepark
Direkt neben dem *RuhrtalRadweg* und dem Hallen- & Freibad Meschede gibt es einen Bikepark. Neben dem fünf Meter hohen Starthügel über den Rundkurs mit kleinen und großen Sprüngen, welligen Elementen und Steilkurven, befindet sich auf dem Platz auch ein Regen-Unterstand.

Brauereibesichtigung
Im Ortsteil Grevenstein hat eine der größten deutschen Privatbrauereien ihren Stammsitz. Alles rund ums Veltins Pilsener erfährt man bei einer Brauerei-Tour.
Adresse: Brauerei C. & A. Veltins, An der Streue, 59872 Meschede-Grevenstein,
02934/959239

Mit dem Ballon über die Sauerländer Berge schweben

Flugplatz Schüren
Die Sauerländer Flieger erkannten schon in den 1920er-Jahren, wie ideal und einzigartig das Gelände nahe dem Ortsteil Schüren in unmittelbarer Nachbarschaft zum Hennesee gelegen ist. Und so gründeten sie 1932 einen Luftfahrverein, hielten Flugschauen ab, errichteten eine Flugzeughalle usw. Seit 1963 ist hier die Fluggesellschaft Meschede-Schüren mbH beheimatet. Neben dem öffentlichen Flugverkehr stehen Rundflüge (Motor, Segler) auf dem Programm.
Adressen:
Flugplatz: Otto-Lilienthal-Strasse 1, 59872 Meschede, 02971/53243,
www.flugplatz-meschede.de/fluege-im-sauerland
Motorflug: Fliegerclub Milan,
www.fliegerclub-milan.de
Segelflug: Luftsportvereinigung Meschede,
www.lsv-meschede.de

Henne-Boulevard mit Himmelstreppe
Von der Innenstadt und Fußgängerzone Meschede führt ein gemütlicher Spazierweg bis zum 2 km entfernten Ufer des Hennesees. Ein Teil des Boulevards wurde zum Hennepark umgestaltet, der entlang der Henne zahlreiche Erlebnisse bietet. Neben Aussichtsplattformen und Spielgeräten beginnt

hier die 333 Stufen hohe „Himmelstreppe“, die zumindest auf den Staudamm führt.

▸ Hennetalsperre

Von 1952 bis 1955 wurde die bis zu 60 m hohe und 276 m lange Staumauer errichtet und staut bis heute fast 40 Mio. m³ Trinkwasser auf. Der Ruhrverband gibt Gelegenheit, das faszinierende Bauwerk der Hennetalsperre von innen zu erleben. Nach einem Film über die Geschichte und Aufgaben des Ruhrverbandes und die Funktion der Talsperre geht es blau behelmt ins Kraftwerk, zum Grundablass-Stollen und in den Kontrollraum. Da hier nur etwa 10 °C herrschen, empfehlen sich dicke Jacken und feste Schuhe.
Adresse: Berghausen 15, 59872 Meschede, ☏ 02924/970418, 🌐 www.ruhrverband.de

▸ ☺ Hochseilgarten und Kletterturm

Dass sich Erlebnispädagogik und Fun-Games nicht ausschließen, davon kann man sich im Ortsteil Eversberg überzeugen. Herausforderungen im Hochseilgarten sind geeignet für Familien und Kinder ab 10 Jahren. Am 15 m hohen Kletterturm Südwand sorgen Kletterwand, Abseilstation, Seilbrücke, Stabwand, 10-m-Dunkelschacht, eine Teamplattform sowie zwei Seilbahnen für Adrenalinschübe.
Adresse: Matthias-Claudius-Weg 1, 59872 Meschede-Eversberg, ☏ 0291/54990, 🌐 www.matthias-claudius-haus.de

▸ Lörmecke-Turm

Schon aus der Ferne wird die Einzigartigkeit dieses 35 m hohen Turmes, der die Silhouette eines Warsteiner-Pils-Glases hat, deutlich. Das markante Highlight erhebt sich auf der höchsten Stelle des Arnsberger Waldes nahe Eversberg. Im Innern der über Kreuz geführten Douglasienstämme führt eine stählerne Wendeltreppe mit 204 Stufen in die Höhe und eröffnet eine exzellente Aussicht auf das Hochsauerland. Seinen Namen erhielt er vom Lörmecke-Wasserwerk und er soll die permanente Lieferung von frischem Wasser als ein Geschenk der Natur symbolisieren. Von Eversberg führt der 7,5 km lange *Lörmecke-Turm-Pfad* hinauf.
Zugang: Parkplatz Buchsplitt, 59872 Meschede-Eversberg oder Parkplatz Plackweg/B55, 59581 Warstein

▸ ☺ Minigolf

In Eversburg sorgt ein Platz mit 18 Bahnen für ein tolles Freizeitvergnügen. Zur Anlage gehören auch die XXL-Freiluft-Spiele Dame, Mühle, Schach und ein Kiosk.
Adresse: Am Friedhof 14, 59872 Meschede-Eversberg, ☏ 0157/34979822, 🌐 www.verkehrsverein-eversberg.de

Herbst am Hennesee

▸ ☺ Modellflugplatz

Im Ortsteil Eversberg ist seit 1969 eine Modellfluggesellschaft aktiv, bei der schon zahlreiche Meisterschaften ausgeflogen wurden. Ob mit dem flüsterleisen Segler oder dem rasanten Motorflieger, hier können Jung und Alt das Fliegen zum Hobby machen.

Adresse: Unter der Bue 55, 59872 Meschede-Eversberg, ✆ 02902/2090 u. 0171/6931701, 🌐 www.modellflug-eversberg.de

▸ Offroad-Bustour

Durch Meschede und das benachbarte Bestwig kann man die wohl außergewöhnlichste Busfahrt des Sauerlandes buchen. Mit einem geländegängigen Berge-Bus geht es etwa drei Stunden von Aussicht zu Ausblick, hoch hinauf und, bei einer exklusiven Einfahrt in einen Steinbruch, tief hinab.
Treffpunkt: Hennedamm-Hotel, Am Stadtpark 6, 59872 Meschede
Infos: ✆ 02904/712810 u. 0291/9022443

▸ Pilgern

Im Jakobusdorf Remblinghausen kann man ein ca. 8 km langes Stück des wohl berühmtesten aller Jakobuspilgerwege (Paderborn – Elspe – Köln – Santiago) zurücklegen. Neben Kirche und Kapellen sollte man die Pilger-, Wander- und Radraststätte mitten im Dorf besuchen, um sich auszuruhen und am Brunnen mit der Jakobusmuschel neue Kraft für das Weitergehen zu schöpfen.
Infos: 🌐 www.jakobuswege-sauerland.de

▸ Radfahren

Ob Mountainbiker, Rennradfahrer oder Genussradler, im Sauerland kommt jeder auf die richtige Tour. Das abwechslungsreiche Radwegenetz rund um Meschede und seine Ortsteile bietet tolle Angebote. So führt der *RuhrtalRadweg* (230 km) von Winterberg bis Duisburg über die neue Ruhrpromenade quer durch Meschede (www.ruhrtalradweg.de). Über eine ehemalige Bahntrasse führen der *SauerlandRadring* (84 km) und die *HenneseeSchleife* (40 km) ganz locker von Finnentrop nach Meschede. Ganz neu ist der *Ruhr-Sieg-Radweg* (78 km), der die beiden Flüsse verbindet. Familienfreundlich zeigt sich *Drei-Flüsse-Tour* (300 km), die mit einer Etappe quer durch das Gebiet und längs des Hennesees führt.

▸ ☺ Reiten

In Meschede haben Kinder und Jugendliche die Möglichkeit, an den Reitsport herangeführt zu werden. Aber auch Erwachsene und Wiedereinsteiger haben hier Gelegenheit, das eindrucksvolle Erlebnis Reiten kennenzulernen.
Adressen:
Ponyschule Sauerland: Erflinghausen 13, 59872 Meschede, ✆ 01515/0833724, 🌐 www.ponyschule-sauerland.de
Zucht-, Reit- und Fahrverein Calle-Meschede: An der Reithalle 1, 59872 Meschede, ✆ 0201/41205, 🌐 www.reitverein-calle-meschede.de

▸ Schiffsrundfahrten

Bei einer Rundfahrt mit dem Personenschiff MS Hennesee lässt sich die Seegegend am besten entdecken. Zustieg an den Haltestellen Hennedamm, Mielinghausen und bei der Bedarfshaltestelle Xavers Ranch.
Adresse: Hennesesee 2, 59872 Meschede, ✆ 0151/68865188

▸ ☺ Schwimmbäder

Mit einem 25-m-Becken mit Nichtschwimmerbereich und Rutsche sowie einem beheizten Kinderbecken und einer großzügigen Liegewiese lädt das **Freibad Meschede-Grevenstein** zum entspannten Schwimm- und Badespaß ein. Ergänzt wird das Angebot durch viele Spiel- und Klettermöglichkeiten im Generationenpark.
Im **städtischen Frei- und Hallenbad** steht ein 25-m-Becken, ein 1- und 3-m-Sprungbrett sowie ein Saunabereich zur Verfügung. Es gibt einen eigenen Babyschwimmbereich, der mit Rutsche und Wasserspielzeug für Badespaß sorgt. Direkt an der Ruhr gelegen, bietet das Außenschwimmbecken 50-m-Sportbahnen, einen Nichtschwimmerbereich, Planschbecken und einen weitläufigen Sonnen- und Sportbereich.
Im Ortsteil Freienohl werden im **WOFI-Bad**, einem Hallenbad mit Hubboden,

zahlreiche Kurse für die ganz Kleinen und sportliche Große angeboten. Insgesamt gibt es drei Bahnen und ein separates Babyplanschbecken.

Adressen:

Freibad Grevenstein: Zum Freibad 19, 59872 Meschede-Grevenstein, 02934/511, www.freibad-grevenstein.de
Frei- und Hallenbad: Le-Puy-Str. 43, 59872 Meschede, 0291/205420, www.meschede/tourismus-freizeit-kultur.de
WOFI-Bad: Im Ohl 13, 59872 Meschede-Freienohl, 02903/588, www.lehrschwimmbad.de

▸ Tauchen

Der markierte Tauchplatz befindet sich zwischen Berghauser Badebucht und Segelclub. Der DLRG besetzt ab Mitte Mai bis Mitte September die Wachstation. Jeder Tauchgang muss angemeldet werden.

Infos: DLRG Meschede, 0291/8991 (AB), www.dlrg-meschede.de

▸ Wandern

Durch das Stadtgebiet von Meschede führen zwei Haupt-Wanderrouten: die Südroute der zauberhaften *Sauerland Waldroute* (240 km) durch den Arnsberger Wald und zahlreiche Dörfer im Stadtgebiet und der *Sauerland-Höhenflug* (250 km), der als schönster Naturpark-Wanderweg des Landes gilt.
Von ortskundigen Wanderexperten wurde der *Mescheder Höhenwanderweg* (M, 64,5 km) erarbeitet. Quer durch das Mescheder Stadtgebiet bietet er fast alle Landschaften, die charakteristisch für das Sauerland sind. Er kann auch in vier Etappen gemeistert werden.
Zahlreich sind die *Rundwanderwege*, die rings der kleinen Ortschaften eingerichtet wurden: In Berge (B2, 17,5 km), Erflinghausen (Eh1, 8,5 km), Eversberg (E1, 6 km), Freienohl (F, 12 km), Grevenstein (G3, 12,5 km und A5, 9 km), Meschede (A8, 15,5 km und M1, 17 km), Remblinghausen (Rh1, 11 km).
Im gesamten Sauerland sind allerorten Kirchen, Kapellen und Bildstöcke anzutreffen. Um einen schönen Eindruck von dieser Volksfrömmigkeit zu erhalten, lohnt sich der beliebte *Kapellenrundweg* im Ortsteil Calle (C, 13,5 km). Von der Wandertafel in der Ortsmitte führt der Weg zur Severinuskirche, Schladekapelle, Nepomuk-Kapelle, Kelbke-Kapelle, St. Vinzenz-Kapelle (Wallen) und schließlich zur überregional bekannten Wallfahrtskapelle am Halloh (Zur Schmerzhaften Mutter), wo drei Kreuzwege aufeinandertreffen.
Ein Muss für Berge-Bäume-Bier-Fans ist der *Bierbrau-Wunderweg* (7,4 km), der über zehn Stationen rings um Grevenstein führt.

Infos: www.hennesee-sauerland.de, www.hennesee.nrw

▸ Wassersport

Der Hennesee ist ein ideales Gewässer für Segler und Kanuten, Kajakfahrer oder Stand-up-Paddler. Diverse Clubs und Vereine bieten interessierten Wassersportlern zahlreiche Möglichkeiten, ihre Freizeit auf dem Wasser zu gestalten.

Adressen:

Ruderclub Meschede: Berghauser Bucht 1, 59872 Meschede, www.ruderclub-meschede.de
Segelclub Enkhausen Hennesee: Enkhausen 3 a, 59872 Meschede, www.sceh.de
Segel-Club Hennesee Meschede (SCHM): Berghauser Bucht 2, 59872 Meschede 0291/2787, www.schm.info
Segelclub am Südstrand Hennesee YCSH80: 59872 Meschede-Mielinghausen, www.ycsh80.de
Kanu Freunde Meschede: Beringhauser Str. 20, 59872 Meschede, 0291/7983, www.kanufreunde-meschede.de

Wassersportcenter Hennesee: Berghauser Bucht, 59872 Meschede, ✆ 0171/6812359, 🌐 www.wassersport-hennesee.de
KNAUS Campingpark Hennesee/Meschede (Kajakverleih): ✆ 0291/952720, 🌐 www.knauscamp.de
Allgemeine Informationen: Ruhrverband Meschede, Berghausen 15, 59872 Meschede, ✆ 0291/902290, 🌐 www.ruhrverband.de; Ausgabe von Bootsplaketten: Tourist-Information Meschede und Knaus Campingpark

▸ ☺ Wildschwein-Walderlebnisparcours Eversberg

Im Hochwald des Ortsteils Eversberg kann man mit allen Sinnen den Lebensraum Wald erleben. Wer dem kleinen Wildschwein Ebi folgt, der trifft auf insgesamt neun spannende Stationen mit jeweils anderen Aufgaben und vielen interessanten Informationen. Der 1,5 km lange Pfad beginnt direkt am Matthias-Claudius-Haus.
Adresse: Hoppegarten 35, 59872 Meschede, ✆ 0291/2004246

▸ ☺ Wintersport

Rings um Meschede bieten folgende Pisten Winterspaß und -sportmöglichkeiten mit allem, was dazugehört:
Skilift Eversberg: Hinter dem Gasthof Scheer im Ortsteil Eversberg. Ca. 180 m lang, Skihütte, für Kinder geeignet.
Skilift Grevenstein: Am Ostenberg, Großraumparkplatz mit Skihütte direkt an der Kreisstr., ca. 700 m lang, 50 m breiter Rodelhang neben der Piste.
Adressen:
Skilift Eversberg: Unter der Bue, Meschede-Eversberg, ✆ 0291/2004246, Schneetelefon: ✆ 0291/98762070, 🌐 www.skilift-eversberg.de
Skilift Grevenstein: Heimat- und Verkehrsverein Grevenstein, Arpestr. 7, Meschede-Grevenstein, ✆ 02934/779214, Schneetelefon: ✆ 02934/505, 🌐 www.skilift-grevenstein.de

Möhnesee

(Kreis Soest)

Dort, wo die Soester Börde ins Sauerland überging, wurde 1969 das Amt Körbecke aufgelöst und die Gemeinde Möhnesee (11 700 Einwohner) mit ihren 15 Gemeindeteilen gegründet. Zentraler Verwaltungsort ist das schon im 12. Jh. erwähnte und häufig umstrittene Kirchspiel Körbecke. Zentrale Bedeutung für die Entwicklung der Region hat die namensgebende Talsperre, die gerne als Westfälisches Meer bezeichnet wird und die flächenmäßig größte Talsperre des Sauerlandes ist. Mit ihrem 40 km langen Ufer ist sie heute ein beliebtes Ausflugsziel und Dorado für Wassersportler. Die teils malerischen Dörfchen fügen sich in die unterschiedlichen Naturlandschaften rings um den See ein und bescheren echte Lebensqualität.

Tourist-Information Möhnesee-Körbecke
Hauptstr. 19
59519 Möhnesee
✆ 02924/981-391, -392
🌐 www.moehnesee.de

Sehenswertes

▸ Staumauer Möhnesee

Das über 100 Jahre alte Bauwerk aus Bruchstein ist die Hauptattraktion von See und Gemeinde Möhnesee. Bei ihrer Fertigstellung 1913 galt das 650 m lange und über 40 m hohe Gemäuer als größte Stauanlage Europas und wird bis heute als Westfalens schwerstes Baudenkmal gepriesen. Während des Zweiten Weltkrieges kam es im Mai 1943 zur Katastrophe, als britische Bomber die Mauer zerstörten und eine Flutwelle aus dem gefüllten See etwa 1600 Menschen aus dem Leben riss. Im ehemaligen Kloster

Himmelpforten und in der Nachbarstadt Neheim wird an das Unglück erinnert. Heute versorgt der Stausee über 5 Mio. Menschen mit Trinkwasser. Eine Führung durch das Innere des Jahrhundertbauwerks wird vom Ruhrverband angeboten.
Adresse: Eckeystr. 4, 59519 Möhnesee-Körbecke; Ruhrverband: ✆ 02924/970411

▸ Bismarckturm
Dort wo sich der alte Postweg von Münster nach Arnsberg und der alte Haarweg kreuzen, erhebt sich in 285 m Höhe der Bismarckturm Möhnesee. Eigentlich sollte er schon 1915, zum 100. Geburtstag des ersten deutschen Reichskanzlers Bismarck fertig werden, was jedoch durch den Ersten Weltkrieg verhindert wurde. 1934 konnte er schließlich eingeweiht werden. Der 18 m hohe Sandsteinturm bietet allen Ausflüglern eine tolle Fernsicht über Möhnesee und Arnsberger Wald. Führungen bietet der Heimatverein Möhnesee an.
Adresse: Haarhöhe B 229/Haarhöhenweg, 59519 Möhnesee-Delecke; Heimatverein: ✆ 02924/7254

▸ Drüggelter Kapelle
Das kleine Gotteshaus mit seinem fast runden, zwölfeckigen Grundriss gibt den Gelehrten bis heute so manches Rätsel auf. Wurde sie als Heilig-Grab-Kirche erbaut, als Taufkirche genutzt oder liegt ihr Ursprung in einem heidnischen Kult? Heute wird das schiefergedeckte Gebäude aus dem 12. Jh. gerne für Veranstaltungen und Konzerte genutzt.
Adresse: Kapellenweg 14, 59519 Möhnesee-Drüggelte

▸ Kanzelbrücke
Seit 1912 überbrückt das 60 m lange Bauwerk aus Grauwacke und Sandstein zwischen Völlinghausen und Wamel den Möhnesee. Mit ihren fünf Bögen, die auf Pfeilern ruhen, die Kirchenkanzeln ähneln, wurde sie nach dem Vorbild einer der ältesten Flussbrücken errichtet, die in Passau über die Donau führt. Sie ist nicht nur die älteste Brücke über den See, sondern gilt vielen als eine der schönsten Steinbrücken des Landes. Sie ist nur für Fußgänger und Radfahrer freigegeben.

Staumauer der Möhnetalsperre

Freizeit & Natur

▸ Adventure Golf
Über das urwüchsige Gelände mit uralten Bäumen und mannshohen Felsen führen abenteuerliche Trampelpfade zu den 18 Bahnen, auf denen es nur mit größtem Geschick gelingen kann, den Ball einzulochen. Es soll die größte Adventuregolfanlage in ganz Deutschland sein.

Kanzelbrücke über dem „Westfälischen Meer"

Adresse: Seepark Körbecke, Brückenstr. 21 a, 59519 Möhnesee-Körbecke, 0170/1593790, www.adventure-golf-moehnesee.de

Angeln

Seinen Ruf als beliebtes Angelrevier, das sogar als eines der besten Raubfischgewässer in ganz Deutschland gilt, hat der Möhnesee vor allem dem Fischereigehöft des Ruhrverbandes zu verdanken. Denn hier sorgen die Profifischer für den richtigen Besatz der heimischen Talsperren, von Aal bis Zander. Voraussetzungen für das Auswerfen einer Angel sind Fischereischein und Fischereierlaubnisvertrag. Es gibt zudem die Möglichkeit, Angelboote zu mieten oder sich von einem fachkundigen Angel-Guide zu den besten Fischgründen führen zu lassen.
Infos: Angelbootvermietung, 0176/64996552, www.angelbootvermietung-moehnesee.de

Badestellen & Strandbäder

Für sommerliche Abkühlung im Möhnesee gibt es in der Gemeinde Möhnesee gleich drei Möglichkeiten. Die Badestellen in **Delecke** und im **Seepark Körbecke** sind beide jederzeit frei zugänglich, aber meist unbewacht. Das kostenpflichtige **Strandbad Uferlos** erlaubt mit Strandkörben, Bambus-Lounge und Cocktailbar sauerländisches Karibik-Feeling.
Adressen:
Seepark Körbecke: Brückenstr., 59519 Möhnesee-Körbecke
Badestelle Delecke: Linkstr. 20, 59519 Möhnesee-Delecke
Strandbad Uferlos: Bahnhofstr. 28, 59519 Möhnesee

Bootfahren

Eine Bootsfahrt, die ist lustig ... Und wer kein Schwimmfahrzeug sein Eigen nennt, der darf sich für eine der schönsten Freizeitgestaltungen des Sauerlandes gerne eins ausleihen. Neben Angel-, Ruder-, Tret-, Elektro- und Segelbooten sind kleine Hausboote immer beliebter geworden. Oder wie wäre es mit einem BBQ-Donut, auf dem, mitten auf dem Wasser, sogar gegrillt werden darf? Grundsätzlich sind auf dem Möhnesee nur elektro- und hand- bzw. -fußbetriebene Gefährte gestattet.
Adresse: Brückenstr. (Parkplatz Seepark, nahe Restaurant Pfeffermühle), 59519 Möhnesee, 0173/5715813, www.becker-moehnesee.de/bootsvermietung

Drachensteigen

Es ist längst kein Kinderspiel mehr. Besonders auf der Haar, nördlich des Möhnesees, gibt es aufgrund der kräftigen, regelmäßigen Winde im Herbst ein Mekka für Drachenliebhaber. Und weil Drachensteigen ein wirklich schönes Familienfreizeitvergnügen ist, lädt der Gasthof Schulte jedes Jahr im Oktober zum großen Drachenfest ein.
Adresse: Thingstr. 6, 59519 Möhnesee-Theiningsen, 02924/349, www.gasthof-schulte-moehnesee.de/Drachenfest

Eissportzentrum

Schlittschuhlaufen, Eishockey oder Eisstockschießen sind selbst auf dem zugefrorenen Möhnesee nicht möglich. Schade, aber dafür kann man sich im Eissportzentrum Möhnesee-Echtrop auf dem Eis vergnügen, nicht nur bei Eisdisco, Schaum- und Singlepartys.
Adresse: Teigelhof 4, 59519 Möhnesee-Echtrop, 02924/7200, www.eissportzentrum.de

Fußballgolf

Wer sein Geschick statt mit dem Schläger lieber mit dem Fuß beweisen möchte, der ist im Ortsteil Günne richtig. Direkt unter der Talsperre entstand 2010 die erste Fußballgolf-Anlage in NRW. Auch hier geht es darum, den Bäumen, Steinen und

Sandbunkern geschickt auszuweichen, um den Ball schließlich im Kofferraum eines ausrangierten Autos einzulochen.
Adresse: Zum Weiher 22, 59519 Möhnesee-Günne, 0160/97053124, www.fussballgolf-moehnesee.de

▸ Landschaftsinformationszentrum Wald und Wasser (LIZ)

Um Besuchern mit Ausstellungen und Exkursionen die Besonderheiten der Möhnesee-Region näherzubringen, wurde 1994 eine Umweltbildungs- und Naturschutzeinrichtung eröffnet. In der historischen Mühle Günne kann man in drei spannenden Erlebnisräumen (Landschaft, Wasser, Wald) viel über Geschichte, Geologie und Ökologie der Talsperre, des Arnsberger Waldes und des Haarstrangs erfahren.
Adresse: Brüningser Str. 2, 59519 Möhnesee-Günne, 02924/84110, www.liz.de

▸ Möhneseeturm

Am Südufer erhebt sich der 6x6 m breite, 42 m hohe Leuchtturm des Möhnesees und bietet in der siebten Etage einen faszinierenden Rundumblick über See und Wald. Am besten erreicht man ihn von den Parkplätzen.
Adresse: Fußgängerbrücke Körbecke-Südufer, Minigolfplatz Südufer 2 a, Am Torhaus / B 229, Südufer 993, 59519 Möhnesee, 02921/302252

▸ Radfahren

Über Forstwege, Stock und Stein geht es per Mountainbike über diverse Routen durch den Arnsberger Wald rings um den Möhnesee. Die beliebteste Route ist der *Uferradweg,* der nicht nur durchgehend asphaltiert ist, sondern über die vier gleichmäßig verteilten Brücken abgekürzt werden kann. Die sechs ausgewiesenen Radrundtouren sind die östliche *Kanzelbrückentour* (13,5 km), die *Sperrmauertour* (14,5 km) über die Naturpromenade Wasser und Wald, die steigungsarme *Ufertour* (17,5 km), die nördliche *Haarstrangtour* (29 km), die *Historische Route* (32 km) und die *Große Möhneseetour* (34,5 km) inklusive Hevearm und Weiher. Highlight ist der *Möhnetal-Radweg* (69 km) von Brilon bis zur Gemeinde Möhnesee.

▸ Reiten

Auf der großen Fünf-Sterne-Anlage von Gut Wulfshof dürfen alle Pferde und Pferdefreunde die modernsten Bedingungen von Reit- und Longierhalle bis Solarium und Pferdeteich erwarten. Ein wenig übersichtlicher und schon für die jüngsten Pferdefreunde geeignet, die eher eine Begegnung mit dem Tier als Reitunterricht erleben wollen, ist bei den „Reitzwergen" zu finden. Darüber hinaus bietet eine professionelle Reitlehrerin (AS) rings des Möhnesees eine mobile Reitschule für alle Rassen, Reitarten und Erfahrungen an.
Adressen:
Gut Wulfshof: Wulfshof, 759519 Möhnesee, 0172/5177262 u. 0174/3373094, www.gut-wulfshof.de
Die Reitzwerge: Blumenstr. 1, 59519 Möhnesee, 01522/2760464, www.die-reitzwerge.de
AS-Team: Unterm Berg 1, 59519 Möhnesee, 0170/2160074, www.angela-Scheele.de

▸ Schifffahrt

Eine Schifffahrt auf dem „Westfälischen Meer", bei der man sich ganz entspannt den Wind um die Nase wehen lassen kann, um sich dabei sowohl gastronomisch als auch landschaftlich verwöhnen zu lassen, ist immer wieder ein Erlebnis. Die MS Möhnesee, ein Katamaran mit 600 Plätzen, und das Shuttleboot MS Körbecke mit 80 Plätzen bieten dazu die Gelegenheit.
Adresse: Möhnestr. 10, 59519 Möhnesee-Günne, 0170/8077793, www.moehnesee-schifffahrt.de

Seepark

Der in Stufen angelegte Park in Körbecke bietet den wohl attraktivsten Zugang zum Stausee. Neben großzügigen Aufenthaltsbereichen und Liegewiesen, der Badestelle, Skateranlage, Kleinkindspielbereich, Mini- und Adventure-Golf, Ballspielflächen und jeder Menge Gastronomie in direkter Umgebung lässt sich das Seeklima prima genießen.

Segeln auf dem Möhnesee

Segeln

Von März bis November dauert am Möhnesee die Segelsaison. Auf allen vier Hauptteilen des Sees prägen dann zahllose weiße Dreiecke das Bild, die hier die ausgezeichneten Windverhältnisse zu nutzen wissen. Aufgrund der nahezu idealen Bedingungen haben sich an den Ufern Segel- und Yachtclubs niedergelassen, die untereinander immer wieder spannende Regatten austragen.

Adressen:

Segelschule Möhnesee: Südufer 45, 59519 Möhnesee, 02924/5555, www.segelschule-moehnesee.de

ADAC-Yachtschule: Brückenstr. 27–29, 59519 Möhnesee-Körbecke, 02924/7744, www.adac-yachtschule.de

Surfen & Stand-up-Paddling

Wasser, Wind und die Spuren der Weltklasse-Surferin Moana Delle, die u. a. in Delecke aufwuchs, machen den Möhnesee zu einem Hotspot für Surfer und Stand-up-Paddler. Für beide Sportarten werden bei der „Wild Boards"-Wassersportstation Kurse etc. angeboten. „Wilde Bretter" können ausgeliehen werden.

Adresse: Südufer 19 (an der Jugendherberge), 59519 Möhnesee-Körbecke, 0172/1986970, www.wild-boards.de

Tauchen

Am Südufer des Möhnesees ist die Delecker Bucht für den Tauchsport freigegeben. Hier kann man unter Wasser einen ehemaligen Steinbruch erkunden, der bei Vollstau des Sees bis zu 28 m in die Tiefe reicht und neben Brassen, Hechten und Zandern auch mit einigen kuriosen Sehenswürdigkeiten aufwartet. Nachttauchen unter Aufsicht möglich.

Adresse: Arnsbergerstr./Delecker Brücke, 59519 Möhnesee-Delecke, 02922/9127871, www.prodive.de

Wandern

Mit dem gewaltigen Möhnestausee und dem schier endlosen Arnsberger Wald ist die Gemeinde Möhnesee mehr als prädestiniert für gemütliche Spaziergänge und sportliche Wanderungen. Allein der umliegende Wald wird von 18 Rundwanderwegen durchzogen, die sich je nach Konstitution, Lust und Laune wählen und kombinieren lassen. Zudem finden sich Anschlüsse an das Fernwandernetz wie die *SauerlandWaldroute* (342 km) und den *WestfalenWanderWeg* (216 km). Weniger ausufernd ist der Rundweg *Klangwald* (K, 3,5 km) der an zehn Klangkunstobjekten vorbeiführt. Die *Holzfäller-* und *Staumauerrunde* (beide ca. 22 km) werden als Tagestouren rund um den See angeboten. Auch die *Naturpromenade Wasser und Wald* (3,5 km) mit 19 Stationen zu landschaftlichen und historischen Besonderheiten ist sehr reizvoll.

Wildpark Völlinghausen
Der mit vielen ehrenamtlichen Stunden errichtete Naturerlebnisraum ist immer geöffnet, frei und kostenlos zugänglich. Neben dem Wildpark gehören eine große Vogelvoliere und das Wildpark-Haus mit Tierpräparaten und einer Holzbibliothek zum Ensemble. Und man kann die Waldbienenstation, das Insektenhotel sowie das Dendrarium besuchen.
Adresse: Zum Wildpark, 59519 Möhnesee,
www.wildpark-völlinghausen.de

Nachrodt-Wiblingwerde

(Märkischer Kreis)

Die Gemeinde (6500 Einwohner) mit ihren sieben Ortsteilen wird von den steilen Höhen des Lennegebirges und der Enge des Flusstals dominiert. Trotz abgeschiedener Lage sollen schon die Franken hier gewesen sein, um ein christliches Missionszentrum zu errichten. Die sauerländische Hochfläche blieb lange vornehmlich landwirtschaftlich geprägt und versorgte die Burg Altena. Erst im 19. Jh. fanden sich einige metallverarbeitende Unternehmen ein, die hier teilweise bis heute ansässig sind. 1907 kam es schließlich zum Zusammenschluss der Gemeinden Kelleramt (später Nachrodt) und Wiblingwerde. Wiblingwerde lockt als staatlich anerkannter Erholungsort mit sehenswerten Kulturdenkmälern Wanderer und Radfahrer in den Westen des Sauerlandes.

Gemeinde Nachrodt-Wiblingwerde
Hagener Str. 76
58769 Nachrodt-Wiblingwerde
02352/93830
www.nachrodt-wiblingwerde.de

Sehenswertes

Brenscheider Kornmühle
Die mit Wasser betriebene Mühle taucht bereits 1593 in den Urkunden auf und ist vermutlich noch viel älter. Es handelt sich um eine Bannmühle, die die umliegenden Bauern nutzen mussten. Um 1700 waren etwa 800 hiesige Bauern diesem Zwang unterworfen. Das zweigeschossige Haus besteht aus einem Fachwerkteil mit den von zwei Wasserrädern angetriebenen Mahlgängen und einer Bruchsteinhälfte mit Bäckerei und Backofen, „Backes“ genannt. Seit 1975 gründlich renoviert und erneut mit einer Backstube versehen, finden hier regelmäßig Backvorführungen mit Markt statt.
Adresse: Brenscheider Mühle 1,
58769 Nachrodt-Wiblingwerde,
02352/22150

Brenscheider Mühlen-Brote

Brenscheider Ölmühle
In unmittelbarer Nachbarschaft zur Kornmühle steht an der Mündung des Brenscheider Baches in die Nahmer die 1845 erbaute Mühle, in der Raps zu Öl verarbeitet wurde. Im Innern des Bruchsteingebäudes hat sich das hölzerne Getriebe zum Mahlen und Stampfen erhalten.
Adresse: Brenscheider Mühle 1,
58769 Nachrodt-Wiblingwerde,
02352/1438

▸ Johanniskirche

Die ev.-ref. Dorfkirche von Wiblingwerde steht seit etwa 1250 auf ihrem fast quadratischen Grundriss. Im gedrungen wirkenden Innenraum lohnt ein Blick auf die Decken- und Wandmalerei in der Apsis. Die 1914 wiederentdeckten und neu ausgemalten Fresken zeigen die beiden Städte Rom und Konstantinopel, was dazu Anlass gab, ihr mögliches Alter auf den vierten Kreuzzug (1202–04) zu datieren. Der Taufstein, der möglicherweise sogar aus fränkischer Zeit stammt, kam 1968 aus dem Ortsteil Herlsen zurück, wo er seit der Reformation als Pferdetränke diente.

Adresse: Nachrodter Str. 1a, 58769 Nachrodt-Wiblingwerde, ✆ 02352/32107, 🌐 www.kirche-wiblingwerde.de

▸ Johannisborn

Laut einer Legende sollen die Franken um das Jahr 800 auf den Wiblingwerder Höhen eine germanische Kultstätte vorgefunden haben, die sie in eine christliche Missionsstation und Taufstätte namens Johannisborn umgestalteten. Über Jahrhunderte diente das Quellwasser der Johanniskirche in Wiblingwerde als Taufwasser. 1954 wurde die Quelle in Bruchstein gefasst und mit dem Relief einer mittelalterlichen Taufszene versehen.

Adresse: Pastor-Landmann-Str. 5, 58769 Nachrodt-Wiblingwerde, ✆ 02352/3675, 🌐 www.kirche-wiblingwerde.de

▸ Werkssiedlung Langenstück

In einer Schleife links der Lenne erbaute die Phoenix Aktiengesellschaft für Bergbau und Hüttenbetrieb von 1904 bis 1913 eine Arbeitersiedlung, die heute unter Denkmalschutz steht. Die aus parallel zueinander verlaufenden Straßenzügen bestehende Gesamtanlage gilt als städtebauliche und architektonische Besonderheit und ist ein markantes Zeugnis der hiesigen Sozial- und Wirtschaftsgeschichte.

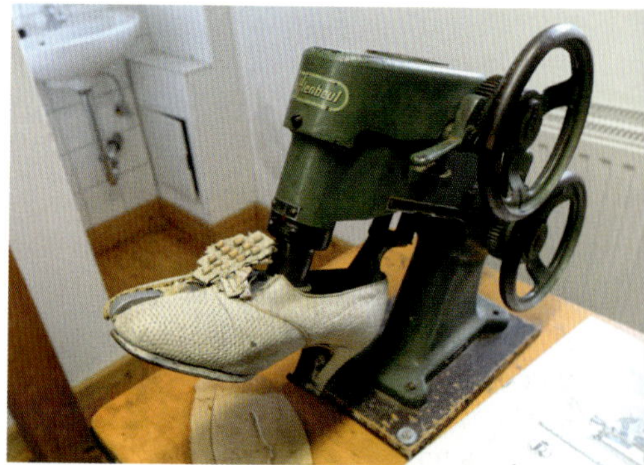

Heimatstube im alten Gerätehaus

Adresse: Schillerstr., Niemöllerstr. und Goethestr., 58769 Nachrodt-Wiblingwerde

Museum

▸ Heimatstube

Das Heimatmuseum des örtlichen Heimat- und Verkehrsvereins entstand im ehemaligen Gerätehaus der Feuerwehr an der Grundschule und zeigt Objekte aus bäuerlichen Haushalten des 19. und frühen 20. Jhs. In der benachbarten Remise fand historisches Großgerät Platz.

Adresse: Nachrodter Str. 8a, 58769 Nachrodt-Wiblingwerde, 🌐 www.hvv-nachrodt-wiblingwerde.de

Freizeit & Natur

▸ ☺ Alpaka-Wanderung

Mit Alpakas wandern oder sogar picknicken? Kein Problem, denn auf den Höhen von Wiblingwerde lebt eine ganze Herde dieser drollig-wolligen Tiere. Kinder ab acht Jahre dürfen in Begleitung, Kinder und Jugendliche ab zwölf Jahre dürfen sogar mit einem eigenen Alpaka an solch einer Picknick-Wanderung teilnehmen. Und im Shop gibt's die Alpaka-Wolle und -Dünger, Seifen und Bettwaren.

Adresse: Lüdenscheider Str. 24, 58769 Nachrodt-Wiblingwerde, ☏ 0175/2282022, 🌐 www.hoehendorf-alpakas.de

▸ Angeln

Die landschaftsprägende Lenne ist hervorragend für alle Arten der Süßwasserangelei geeignet. Der bereits 1969 gegründete Angelsportverein hat das Gewässer auf eine Strecke von 7,5 km einschließlich der einmündenden Bäche gepachtet. Tagesscheine können bei der Gemeindeverwaltung erworben werden.
Infos: Angelfischereiverein, ☏ 0176/27732368, 🌐 www.afv-nachrodt.com

▸ Klarashöhe

Mitten im Naturschutzgebiet Klippkes und hoch über Nachroth bietet die Klarashöhe eine unglaublich schöne Aussicht über das Tal der Lenne. Nach einer historisch nicht belegten Geschichte soll sich die namengebende junge Adelige aus Liebeskummer von hier aus mit ihrem Pferd in den Tod gestürzt haben.

▸ Radfahren

Neben der durch das Gemeindegebiet verlaufenden *Lenneroute* (144 km), einer der schönsten Touren durch das Sauerland, führen verschiedene Rundtouren zu den Sehenswürdigkeiten. Es geht bei der *Runde von Wiblingwerde* (24 oder 40 km) zur Brenscheider Mühle und zum Dorfplatz oder zum Gipfelkreuz Hagen und zur Oedentaler Mühle, bei der *Rund von Nachroth* (12,5 km) bis zur Burg Altena, bei der *Runde von Brachtenbeck* (21 oder 34 km) zu wunderschönen Ausblicken.

▸ Reiten

Am Ortsrand von Wiblingwerde befindet sich eine der modernsten Reitanlagen des gesamten Märkischen Kreises. Alles ist auf die Grundbedürfnisse der Pferde abgestimmt, sodass die Tiere jederzeit genug Platz, Licht, Luft und Kontakt zu ihren Artgenossen haben. Der Reiterhof Hegemann bietet die allerbesten Bedingungen, um Dressur, Springen oder Westernreiten zu erlernen oder zu trainieren.
Adresse: Lüdenscheider Str. 24, 58769 Nachrodt-Wiblingwerde, ☏ 0175/2282022, 🌐 www.hof-hegemann.de

▸ ☺ Schwimmbad

In Nachrodt-Wiblingwerde hat ein Bürgerverein dafür gesorgt, dass das kleine Hallengartenbad bestehen bleibt.
Adresse: Holensiepen 3, 58769 Nachrodt-Wiblingwerde, ☏ 02352/3397989, 🌐 www.bürgerbad.com

Drollig-wollige Alpakas

▸ Wandern

Der Heimatverein pflegt ein insgesamt rund 250 km umfassendes Wanderwegesystem, das zu großartigen Eindrücken und eindrucksvollen Ausblicken führt. In der Gemeinde informieren vier Wanderzentren über die insgesamt 32 ausgeschilderten Rundwanderwege.
Start: Brenscheider Mühle, Parkplatz Lennebrücke (Nachrodt), Dorfplatz Wiblingwerde, Veserde

Neuenrade

(Märkischer Kreis)

Die Anfänge dieser Stadt (11 800 Einwohner) im Quellgebiet der Hönne liegen vermutlich im 11. Jh., als sich im Bereich der heutigen Alten Burg eine kleine Wasserburg sowie einige Gehöfte angesiedelt hatten. Wie der Fund eines Rennofens bestätigt, sorgten Erzabbau und Eisenverarbeitung frühzeitig für Fortschritt. 1353 wurde die geplante Siedlung Nyenrade samt Burg als Grenzsicherung errichtet und mit Siedlern besetzt. Schon 1355 erhielt der Ort die Stadt- und Marktrechte und konnte mit qualitätsvoller Schmiedearbeit erfolgreichen Handel betreiben. Ein Ausbau des Stadtgebietes wurde u. a. von mindestens elf verheerenden Bränden gehemmt. Im 19. Jh. sorgten feste Straßen und schließlich die Hönnetal-Bahn (1912) für die Industrialisierung von Neuenrade. Heute weiß die Stadt ihren Standortvorteil am Unterlauf der Hönne zu nutzen und bietet ihren Gästen Kultur und Erholung in malerischer Umgebung.

Bürgerservice/Touristinformation Neuenrade
Alte Burg 1
58809 Neuenrade
02392/6930
www.neuenrade.de

Sehenswertes

Pfarrkirche St. Lambertus

Die geschwungene welsche Haube der Pfarrkirche im Ortsteil Affeln ist schon von Weitem zu erkennen und erhebt sich über einem Gotteshaus aus heimischem Bruchstein, das bereits im 13. Jh. erbaut wurde. Höhepunkt ist der sehenswerte Klapp-Altar, der zwischen 1500 und 1530 erschaffen wurde und zu den berühmtesten flandrischen Schnitzaltären der Spätgotik zählt.
Adresse: Hauptstr. 7,
58809 Neuenrade-Affeln

Motte – Turmhügelburg

Als der beeindruckende, 22 m hohe Nachbau einer mittelalterlichen Turmhügelburg im Jahre 2010 nach einer Ausstellung abgebaut wurde, bemühten sich historisch interessierte Bürger um den Neuaufbau im Ortsteil Küntrop. Seit 2013 steht der hölzerne Turm wieder und dient als Aussichtsplattform und Trauzimmer, ist Startpunkt eines *Geschichtspfades* durch die ehemalige Grafschaft Arnsberg und ein zentraler Ort für kulturelle Bildung geworden.
Adresse: Dinneike, 58809 Neuenrade,
02392/61991, 02394/536 u. 0170/4517902

Freizeit & Natur

Flugplatz

Im Ortsteil Küntrop kann man abheben und das Sauerland aus der Luft auf sich wirken lassen. Der Flugplatz, der sich zu den traditionsreichsten Sportflughäfen in NRW zählt, bietet vornehmlich an den Wochenenden Gelegenheit zu Rund- und Schnupperflügen in Segel-, Motorsegel- und Motorflugzeugen. Weithin bekannt ist das alljährliche Drachenfest im September.
Adresse: Am Flugplatz 1, 58802 Balve,
02394/278, www.lsv-sauerland.de

Hönnetal

Neuenrade liegt im oberen Teil des Hönnetals, das mit seinen mehr als 100 Höhlen in ganz NRW einzigartig ist. Dramatisch aufragende, bis zu 50 m hohe Felsformationen mit Namen wie „Sieben Jungfrauen“, „Uhu-Felsen“ oder „Klusenstein“ verraten viel über die Natur und Fantasie der Menschen. Mit seinen

wildromantischen Aussichten gehört es zu den absolut sehenswerten Naturphänomenen im Sauerland und in Südwestfalen. Der namensgebende Fluss Hönne entspringt in 437 m Höhe am Großen Attig bei Neuenrade.
Infos:
www.hoennetal.de

Quitmannsturm

▸ Quitmannsturm
Die nach England ausgewanderten Söhne des Neuenrader Lehrers Quitmann stifteten 1893 einen hölzernen Aussichtsturm, der sich auf dem 514 m hohen Kohlberg erheben sollte. Ein heftiger Wintersturm zerstörte das Bauwerk, sodass im Jahr darauf erneut begonnen werden musste. 1986 wurde die 14 m hohe Konstruktion aus Stahl erneuert. Der Aufstieg wird mit einem herrlichen Panorama vom Lennetal und Hochsauerland bis ins südliche Ebbegebirge belohnt. Verschiedene Wanderwege, u. a. der nördliche *Sauerland-Höhenflug* und die *Rundwanderwege N2, X1* oder *X17,* treffen sich zu seinen Füßen.
Start: Wanderparkplatz Quitmannsturm, Kohlberg, 58809 Neuenrade

▸ Radfahren
Rings um Neuenrade finden E-Biker, Mountainbiker oder Rennradler jede Menge Möglichkeiten. Besonders beliebt sind die 40 bis 50 km langen Touren rund um den *Sorpestausee,* die Runden von Neuenrade (28–49 km) zur *Luisenhütte* bzw. auf den *Kohlberg,* der fordernde Trail *Steinmensch* (39 km) oder die ebenfalls anspruchsvolle Runde von Küntrop *Blaue Lagune* (41 km).

▸ Reiten
Abseits zwischen weiten Wiesen und Feldern gelegen, können Turnier-, Freizeitreiter oder Voltigierer ihrem Sport nachgehen. Der Reitverein Altena hat sich hier auf die Förderung von Jugendlichen spezialisiert, bis hin zum Spitzensport.
Adresse: Reitanlage Döller-Ossenberg-Engels, Wasserburgstr. 26, 58809 Neuenrade-Küntrop,
0172/6599645,
www.reitverein-altena.de

▸ Schwimmbad
Das Warmwasserfreibad liegt in landschaftlich schöner Lage im Osten der Stadt. Das 50-m-Becken mit acht Wettkampfbahnen ist zusätzlich mit einer Breitwasserrutsche, 1- und 3-m-Sprunganlage und einem Nichtschwimmerbecken ausgestattet. Auf der großen Liegewiese unterstreichen Strandkörbe und Kiosk, Beachvolleyball- und Fußballfeld sowie ein Kinderspielplatz die entspannte Stimmung.
Adresse: Friedrichstal 7, 58809 Neuenrade,
02392/61234

▸ Walderlebnispfade
Im sauerländischen Neuenrade wurden insgesamt fünf verschiedene Wege angelegt, auf denen kleine und große Wanderer den Wald aus unterschiedlicher Sicht erfahren und ausprobieren dürfen. Dazu gehören der *Wildschweinweg* (3 km) mit der Waldschule, der *Fuchsweg* (3,6 km) zum Thema Waldarbeit, der *Uhuweg* (2,3 km) mit tollem Ausblick ins Lennetal und der *Igelweg* (3,5 km)

mit Matschstrecke und Dendrophon. Auf dem *Eichhörnchenweg* (4,3 km, kein Rundweg) erfährt man, was eine Kotzbeute und ein Schaumeiler ist.
Start: Parkplatz Waldstadion Neuenrade oder Borke bei Blintrop

▸ Wandern
Neben dem Anschluss an die überregionalen Fernwanderwege lohnen sich im Gebiet von Neuenrade auch die kleineren Tagestouren wie die variablen *Runden von Ihmert* (7 km, 9,5 km) mit Fernsicht von der Alm und Quitmannsturm oder die schwere *Runde von Dahle* (23 km). Beliebt ist der Affelner Rundwanderweg *Rund um die Freiheit* (23 km), in Neuenrade der *Rundweg zum Hexenplatz* (9 km) und die Familienrunde *Roden-Hennes-Weg* (10 km) sowie in Werdohl *Aus dem Lennetal hoch hinauf* (11 km). Folgt man dem *Hauptwanderweg X1* in Richtung Quitmannsturm trifft man auf die *Allee der Bäume,* an der jedes Jahr ab 1989 der Baum des Jahres angepflanzt wird.

▸ ☺ Wintersport
Wenn es geschneit hat, ist der Kohlberg in Neuenrade ein beliebtes Wintersportgebiet. Neben der **Rodelwiese** gibt es einen 430 m langen **Skihang** mit zwei Schleppliften und Flutlichtanlage.
Adresse: Dahler Str., 58809 Neuenrade,
☏ 02392/62401 u. 6930

Olpe

(Kreis Olpe)

Ein kleiner Bach namens Olpe gab dem hier in fränkischer Zeit errichteten königlichen Hof seinen Namen. Rings um die spätere Martinus-Kirche entwickelte sich allmählich ein Dorf, das sich mit Anschluss an den „Römerweg“ und die „Eisenstraße“ zum Händler- und Handwerkerort mauserte und 1311 zur Stadt erhoben wurde. Neben der Lohgerberei und Köhlerei sorgten vor allem die hiesigen Schmiede für den guten Ruf der Stadt. Ein bedeutendes Ereignis war der große Brand am 28. April 1795, der die gesamte Innenstadt erfasste und eine vollständige Umgestaltung des städtischen Grundrisses nach sich zog. Heute sind in Olpe (24 600 Einwohner) die Angebote für Freizeit und Tourismus von größter Bedeutung, wofür maßgeblich der angrenzende Biggesee verantwortlich ist.

Touristinformation der Kreisstadt Olpe
Westfälische Str. 11
57462 Olpe
☏ 02761/831900
🌐 www.olpe-erleben.de

Sehenswertes

▸ Pfarrkirche St. Martinus
Vermutlich wurde in einer kleinen Siedlung im Mündungswinkel von Olpe und Bigge bereits um das Jahr 800 ein erstes Gotteshaus unter dem Patrozinium Johannes des Täufers errichtet. Eine jüngere Johanniskirche wurde 1220 erwähnt, die ab etwa 1700 dem Ortsheiligen St. Martinus gewidmet war, dessen „Mantelspende“ seither Kirchensiegel und Stadtwappen zieren. 1907 fiel das Gotteshaus einer Brandstiftung zum Opfer und wurde im neugotischen Stil neu aufgebaut. Nach einem Bombenangriff 1945 wurde der südwestliche Turm so stark beschädigt, dass er gesprengt werden musste und nicht wieder aufgebaut wurde. Vor dem Seiteneingang der Kirche erinnert eine modern gestaltete, vergoldete Figur an die Hl. Agatha, eine weitere Patronin der Stadt.
Adresse: Auf der Mauer 6, 57462 Olpe,
☏ 02761/2375, 🌐 www.pv-olpe.de

▸ Marktplatz und Pannenklöpper-Denkmal

Auf dem Olper Marktplatz, der nach dem zweiten großen Stadtbrand 1795 neu angelegt wurde, erinnert ein markantes Denkmal an das Schmiedehandwerk. Besonders die Kessel- und Pfannenschmiede sorgten über Jahrhunderte für Ansehen und Wohlstand und brachten den Bürgern von Olpe den Beinamen „Pannenklöpper“ ein.
Adresse: Am Markt, 57462 Olpe

Listerseetalsperre

▸ Valentinskapelle

Am westlichen Ufer des Obersees, unterhalb des Kreuzberges erinnert eine kleine Kapelle an das Dörfchen Ronnewinkel, das 1965 durch die Stauung der Biggetalsperre versunken ist. Die ursprüngliche Kapelle von 1725 wurde 1850 erneuert, diese wiederum 1975 durch eine Bürgerinitiative neu aufgebaut. Der sechseckige Bau beherbergt eine Reliquie des Hl. Valentin, der u. a. der Schutzpatron der Reisenden und der Imker ist. Erreichbar vom Freizeitbad aus über den Uferweg.
Adresse: Seeweg, 57462 Olpe

Stadtmauer und Engelsturm

▸ Engelsturm und Hexenturm

Bei einem Streifzug durch die Innenstadt trifft man u. a. auf Spuren der ehemaligen Stadtbefestigung, die nach der Verleihung der Stadtrechte 1311 errichtet wurde. Neben Teilen der Stadtmauer hat sich der „Hexenturm“ als ältestes Profangebäude der Stadt erhalten. Ob in ihm tatsächlich angebliche Hexen eingesperrt wurden, ist fraglich, aber vielleicht wurde er früher einmal als „Hessenturm“ bezeichnet. Der „Engelsturm“ im Westen wurde 1961 wieder aufgebaut. In seiner Fassade ist in der Tat ein Engel zu erkennen, der einst ein Schmuckstück der Martinus-Kirche war, die 1907 vollständig abbrannte.

▸ Listerseetalsperre

Die Talsperre des Listersees wurde bereits 1912 hochgezogen und gehört damit

zu den ältesten Talsperren des Sauerlandes. Sie wird von den Zuläufen Lister, Beche und dem Herpeler Bach gespeist. Neben der Nutzung zur Stromerzeugung und der Wasseraufhöhung der Ruhr ist der 4500 m lange See besonders bei Anglern beliebt. Seit 1965 ist die 169 ha große Wasserfläche ein Seitenarm des Biggesees. Ein Wander- und Radweg führt von der Staumauer nach Kalberschnacke.
Adresse: Listertalstr. 60, 57439 Olpe, 02722/637468, www.ruhrverband.de

Freizeit & Natur

Badestelle
Das Strandbad am Sonderner Kopf mit angrenzendem Campingplatz lockt mit großer Liegewiese und einer der größten Badeinseln Europas. Zum absoluten Badespaß gehören an dieser Stelle Trampolin, Kletterwand und Actiontower.
Adresse: Sonderner Kopf 3, 57462 Olpe, 02761/944111, www.freizeit-oasen.de

Blob Base
„Blobbing“ ist ein echter Nervenkitzel und das Prinzip denkbar einfach. Auf dem Wasser schwimmt ein riesiger Gummischlauch, der „Blob“. Auf dem einen Ende sitzt der „Blobber“, während der „Jumper“ vom Sprungturm auf das andere Ende springt und dadurch den „Blobber“ meterhoch durch die Luft katapultiert. Das Wasserkatapult am Biggesee ist ein Riesenspaß, nicht nur für Kinder.
Adresse: Am Sonderner Kopf 3, 57462 Olpe, 02761/944111, www.freizeit-oasen.de

Bootfahren
Westfalens größte Talsperre, der Biggesee, bietet auf rund 20 km Länge ein riesiges Angebot für Wassersport. Segelfreunde ohne festen Liegeplatz finden zahlreiche freie Einsetzmöglichkeiten. Monatsscheine sind beim Ruhrverband erhältlich. Für den Kurztrip mit Tret-, Ruder- oder Elektroboot gibt es verschiedene Möglichkeiten, ein Wasservehikel zu mieten.
Adressen:
Bootsverleih Biggesee: Strandweg 2, 57462 Olpe-Sondern, 0171/2848833
Tret- und Ruderbootverleih am Bootshaus Olpe: Seeweg 7, 57462 Olpe, 02761/9779156

Personenschifffahrt
Mit der MS Westfalen und der MS Bigge bietet die Weiße Flotte vom Biggesee bei jedem Wetter ein Vergnügen der besonderen Art an.
Anlegestellen: Sondern Ort, Talbrücke, Biggedamm
Adresse: Am Hafen 1, 57462 Olpe, 02761/96590, www.personenschifffahrt-biggesee.de

Schwimmbäder
Die Attraktionen im **Freizeitbad Olpe** mit schönem Außenbereich reichen vom Hexenkessel über das Hyperthermalbad bis hin zur gewundenen 85-m-Riesenrutsche. Dampfgrotte und Solarwiese, Badebar und Sole-Erlebnisbecken, Kneippbecken und Sprung-Anlage komplettieren das Angebot. Richtig heiß wird es im Valu-Bad, in der Panorama-, Blockhaus-, Maa- oder Ruusu-Sauna.
Der Naturcampingplatz am Biggesee gestattet es auch Nicht-Campern, das kühlende Nass des Sees zu genießen und sich auf der großen Liegewiese des **Naturfreibades Kessenhammer** einen erholsamen Tag zu gönnen.
Adressen:
Freizeitbad: Seeweg 5, 57462 Olpe, 02761/93850, www.freizeitbad-olpe.de
Naturfreibad: Kessenhammer 3, 57462 Olpe, 02761/94420, www.naturcamping-biggesee.de

Stand-up-Paddling & Surfen

An der Bigge kann man lernen, wie man sich auf einem schwankenden Brett hält und auch noch vorwärtskommt. Nicht umsonst nennen sie sich selber „Brettsportbekloppte", bieten daher auch Snowboard- und Windsurfkurse an und beflügeln jeden, der will, beim spektakulären Wing Foiling.
Adresse: Breite Str. 11, 57076 Olpe, 0271/41842, www.windsurfing-siegerland.de

Tauchen

Wer einmal die lautlose Tiefe des Biggesees erkunden und die Schwerelosigkeit der Unterwasserwelt erleben möchte, findet im Biggesee die ideale Gelegenheit. Es gibt im Stadtgebiet Attendorn die zwei Tauchgebiete „Weuste" (bis 23 m) und „Kraghammer Sattel" (bis 42 m). Im Stadtgebiet Olpe befindet sich an der Campinganlage „Sonderner Kopf" die Tauchschule Biggesee.
Adresse: Am Sonderner Kopf 3, 57462 Olpe, 02761/63214 u. 0172/5913125, www.tauchschule-biggesee.de

Wandern

Das Naturerlebnisgebiet Biggesee-Listersee bietet zahlreiche Möglichkeiten, der Natur auf ausgezeichneten Wegen näherzukommen. Eines der schönsten Naturerlebnisse bietet der *Bigge-Lister-Wanderweg* (46 km), auf dem in zwei Tagen der „Sauerländer Fjord" umrundet werden kann. Zwischen Wörmge und Bruch folgt man dabei der *KulTour,* einem Weg mit verschiedenen Kunstobjekten. Auch der *Veischeder Sonnenpfad* (37 km) bietet in zwei Etappen grandiose Panoramablicke und gemütliche Einkehrmöglichkeiten. Der *Franz-Hitze-Pfad* (19 km), nach einem bekannten Sozialreformer, führt an 16 Stationen vorbei durch die Dörfer und Wälder rings der Kreisstadt, während der *Waldweg Grenzenlos* (3 km) am Kimicker Berg barrierefreies Wandern ermöglicht.

Olsberg

(Hochsauerlandkreis)

Die in der gesamten Kernstadt verteilten bunten Fiberglasfiguren zeigen den „Wasserdoktor" Kneipp beim eiskalten Knieguss und versinnbildlichen die Hauptthemen der Stadt: Wandern, Wasser, Wohlfühlen. Schon 1894 legte ein Kneipp-Schüler mit einem Sanatorium die Grundlagen für den späteren Kneipp-Kurort (1961), der sich seit 2016 Kneipp-Heilbad nennen darf. Neben vielfältigen Wasseranwendungen bestechen Olsberg und seine Ortsteile (14 400 Einwohner) mit spektakulärer Natur, pittoresken Dorfansichten, verträumten Schlössern und jeder Menge Bergbaugeschichte.

Tourismus Brilon Olsberg GmbH
Ruhrstr. 32
59939 Olsberg
02962/97370
www.tourismus-brilon-olsberg.de

Sehenswertes

Kirchen

Die auffällige **Martinuskirche** in Bigge (Hauptstr.) überrascht mit einer prächtigen barocken Ausstattung. Die heutige Kirche entstand um 1770, während der etwa 50 m hohe Westturm aus dem 11. bis 13. Jh. stammt. Regelmäßig finden hier klassische Konzerte statt. Die Kirche **St. Laurentius** in Elleringhausen (Elleringhausener Str.) wurde 1964 im seinerzeit modernen, sehr schlichten Stil erbaut, lockt jedoch kunstbegeisterte Besucher von weither, da die hohen, vielfarbig schillernden Glasfenster von dem namhaften Künstler Jürgen Suberg gestaltet wurden.

Kapellen
Der durch Spenden finanzierte Bau der **Marien-Kapelle** im ehemaligen Bergarbeiterdorf Heinrichsdorf (Bergmannsweg) wurde 1954 eingeweiht. Nach der italienischen Heiligen Maria Goretti benannt, beeindruckt das Gotteshaus besonders durch den „hölzernen Himmel". Die kleine **Küsterlandkapelle** im Rosendorf Assinghausen (Zum Küsterland) wurde 1758 erbaut und der schmerzhaften Mutter geweiht. Heute von einem Park umgeben, wurde das mit Schiefer gedeckte Kirchlein nahe einem Handelsweg vor allem von Fuhrleuten genutzt, die hier ihre Tiere tränkten und für eine gute Reise beteten.

Schloss Bruchhausen
Das romantische Wasserschloss, das in seinen wehrhaften Ursprüngen bis in das 14. Jh. zurückgeht, ist bis heute im Besitz der Freiherrn von Fürstenberg-Gaugreben, die das Ensemble als forst- und landwirtschaftlichen Betrieb betreiben. Während das Schloss privat bleibt, dürfen sich Besucher über ein kleines Kutschenmuseum, eine Hofbrauerei sowie ein gemütliches Gutscafé mit Rosengarten freuen.
Adresse: Schloßhof 1, 59939 Olsberg-Bruchhausen, 02962/97670, www.schloss-bruchhausen.de

Schloss Gevelinghausen
Der ehemalige Rittersitz mit seinen markanten Fachwerktürmen thront förmlich über dem kleinen Ortsteil. Das bereits 1299 in Urkunden erwähnte Haus kam 1796 in den Besitz von Freiherr von Wendt-Papenhausen, mit dessen Familie die Dichterin Annette von Droste-Hülshoff in verwandtschaftlicher Beziehung stand. 1824 und 1831 war die berühmte Schriftstellerin hier längere Zeit zu Gast. Heute dient der historische Adelssitz als exklusives Tagungshotel und ist Sitz einer Versicherungsakademie.
Adresse: Schloss Str. 1, 59939 Olsberg, 02904/8030, www.schloss-gevelinghausen.de

Kropff'sches Haus
Die schlossartige Fachwerkvilla ist nicht nur aufgrund ihrer traumhaften Gestaltung einen Blick wert. Denn es erinnert an Ida Kropff-Federath, die letzte Alleininhaberin und erste Frau an der Spitze der Olsberger Hütte, eines der ältesten Familienunternehmen Deutschlands. Nach dem Tod der modernen, weitgereisten und sozial engagierten Unternehmerin wurde eine Stiftung ins Leben gerufen, die Villa zum Teil abgerissen und als Waisenhaus neu errichtet. Heute betreibt die Stiftung die „Jugendhilfe Olsberg".
Adresse: Rutsche 6, 59939 Olsberg

Schloss Bruchhausen

Buskers Haus und Zehntspeicher
Mit seinen jahrhundertealten Fachwerkhäusern wird der Ortsteil Assinghausen seinem Ruf als einem der schönsten Dörfer des Landes gerecht. Besonders beeindruckend ist das in der Grimmestraße zu erleben, in der sich mehrere denkmalgeschützte Häuser aneinanderreihen. Das 1688 errichtete „Buskers Haus" ist noch dazu weithin das älteste erhaltene Bauernhaus. Im historischen

Zehntspeicher von 1556 kann auf Anfrage eine kleine Ausstellung besichtigt werden.
Adresse: Grimmestr., 59939 Olsberg-Assinghausen; Tourismus Brilon Olsberg, 02962/97370

Rosendorf
Der Ortsteil Assinghausen ist seit 2007 anerkanntes „Rosendorf" der Deutschen Rosengesellschaft. Gleich vier *Rosenwege* führen zu den über 150 verschiedenen Rosensorten, die das Dorf überall schmücken.
Infos: www.rosendorf-assinghausen.de

Museen & Ausstellungen

Afrika-Museum Vogt
Dieser Sauerländische Kontakt zu Afrika begann vor über einem Jahrhundert durch missionarische Tätigkeit. Im Laufe der Zeit wurde eine Sammlung aus Skulpturen, Schmuck und Alltagsgegenständen zusammengetragen, die uns heute von Riten und Magie, Ahnenkult und Alltag einer fremden Welt berichten. Mit wechselnden Ausstellungsthemen wird das Interesse an Afrika und seinen Menschen geweckt.
Adresse: Auf dem Bohlen 14, 59939 Olsberg-Gevelinghausen, 02904/1660 u. 9768014, 02904/920589 (Wochenende), www.afrika-museum-vogt.de

Heimatstube Wulmeringhausen
Die Ausstellungsstücke, die in diesem kleinen Museum die Erinnerungen an Bergbau und Handwerk aufrechterhalten, gehen in die Tausende. Diverse Werkzeuge, ganze Erzsammlungen und ein „Eisenzimmer" mit rund 300 Gussbildern erlauben einen lebendigen Blick in das arbeitsreiche Leben der Vorfahren.
Adresse: Dorfgemeinschaftshaus, Olsberger Strasse 32, 59939 Olsberg-Wulmeringhausen, 02962/1055, www.wulmeringhausen.de

Heimatmuseum „Alte Mühle"
Die Alte Mühle im Ortsteil Gevelinghausen taucht bereits 1562 in den Urkunden auf. Mit Unterstützung des hiesigen Heimatvereins konnte das Haus als kleines Museum eingerichtet werden, das neben der Heimatgeschichte auch das alte Müllerhandwerk thematisiert.
Adresse: Kleine Trift 4, 59939 Olsberg-Gevelinghausen, 02904/6128 u. 3892, www.gevelinghausen.de

Kunstatelier Suberg
In einem mehr als 300 Jahre alten Fachwerkhaus entsteht renommierte Kunst. In diesem futuristisch gestalteten Haus gibt sich der Beuys-Schüler Jürgen Suberg ganz der Malerei und Bildhauerei hin. Hier entstanden auch die lebensgroßen Kneipp-Figuren aus der Olsberger Innenstadt.
Adresse: Elleringhauserstr. 31, 59939 Olsberg-Elleringhausen, 02962/4936, www.kunstatelier-suberg.de

Friedrich-Wilhelm-Grimme-Gedächtnisraum
Der 1827 hier geborene Schriftsteller, Dichter und Schulleiter wurde als Sauerländer Mundartdichter weithin bekannt. Im kleinen Heimatmuseum des Ortsteils Assinghausen werden heute einige Originalmanuskripte und Briefe sowie Bilder gezeigt.
Adresse: Brunnenweg 8 (ehem. Volksschule), 59939 Olsberg-Assinghausen, 02962/802957

Heimatstübchen Helmeringhausen
Diese Stube erinnert mit einigen Hundert Ausstellungsstücken an das vergangene Leben und Arbeiten im Ortsteil Helmeringhausen. Als Highlight gilt jedoch ein ca. 50 m langer Tunnel, der einst in den Schiefer gehauen wurde und im Zweiten Weltkrieg als Schutzbunker diente.
Adresse: Voßbachstr./Hubertushaus, 59939 Olsberg-Helmeringhausen, 02962/5178, www.helmeringshausen.de

Historische Nagelschmiede
Ein Nagel ist längst nicht nur ein Nagel. Besonders damals, als der Ortsteil als Dorf der Nagelschmiede galt und jeder Schmied nach seinem ureigenen Muster produzierte, war es so. In einer der letzten Schmieden wurde ein kleines Museum eingerichtet, das an das vergangene Handwerk und an besondere Schmiedearbeiten erinnert, z. B. den „Toggenburger", einen Randnagel für Bergsteigerstiefel. Im Oktober findet das Nagelschmiedefest mit Vorführungen statt.
Adresse: Hochsauerlandstr. 25, 59939 Olsberg-Bruchhausen, ☏ 02962/2680, 🌐 www.bruchhausen.de

Freizeit & Natur

Bogenschießen
In der Naturschule Hochsauerland werden Naturerlebnisse vermittelt, die Augen geöffnet und die Sinne geschärft. Ausgebildete Naturpädagogen bieten nicht nur die Möglichkeit, die Natur besser kennenzulernen, sondern lehren auch, wie man Körper und Geist in Einklang bringt. Das intuitive Bogenschießen mit Holz-Langbögen hilft, sich zu fokussieren.
Adresse: Am Böhl 3a, 59939 Olsberg, ☏ 02985/908560 u. 0173/9412631, 🌐 www.naturschule-hochsauerland.de

Bruchhauser Steine und Strüker Stein
Im Ortsteil Bruchhausen erheben sich auf dem Istenberg vier große Felsen aus Lava-Gestein, die das erste nationale Naturmonument in NRW bilden. Die Felsformation stellt ein ganz eigenes Biotop dar, in dem zahlreiche seltene Tiere und Pflanzen leben. Das Areal, das in vorgeschichtlicher Zeit auch als Verteidigungsanlage genutzt wurde, kann heute über einen rund 13 km langen Rundweg erkundet werden. Ein Infozentrum hält jede Menge Wissenswertes bereit. In Sichtweite, auf dem Iberg bei Assinghausen, befindet sich der 6 m hohe Strüker Stein, der ebenfalls einen Besuch lohnt.
Zugang: ab Wasserschloss in Bruchhausen

☺ Erlebnisberg Sternrodt
Bitte anschnallen, denn mit den Bobs der Bergrodelbahn ist man schnell mit 45 km/h unterwegs. Mit Laufhöhen von bis zu 5 m und über einige wirklich steile Abschnitte brausen die Gefährte durch die Sauerländische Naturkulisse.
Adresse: Am Medebach 98, 59939 Olsberg-Bruchhausen, ☏ 02985/908881 u. 0172/2802295, 🌐 www.erlebnisberg-sternrodt.de

Gleitschirmfliegen
Im Flugsportzentrum in Olsberg-Elpe kann man das Fliegen in seiner wohl natürlichsten Form erleben: beim Gleitschirmfliegen. Das traditionsreiche Fluggebiet Stienmarkskopf wird ob seiner Windsicherheit und der gemütlichen Elper-Hütte gelobt, weshalb hier die Flugschule Papillon ihre Theorie- und Praxisausbildung durchführt. Auch der Sonderlandeplatz nahe den Bruchhauser Steinen bietet beste Gelegenheiten für Drachen- und Gleitflieger. Das Fluggebiet Wenholthausen gilt vielen Piloten als eines der schönsten Südwest-Fluggebiete im gesamten Sauerland.
Adressen:
Flugschule Papillon Hochsauerland: In der Liemecke 3, 59939 Olsberg, ☏ 02983/9740533, 🌐 www.flugschule-sauerland.de
SauerlandAIR: Schörenbergstr. 20, 59939 Olsberg, ☏ 0171/5052190, 🌐 www.sauerlandair.de

Kneippen
Der *Kneipp-Wanderweg* (39 km) schlängelt sich vom Kneipp-Erlebnis-Park in Olsberg durch die wasserreiche Natur zu sechs Tretstellen. Die Strecke lässt sich auch in vier Etappen (9 bis 17 km) erwandern. Außerdem kann man sich von ausgebildeten

Kneipp-Animateuren begleiten lassen. Deutschlandweit ist dieser Weg einmalig und gilt selbst unter den Qualitätswegen als einer der schönsten überhaupt. Noch mehr Kneipp bietet der *Kneipp AktivWeg* (7 km), der im Zentrum der Stadt zu zehn Kneipp-Rast-Orten führt.

Langenberg-Gipfel

Nahe dem Ortsteil Bruchhausen, im Grenzgebiet zu Hessen, kann man ein echtes Highlight erleben, denn der Langenberg ist mit seiner Höhe von 843,2 m der höchste Berg in ganz NRW. Nach einem durchaus anstrengenden Aufstieg zum Gipfelkreuz darf man sich ins Gipfelbuch eintragen.

Start: Südl. von Bruchhausen, nahe dem Rothaarsteig, 0,5 h vom Erlebnisberg Sternrodt.

Der Langenberg, die höchste Erhebung von NRW

Naturerlebnispfade für Kinder

Vosspfad: (2,5 km) ab Vogelstange, Helmeringhausen, mit 21 Erlebnisstationen wie Hüpfscheiben, Baumgitarre und Barfußpfad.
Große Freiheit Siebenstern: (2 km) ab Wanderparkplatz Langer Berg, fünf Erlebnisstationen wie Klanghölzer und Baumtelefon.
Drumecke-Rundweg: (3 km) ab Drummecke, Bruchhausen, ein Naturlehrpfad mit Tieren am Wegesrand.

Reiten

Das Reitsportzentrum Olsberg in direkter Nachbarschaft zum Schloss Gevlinghausen bietet Reitunterricht und tolle Möglichkeiten für einen traumhaften Ausritt.
Bei der Kropff-Federath'schen Stiftung der Jugendhilfe Olsberg wird unter anderem Heilpädagogisches Reiten und Arbeiten mit dem Pferd angeboten.

Adressen:
Reitsportzentrum Olsberg: Schlossstr. 1 in 59939 Olsberg-Gevelinghausen, 0151/11650099, www.junge-pferde.de
Jugendhilfe Olsberg: Rutsche 6, 59939 Olsberg, 02962/97140, www.jugendhilfe-olsberg.de/reittherapie

Thermalbad & Sauna

Wasserspaß, Fitness und Wellness stehen in der Sauerlandtherme Aqua-Olsberg ganzjährig auf dem Programm. Dafür sorgen das 25-m-Innenbecken mit Sprungturm, der Wasserspielgarten, die Natursolebecken drinnen und draußen, die Saunalandschaft und die Kneipp-Box.
Im Sommer öffnet das Freibad mit Liegewiese, Matschplatz und Beachvolleyballfeld.

Adresse: Zur Sauerlandtherme 1, 59939 Olsberg, 02962/845050, www.aquaolsberg.de

Wandern

Naturbelassene Routen machen die zertifizierten Wanderwege rund um Olsberg aus. Die *Bergbauschleife* (7 km) startet am Wanderparkplatz Langer Berg und bietet neben spektakulären Ausblicken auf Olsberg zahlreiche Informationen zur Bergbaugeschichte. Die *Gipfelkreuztour* (6 km) hat es durchaus in sich – inklusive erfrischender Luisenquelle und abenteuerlichem Klippenpfad. Über den *Schmalahtalrundweg* (8,5 km) erreicht man zahlreiche Natur-Highlights und gemütliche Einkehrmöglichkeiten. Die *Quellentour* (19 km) ist Teil des Kneipp-Wanderweges und bietet neben drei natürlichen, eiskalten Tretstellen Einblicke in die Bergbauwelt. Auf der *Goldroute* (17 km) kann man gleich drei Dörfer kennenlernen, die bei Wettbewerben wie „Unser Dorf hat Zukunft" eine Goldmedaille erreicht haben: Assinghausen, Elleringshausen und Bruchhausen.

▸ ☺ Wintersport

Ski Alpin: Am Langenberg, NRWs höchstem Berg, lockt das familienfreundliche Skigebiet Sternrodt nahe Bruchhausen. Leichte bis mittelschwere Pisten, zwei Ankerlifte und eine der längsten Abfahrten des Sauerlandes (1,4 km) sind besonders für Fortgeschrittene Skifahrer interessant. Anfänger und Skizwerge üben auf einem separaten Hang, wo die Profis der Sternrodt-Skischule zeigen, wo es langgeht. Die Stern-Rodt-Alm ist weithin für ihr Après-Ski bekannt.

Langlauf: Olsberg ist auf Höhe des Waldhotels Schinkenwirt an die gespurten Routen des DSV Nordic-Aktiv-Zentrum Brilon angebunden. An der Bergstation des Skigebietes Sternrodt besteht eine Verbindung zu den acht Loipen der Willinger Hochheide.

Adresse: Am Medebach 98, 59939 Olsberg, ☏ 02985/908813 u. 258, 🌐 www.sternrodt-skilift.de

Plettenberg

(Märkischer Kreis)

Die waldreichste Stadt im Märkischen Kreis wurde im Jahre 1072 erstmals unter dem Namen Heslipho erwähnt, was als „am Elsebach gelegen" gedeutet wird. Im 14. Jh. ging die Siedlung an die Herzöge von Kleve, die zunächst die Freiheitsrechte und 1397 die Stadtrechte verliehen. Es entstand rings um die zentrale Christuskirche eine befestigte Ansiedlung, von der u. a. die Burgruine Schwarzenberg erhalten ist. Ein verheerender Brand zerstörte die Stadt 1725. Mit der Industrialisierung wurde ihre heutige Bezeichnung als „Vier-Täler-Stadt" bedeutsam, da sich in den vier Flusstälern erste metallverarbeitende Fabriken ansiedelten, die für steten Aufschwung sorgten. Mit tollen Aussichtspunkten, historischen Kleinodien und viel unberührter Natur zwischen Lenne und Ebbegebirge macht sich Plettenberg (25 000 Einwohner) heute auch einen Namen als Freizeitstadt.

Plettenberger KulTour GmbH
Kaiserstr. 9
58840 Plettenberg
☏ 02391/605420
🌐 www.plettenberg-kultour.de

Sehenswertes

▸ Burgruine Schwarzenberg

Die Bauarbeiten zu dieser wehrhaften Anlage begannen im Jahre 1301. Bald entstand ein Ensemble aus Wehr- und Wohngebäuden, in denen sich die märkischen Amtleute und zeitweise der Graf von der Mark höchstselbst zurückziehen konnten. Über Jahrhunderte wurde die markante Anlage um- und ausgebaut, fiel in verschiedene Adelshände und brannte schließlich im Jahre 1864 vollständig aus. Es blieb nur noch eine Ruine bestehen. Ein Modell der ehemaligen Burg befindet sich im Heimathaus. Rundwanderweg zur Burgruine mit Aussichtspunkt Engelbertstuhl (A1 und Z, 6 km).

Adresse: Schwarzenberg 1, 58840 Plettenberg

▸ Christuskirche

Die zentral gelegene ev. Christuskirche entstand um 1230 und war ursprünglich dem Hl. Lambertus gewidmet. Sie ist der Nachfolgerbau eines vermutlich aus ottonischer Zeit

Innenstadt Plettenberg

stammenden kleinen Saalbaus. Auffällig sind die zwei markant ausgebildeten Chortürme. Im Inneren sind ein wiederentdecktes Fresko mit Christus als Weltenrichter sowie ein seltenes „Gabelkreuz“, ein Kruzifix in Y-Form, zu sehen.
Adresse: Kirchstr. 2, 58840 Plettenberg, 02391/2088

▸ Schloss Brünninghausen

Im Ortsteil Ohle ist das ursprünglich von einem Teich umgebene Herrenhaus nicht zu übersehen. Vermutlich wurde es bereits lange vor seiner ersten Erwähnung im Jahre 1311 errichtet und war Sitz der Herren von Ohle, derer von Rüspe, von Horst und gelangte schließlich im 17. Jh. in den Besitz der Familie von Wrede. Das durch die zwei miteinander verbundenen Burghäuser sehr markante Gebäude wird als privates Wohnhaus genutzt und kann nur von außen betrachtet werden.
Adresse: Brünninghausen 1, 58840 Plettenberg

Spuren des Bergbaus

Museen & Ausstellungen

▸ Heimathaus/Städtisches Museum

Seit 1977 wird das ehemalige Bruderschaftshaus und spätere Wohn- und Geschäftshaus im Schatten der Christuskirche als ehrenamtlich geführtes Museum genutzt. Zentrale Themen sind die Stadtgründung und die Industriegeschichte des Ortes im 19. und 20. Jh. In fünf Räumen werden Möbel, Fotografien und zwei große Modelle von der Stadt und der Burg Schwarzenberg gezeigt.
Adresse: Kirchstr. 8, 58840 Plettenberg, 02391/12823, www.heimatkreis-plettenberg.de

▸ Bleierzgrube Neu Glück

Heute erinnert über Tage nur noch Weniges daran, wie es einst unter Tage zuging. Erst durch den Bau einer Umgehungsstraße wurde 2006 ein alter Stollen wiederentdeckt. Die alte Bleierzgrube „Neu Glück“ von 1755 ist nur eine von 120 Gruben, in denen in den vergangenen 900 Jahren unter Plettenberg nach Erz gegraben wurde. Um an die lange Geschichte des hiesigen Bergbaus zu erinnern, wurde ein Besucherstollen eingerichtet.
Adresse: Weidenstr. 7, 58840 Plettenberg; Plettenberg KulTour: 02391/605420

Freizeit & Natur

Angeln
Lenne, Oesterbach, Else, Grüne, Oestertalsperre und die Teichanlage SAV Oestertal bieten Sportanglern die unterschiedlichsten Möglichkeiten, die Angelschnur auszuwerfen. Zudem helfen einem die Vereine dabei, den notwendigen Angelschein zu erlangen.
Infos:
Anglerclub Forelle Eiringhausen: 02391/409167, www.forelle-eiringhausen.de
Angelsportfreunde Plettenberg-Bremcke: 02391/990250, www.asf-bremcke.de
Anglerklub Gute Freunde Plettenberg-Holthausen: 02392/70534
Plettenberger Maipiere Sportfischer: 02394/210, www.maipiere.de
Sportangelvereinigung des Oestertals: 02357/171157 u. 0151/21178605, www.sav-oestertal.de

AquaMagis
Die absoluten Highlights der spektakulärsten Wasserrutschen-Anlage im ganzen Land sind die Windrutsche „Storm Force 1", die Stehrutsche „Crazy Surfer" und der „Aqualooping". Wem das zu flott geht, der nutzt die vielfältige Wasserlandschaft mit Saunen, Sportbad, beheiztem Außenpool, Karibikgarten mit großer Liegewiese.
Adresse: Böddinghauser Feld 1, 58840 Plettenberg, 02391/60550, www.aquamagis.de

Naturerlebnisweg Bommecketal
Schon mit seiner Namensbedeutung „von Bäumen umstandener Bach" lockt das Tal der Bommecke. Aufragende Felsen, rauschende Stromschnellen und Wasserfälle und jede Menge schattiger Laubwälder machen die nur 4 km lange Strecke durch ein Kerbtal zu einem kleinen, ziemlich beeindruckenden Abenteuer, das auch Kinder locker bewältigen.

Oestertalsperre
Am Ortsausgang in Himmelmert stauen sich seit 1906 bis zu 3,1 Millionen m^3 feinstes Nass, um den Oesterbach zu regulieren, auf dessen Wasserkraft viele hiesige Fabriken setzten. Inzwischen ist die 24,5 ha große Wasserfläche Plettenbergs größtes Schwimmbecken und erfreut sich bei Wassersportlern, Anglern und Spaziergängern größter Beliebtheit.

Radfahren
Der alljährliche „P-Weg-Marathon" hat Plettenberg weithin in der Mountainbike-Szene bekannt gemacht. Doch auch, wer es etwas gemütlicher angeht, kommt auf dem gut ausgebauten Wegenetz von Plettenberg auf seine Kosten. Sehr beliebt sind die *Eis- und Café-Route Plettenberg-Herscheid* (32 km), die *Museumseisenbahn-Touren* (19,5 oder 48 km), die *Burgen- und Schlösser-Tour* (43,5 km), die *Stadt-Land-Fluss-Tour* (63 km) oder die *Kennenlern-Tour* (30 km). Historisch geht es auf den *Geschichtstouren* (XS 9 km, XL 40 km) zu, während die *Bergziegentour* (16 km) als nette Feierabendrunde durchgeht. Das Neueste sind zwei Audioguide-Geschichtstouren mit je 30 Hörstationen für das Smartphone.

Reiten
Ob Urlaub mit Pferden, Reitschulen oder -vereine, Zucht- oder Pensionsbetriebe, das Plettenberger Land bietet eine ungeahnte Vielfalt an Gelegenheiten, seine Zeit mit dem geliebten Hufträger zu verbringen.
Adressen:
Mangs Hof: Beisenkamp 5, 58840 Plettenberg, www.mangs-hof.de
Reitanlage Langenhof: Bremcke 7, 58840 Plettenberg, 0171/1241195 u. 0171/3855933, www.langenhof-pferde.de
Reit- und Zuchtverein Plettenberg: Hohlweg 13, 58840 Plettenberg, 02391/54911, www.pgermano9.wixsite.com

Freizeitreitschule Ponyhof Klinger: Unterm Grünen Berg 28, 58840 Plettenberg, ✆ 02391/14186 u. 0176/31120210, 🌐 www.fz-rsk.de
Heilpädagogisches Reiten mit Islandpferden: Im Hucksholl 6, 58840 Plettenberg-Himmelmert, ✆ 02391/70040 u. 0160/98097418, 🌐 www.reittherapie-struwe.de
Reitanlage Lindenhof KG: Jüttenstr. 8, 58840 Plettenberg, ✆ 02391/9592-0, 🌐 www.reitanlage-lindenhof.org

▸ Stand-up-Paddling

Der Wassersporttrend ist auch an der Oestertalsperre in Plettenberg angekommen. Die SUP-Boards können in den Sommermonaten am Wochenende ausgeliehen werden. Das Üben findet dabei unter der Aufsicht der DLRG Plettenberg an der Wachstation statt.
Adresse: Wilhelmstr. 9, 58840 Plettenberg

▸ Story House

In einem geschichtsträchtigen Haus in der Altstadt kann man sich zum Vergnügen einschließen lassen, um innerhalb von 60 Min. so viele Rätsel wie nötig zu lösen, um den befreienden Schlüssel zu finden. Und weil Einzelgänger keine Chance haben, muss das ganze Team mit Logik und Kombinationsgabe ran. In diesem „Story House“ warten die unterschiedlichsten Escape-Rooms auf die Teams.
Adresse: Wilhelmstr. 33, 58840 Plettenberg, ✆ 0176/44267949, 🌐 www.story-house.de

▸ Tauchen

Der Tauchsportclub von Plettenberg trainiert den faszinierenden Unterwassersport im Sommer im Freiwasser der Oestertalsperre. Je nach Wasserstand geht es bis zu 30 m in die Tiefe. In der Winterzeit wird im Freizeitbad AquaMagis an Kondition und Technik gefeilt.
Infos: ✆ 02391/10745 u. 0176/34083900, 🌐 www.tauchsportclub-plettenberg.de

Der Plettenberger Kunstpfad

▸ Wandern

Der Sauerländische Gebirgsverein ist im Raum Plettenberg für das insgesamt 472 km lange Wanderwegenetz zuständig, zu dem auch ein Abschnitt des *Sauerland-Höhenflugs* (250 km) zählt. Neben der Umrundung der *Oestertalsperre* (7 km) gibt es die *Hestenberg Rundwege* (P1, P2, 4 km), die *Tour zur Burgruine Schwarzenberg* (6 km) und schließlich den ambitionierten *Plettenberger Rundwanderweg* (57,5 km), der bei Bikern als P-Weg bekannt ist. Eine Besonderheit ist der *Plettenberger Kunstpfad* (3 km) auf der alten Bahntrasse am Hestenberg. Reproduktionen von Kunstwerken ehemaliger Stipendiaten der Werkstatt Plettenberg können hier in waldreicher Umgebung bewundert werden.

Rüthen

(Kreis Soest)

Am Oberlauf der Möhne hat sich die große Landgemeinde Rüthen (10 600 Einwohner) mit ihren 15 Ortsteilen zu einem beliebten Freizeit- und Erholungsgebiet entwickelt. Schon von Weitem wird deutlich, warum der Hauptort, der bereits im Jahre 1200 mit Stadtrechten versehen wurde, als Bergstadt bezeichnet wird. Die Vergangenheit als administrativer Mittelpunkt des Herzogtums Westfalen und erfolgreiche Hansestadt lässt sich beim Gang über die mittelalterliche Stadtmauer erahnen. Rüthen selbst und seine attraktiven Ortsteile bieten reichlich Natur, fast 200 km Wanderwege, spannende Historie und jede Menge Kultur.

Tourismus und Stadtmarketing Rüthen
Hochstr. 14
59602 Rüthen
02952/818-172
www.ruethen.de

Sehenswertes

▸ Stadtmauer

Seit dem Aufbau der ersten Stadtbefestigung ab 1270 bis zu deren Verfall ab 1648 hatten die Bürger des hoch gelegenen Bergstädtchens nichts von der prächtigen Aussicht, die man heute genießen kann. Denn um sich in unruhigen Kriegs- und Notzeiten oder gegen Fehde führende Raubritter und kriegerische Söldner zu erwehren, errichteten sie ringsherum eine 3 km lange, bis zu 3,5 m hohe Mauer mit vier Toren und elf Türmen. Die ehemalige Stadtmauer ist Teil eines Rundweges um die historische Altstadt und bietet tolle Ausblicke auf die Umgebung.

▸ Hachtor

Das letzte von ehemals vier Stadttoren stammt aus dem 14. Jh. und hatte in vergangenen Zeiten den besonders flachen und daher anfälligen nördlichen Bereich der Bergstadt zu sichern. Über lange Zeiten diente das Gemäuer zudem als Gefängnis für auswärtige Übeltäter und Halunken.
Adresse: Hachtorstr., 59602 Rüthen

▸ Ehemaliges Kapuzinerkloster

Nach dem die Kapuziner die Erlaubnis bekamen, in Rüthen ein Kloster einzurichten, erfolgte 1654 die Gründung des Klosters St. Catharina und St. Elisabeth. Es hatte bis 1804 Bestand. Von der barocken Klosterkirche, die 1834 abgerissen wurde, blieb lediglich das Portal bestehen, das heute als Friedhofseingang dient. Die drei Flügel des Klosters, das sich einst um einen Kreuzgang zog, blieben ebenfalls bestehen und wurden u. a. als Gerichtshaus genutzt. Sie beherbergen inzwischen Mietwohnungen.
Adresse: Klosterweg 2, 59602 Rüthen

▸ Jüdischer Friedhof

Im Jahre 1625 wurde den hiesigen Juden von der Stadt Rüthen im ehemaligen Befestigungsgraben am Hachtor ein dauerhafter Bestattungsbereich überlassen. Die letzte Bestattung auf dem „Judenhagen“ wurde 1958 durchgeführt und der Friedhof ist seither geschlossen. Da sich dieser städtische Judenfriedhof in seiner Topografie so original erhalten hat, gilt er als ein westfälisches Kulturdenkmal von überregionaler Bedeutung. Besichtigung nur von der Umzäunung her möglich.

Das mittelalterliche Hachtor

▸ Haus Buuck
Vielleicht ist es das älteste Wohnhaus der Stadt. Als imposantes Kaufmannshaus mit Speicherboden in der blühenden Hansezeit errichtet, vom Feuer bedroht, als Kohlenhandlung genutzt und als altes Haus dem Verfall preisgegeben, kann es von vielen unterschiedlichen Epochen berichten. Ein Förderverein restaurierte es umfassend, sodass darin heute ein Infozentrum und das Stadtentwicklungsbüro untergebracht sind.
Adresse: Hachtorstr. 20, 59602 Rüthen, ✆ 02952/27560, 🌐 www.ruethener-forum.de

▸ Altes Rathaus Rüthen
Im Zentrum der Altstadt zieht das Alte Rathaus im Barockstil die Blicke auf sich. Fertiggestellt 1730 durch den Erwitter Baumeister Michael Spanner, demonstriert das Gebäude das jahrhundertealte Selbstbewusstsein der Stadt und seiner Bürger. Neben dem großen Rathaussaal ist die imposante, zweiläufige Rundtreppe zum Hauptportal erwähnenswert.
Adresse: Hachtorstr. 26, 59602 Rüthen

▸ St. Johannes und St. Nikolaus
Da sich der mittelalterliche Landesherr, der Erzbischof von Köln, eine rasche Entwicklung und Ausdehnung der Stadt Rüthen erhoffte, durften gleich zwei Gotteshäuser errichtet werden. Da die Bevölkerungszunahme jedoch ausblieb, wurde trotz der zwei Kirchen auf die Gründung einer weiteren Pfarrei verzichtet. Beide Kirchen wurden im Stile westfälischer Hallenkirchen bereits im 13. Jh. gebaut. Sie wurden im Laufe der Zeit mehrfach umgestaltet, ergänzt und restauriert. Als bedeutendstes Inventarstück gilt die Statue „Maria vom Stein" in der Johanneskirche, die vermutlich kurz nach der Stadtgründung aus einheimischem Grünsandstein geschaffen wurde.

▸ Historisches Rathaus Kallenhardt
Das aus dem 13./14. Jh. stammende massive Rathaus in der Kirchstraße ist ein original erhaltenes Relikt aus der Stadtgründungsphase. Es dokumentiert, u. a. mit dem davor aufgestellten Schandpfahl, die neuen städtischen Rechte und Befugnisse, die dem Bürgermeister, Magistrat und Richter eingeräumt wurden. Es ist eines der ältesten erhaltenen Rathäuser in Westfalen. Dass so viele uralte Urkunden die Zeiten überdauert haben, ist u. a. dem „Trisörken" zu verdanken, einer massiven Einbaumtruhe aus Eiche, die sogar Bränden widerstand. Heute werden in den renovierten Mauern Versammlungen und Feierlichkeiten abgehalten.
Adresse: Kirchstr. 31, 59602 Rüthen-Kallenhardt

Das Barockrathaus von Rüthen

▸ Römerlager Kneblinghausen
Im Jahre 1901 konnten Wissenschaftler nahe dem Rüthener Ortsteil Kneblinghausen die Strukturen eines Römerlagers ans Tageslicht holen. Auch wenn auf der rund 10 ha großen Lagerfläche mit vermutlich vier Toren bisher noch keine spektakulären Funde gemacht wurden, kann sich doch jeder Besucher einen Eindruck von der Größe eines solchen Lagers machen, wie die Römer es vor 2000 Jahren im nördlichen Sauerland aufschlugen.

▸ Schloss Körtlinghausen

Auf Grundlage einer bereits 1398 erwähnten Burganlage baute die westfälische Ritterfamilie von Weichs im frühen 18. Jh. eine prächtige Schlossanlage, die heute im Besitz der Freiherren von Fürstenberg ist. Das Haus wird für Veranstaltungen, Team-Events oder Filmaufnahmen gebucht.

Adresse: Körtlinghausen 4, 59602 Rüthen-Kallenhardt, ✆ 02902/97950, 🌐 www.schloss-koertlinghausen.de

Schloss Körtlinghausen

Museen & Ausstellungen

▸ Rüthener Museumsstube

Unweit des historischen Hachtores hat der örtliche Heimatverein in einer ehemaligen Brauerei eine Ausstellung zusammengetragen, in der die Geschichte des Ortes und der Rüthener Umgebung beleuchtet werden. Einen Schwerpunkt bieten die Exponate der hier seit 1711 belegten Schreiner- und Zimmermannszunft. Neben einigen archäologischen Fundstücken und kirchlichem Chorgestühl sind die Relikte aus den Anfängen der Elektrifizierung sehenswert.

Adresse: Hachtorstr., 59602 Rüthen, ✆ 02952/2397 u. 3122, 🌐 www.heimatverein-ruethen.de

▸ Museum im Hexenturm

Der einzige vollständig erhaltene Wehrturm der einstigen Stadtbefestigung diente im 17. Jh. vielfach als Gefängnis für vermeintliche Zauberer und Hexen. Im Inneren befindet sich heute eine kleine Dokumentation mit Exponaten, die über die Zeit der Hexenverfolgungen und -prozesse berichten. Ein Bronzerelief erinnert an die zu Unrecht Verfolgten und die wenigen Verfechter des Rechts, die seinerzeit ihre Stimme erhoben. Besichtigung im Rahmen einer Stadtführung möglich.

Adresse: Hochstr. 14, 59602 Rüthen

▸ Mineraliensammlung Kallenhardt

Im Erdgeschoss des mittelalterlichen Rathauses im Ortsteil Kallenhardt zeigt der Förderverein eine Dauerausstellung über heimische Mineralien. Die modern gestaltete Sammlung bietet Fachleuten und Laien einen spannenden Blick in die örtliche Erdgeschichte.

Adresse: Altes Rathaus, 59602 Rüthen-Kallenhardt, ✆ 02902/5682, 3859 u. 4351

▸ Seilerei und Handwerkerdorf

Zu den zunftlosen Berufen gehörte in Rüthen seit vielen Jahrhunderten das Handwerk der Seilerei. Die Reepschleger oder Reepdreger waren in der Stadt um 1850 mit sechs Betrieben ansässig. Eine der alteingesessenen Seilereien (Bj. 1914) mit 25 Fenstern und einer Länge von 60 m überstand die Zeit und konnte als gewerbliches Baudenkmal und Museum 2003 wiedereröffnet werden. Zudem entwickelte der Förderverein Heimatpflege und traditionelles Brauchtum Rüthen eine Ausstellung über das regionale Handwerk. Gegenüber dem Hexenturm entstand eine Kettenschmiede, eine Steinmetz- bzw. Bildhauereiwerkstatt und eine Stellmacherei. Das rekonstruierte historische Handwerkerdorf bietet Raum für

Kunstworkshops, Handwerkervorführungen und Ausstellungen.
Adresse: Seilerweg 1 u. 3, 59602 Rüthen, www.handwerkerdorf-ruethen.de

Freizeit & Natur

Aussichtsplattform Wasserturm
Der 35 m hohe Wasserturm am höchsten Punkt der Rüthener Oberstadt bietet schwindelfreien Besuchern von seiner Aussichtsplattform in 29 m Höhe einen herrlichen Weitblick, der bei guten Bedingungen bis zum Hermannsdenkmal reicht. Der aus Ziegelmauerwerk im Jahre 1909 errichtete Turm mit einer Kapazität von 150 m³ wird heute noch zur Wasserversorgung genutzt und hat sich mit magisch bunter Beleuchtung zu einem Wahrzeichen der Stadt gemausert.
Adresse: Suttroper Weg 15, 59602 Rüthen; Schlüssel bei Gärtnerei Rüberg oder Pizzeria Da Franco

Discgolf
Der Trendsport für jede Generation, bei dem Spielspaß und das soziale Miteinander im Vordergrund stehen, hat im Ortsteil Kallenhardt eine Heimat gefunden. Auf der gesamten Anlage können 6 bis 24 unterschiedliche Bahnen gespielt werden, die von Abwurf bis Zielkorb 40 bis 200 m lang sind.
Adresse: Disc-Golf-Parcours, Rabennest 2 a, 59602 Rüthen-Kallenhardt, 0170/8076962, www.warsteiner-bikepark.de

Hohler Stein
In der reizvollen Natur südwestlich von Kallenhardt bietet der in Jahrmillionen vom Wasser der Lörmecke ausgespülte „Hohle Stein" ein landschaftliches Highlight.
Die zwei Höhlenbereiche weisen diverse menschliche Spuren aus den unterschiedlichsten Epochen auf und stehen im Zentrum zahlreicher Sagen und populärwissenschaftlicher Theorien. Und so reicht der Reigen der Geschichten von den eiszeitlichen Rentierjägern über eine Falschmünzerwerkstatt im 30-jährigen Krieg bis zu den dunklen Schilderungen des Nibelungenliedes. Das weitverzweigte Höhlen- und Gängesystem ist noch weitgehend unerforscht.
Start: Parkplatz „Hohler Stein" in Kallenhardt
Infos: Tourismus und Stadtmarketing, 02952/818172, www.kallenhardt.de

Reiten
Sowohl Anfänger als auch fortgeschrittene Reitsportler finden rings um Rüthen ein passendes Angebot. Unter professioneller Anleitung kann man das Reiten im Reitverein erlernen oder nutzt das reitpädagogische Naturerlebnis in den Wäldern rings um Schloss Körtlinghausen.
Adressen:
Reiterverein Rüthen und Umgebung: Spitze Warte 1, 59602 Rüthen, 0171/1491981, www.reiterverein-ruethen.com
Naturerlebnis-Reiten: Gut Körtlinghausen, 59602 Rüthen-Kallenhardt, 02902/58895, www.naturerlebnis-reiten.de

Schwimmbad
Im Tal der Biber und umringt von großen Laubbäumen bietet das Biberbad ein kleines Sommerparadies. Eine Strandlandschaft mit Palmen, Strandkörben und Beach-Bar sowie ein riesiges Piratenschiff sorgen neben Bolz-, Tischtennis-, Basketball- und Beachvolleyball-Möglichkeiten für vielerlei Abwechslung. Im Mittelpunkt des Freibades stehen das Sportbecken mit seinen fünf 25-m-Bahnen, der Wildwasserkanal, Riesen- und Breitrutsche sowie ein Geysir, Wasserfall und Sprudelinseln für die Kleinsten.
Adresse: Bibertal 9, 59602 Rüthen, 02952/89138

‣ Wandern & Radfahren
Die Rundwanderung durch das *Lörmecketal* (8 km), *Großer Storchenschnabel – Grubenteich* (7,5 km) oder *Pappelallee* (GPS-Wanderung, 16 km) werden empfohlen. Neben den klassischen Rundwegen werden zudem verschiedene Themenwege ausgewiesen. So führt die *WaldKulTour* (4 km) vom Bibertal aus durch den Arnsberger Wald und erläutert Themen wie Übernutzung, Ausbeutung, Holznot und Aufforstung. Der *Erlebniswanderwerg Stadtmauer* (blau 2 km, rot 4,5 km) bietet neue Perspektiven auf die Berg- und Hansestadt Rüthen und das Bergdorf Altenrüthen. Ein besonderes Erlebnis verspricht der *3Klang I Kirchen I Wege I Inspirationen* in Kallenhardt. Das Projekt vernetzt die drei hiesigen Kirchen, wobei die außergewöhnliche Licht- und Klanginstallation in St. Clemens als Höhepunkt gilt. Schließlich machen die *FliessWege* (6 km) mit zwölf Stationen auf die Bedeutung des Trinkwassers im Lörmecketal aufmerksam. Von den verschiedenen Radwegen, die durch das Gemeindegebiet führen, ist die kurze, aber reizvolle *Runde um Kallenhardt* (23,5 km) besonders zu empfehlen.
Infos: 🌐 www.naturpark-arnsberger-wald.de, 🌐 www.3klang-kallenhardt.de, 🌐 www.fliesswege.de, 🌐 www.bike-arena.de

‣ Wintersport & Bikepark
Bei guter Schneelage wird für Langläufer im Ortsteil Kallenhardt die **Rabennest-Loipe** (8 km) gespurt, die bei Bedarf um 4 km ergänzt werden kann. Daneben gibt es am „Rabennest" mehrere **Rodelhänge** sowie eine 400 m lange **Skiabfahrt** mit Schlepplift, ideal für Kinder und Anfänger. Der Ski- und Rodelhang wird in Kallenhardt in den schneefreien Monaten vom Warsteiner **Bikepark** als Mountainbike-Abfahrtsstrecke genutzt, die sich bestens für Kinder und Ungeübte eignet.

Adresse: Warsteiner Bikepark, Rabennest 2 a, 59602 Rüthen-Kallenhardt, ✆ 0170/8076962 u. 02951/3912, 🌐 www.warsteiner-bikepark.de, 🌐 www.kallenhardt.de

Schalksmühle

(Märkischer Kreis)

Die Gemeinde Schalksmühle (10 300 Einwohner) mit ihren 15 Ortsteilen erstreckt sich zu beiden Seite der Volme und bietet mit den Tälern von Gör, Hälver und Klagenbach eine abwechslungsreiche, höchst reizvolle Umgebung. Durch die frühe industrielle Prägung hat Schalksmühle die zweithöchste Industriedichte des Märkischen Kreises, konnte aber seinen landschaftlichen Reiz bewahren. Zentral zwischen dem Rhein-Main- und dem Ruhrgebiet gelegen, gilt die „Berg-und-Tal-Gemeinde" als attraktives Naherholungsgebiet, das mit seinen Wander- und Radwegen durch gemütliche Ortslagen zum Erkunden einlädt.

Stadtmarketing Schalksmühle e. V. (Infopoint)
Rathausplatz 1
59579 Schalksmühle
✆ 02355/840
🌐 www.schalksmuehle.de
🌐 www.stadtmarketing-schalksmuehle.de

Sehenswertes

‣ Pfarrkirche – Erlöserkirche
Nahe dem Bahnhof entstand 1892 auf private Initiative die zentrale ev. Erlöserkirche, zunächst noch ohne Turm, Emporen, Glocken und Orgel. Erst 1898 konnte die Kirche mit allen Ausstattungsgegenständen vollendet

werden. Auffällig ist die Farbgebung von Empore und Decke, die 1971 durch das Renovierungskonzept eines bekannten Bildhauers entstanden, sowie das geschnitzte Lamm Gottes aus dem 19. Jh., das unter der Empore hängt.
Adresse: Worthstr. 2, 58579 Schalksmühle

Jagd- und Wildtiermuseum

‣ Haferkästen
Es sind unterschiedlich konstruierte kleine Häuschen, in denen die Bauern der Gegend einst ihr Saatgut aufbewahrt haben, um es vor Feuer etc. zu bewahren. Der Haferkasten in Reeswinkel mit Bohlenwänden und einem zweiten Geschoss trägt die Inschrift „Got gebe seinen Segen darein Anno 1691". Ein weiterer Haferkasten wurde restauriert und neben der Kirche von Heedfeld aufgestellt. Eine Inschrift datiert ihn auf 1742.
Adresse: Ober-Reeswinkel 22, 58579 Schalksmühle; Heedfeld 2, 58579 Schalksmühle

‣ Villa Bergstraße
Das sehenswerte Baudenkmal in exponierter Lage wurde 1905 von einem hiesigen Firmengründer errichtet. Auffällig sind die Ecktürmchen, Dachreiter mit Zwiebelhaube, verschiedene Zwerchhäuser, Turm mit Kegelhaube und Wetterfahne.
Adresse: Bergstr. 25, 58579 Schalksmühle

‣ Wasserturbinenanlage
Für die Entwicklung der verschiedenen Produktionsstätten, die bis heute das Gesicht von Schalksmühle prägen, war die Einrichtung der Wasserturbinenanlage bedeutend. Sie wurde 1922 fertiggestellt und erzeugte mit zwei Turbinen die Energie für die Firma Thyssen.
Adresse: Pulvermühle, 58579 Schalksmühle

Museen & Ausstellungen

‣ Jagd- und Wildtiermuseum
Der Verein Hegering Schalksmühle-Hülscheid hat es sich zur Aufgabe gemacht, aus den gestifteten Nachlässen von Jägern eine Ausstellung zu erarbeiten, in der die Geschichte der Jagd und die heimische Tierwelt vorgestellt werden. In einer ehemaligen Schalterfabrik werden auf über 350 m^2 über 1000 Exponate gezeigt. Darunter zahllose Vollpräparate, Trophäen, Fallen, Jagdmöbel, -literatur und -kunst.
Adresse: Asenbach 9 , 58579 Schalksmühle, ✆ 0151/27003235, 🌐 www.hegering-schalksmuehle-huelscheid.de

‣ Bauernhaus Wippekühl
Das vermutlich um das Jahr 1600 erbaute Haus des Hofes Wippekühl wurde in die Obhut des Heimatvereins Schalksmühle gegeben, dem eine grundlegende Sanierung gelang. Seit der Eröffnung 1995 erinnert in dem sehenswerten Baudenkmal ein Museum an die einstigen Lebensumstände der hiesigen Bauernfamilien. Eine umfangreiche Dauerausstellung zeigt im Innen- und Außenbereich zahlreiche historische Werkzeuge und Haushaltsgerätschaften. Zudem wurde ein „Haferkasten" nachgebaut.
Adresse: Wippekühl, 58579 Schalksmühle, ✆ 02355/903135 u. 7412

Freizeit & Natur

Angeln

Seit 1973 bemüht sich der Angelsportverein Obere Volme in Schalksmühle um Umwelt- und Gewässerschutz, um die Volme zu einem sauberen Fischgewässer zu machen. Hier wird die spektakuläre Angelart des Fliegenfischens betrieben. Ein Höhepunkt im Vereinsjahr sind die Räuchertage am 1. Wochenende im November.
Adresse: Halverscheiderohl 1 a, 58579 Schalksmühle, 02355/1635, www.asv-saubere-volme.de

Glörtalsperre

Die kleine Talsperre, in der die Glör gestaut wird, liegt genau auf der Grenze zwischen Ennepe-Ruhr- und dem Märkischen Kreis. Die gekrümmte, 168 m lange Bruchsteinmauer wurde 1906 eingeweiht. Bis heute dient die 21 ha große Wasserfläche zur Regulierung von Volme und Ruhr und ist mit ihrer hervorragenden Wasserqualität ein beliebtes Naherholungsgebiet mit Badeufer und Sanitärgebäude samt DLRG-Station. Im Bereich Breckerfeld gibt es sogar einen Hundestrand.

Golf

1997 konnte der 18-Loch-Platz eröffnet werden, der auf seiner 84 ha großen, äußerst abwechslungsreichen Fläche herausfordernde Bedingungen bietet und auch Könner zum anspruchsvollen Wettkampf lockt. Abschließend geht es in das gemütliche Clubhaus des GC Gelstern Lüdenscheid Schalksmühle im Fachwerkstil.
Adresse: Gelstern 2, 58579 Schalksmühle, 02351/51819, www.gc-gelstern.de

Reiten

Der Islandpferdehof Herberge bietet nicht nur die Möglichkeit für schöne Ausritte, sondern hat auch Reitunterricht für Isi-Freunde und heilpädagogisches Reiten für Menschen mit psychischen und/oder physischen Handicaps auf dem Programm.
Adresse: Herberge 2, 58579 Schalksmühle, 01523/4527640, www.islandpferdehofherberge.de

Schwimmbad

Die kleine Schwimmhalle Löh der Gemeinde Schalksmühle ist mit einer variablen Wassertiefe von 60 cm bis 180 cm ausgestattet und ganzjährig geöffnet.
Adresse: Löh 5, 58579 Schalksmühle, 02355/909721

Glörtalsperre

Wandern

Quer durch das Gebiet der Berg-und-Tal-Gemeinde ziehen sich verschiedene gut ausgeschilderte Wanderwege. Der *Rundwanderweg Schalksmühle* (6,5 km) führt über die Hülscheider Höhen zur plätschernden Hilecke. Die waldreiche Wanderung *Wortberg – Hälvertal – Glörtalsperre* (15 km) benötigt ein wenig Kondition, während die *Natur-Kultur-Wanderung* (10 km) sogar eine Badepause einplant. Schließlich bietet der *Schalksmühler Rundweg* (S, 47 km) die intensivste Begegnung mit der Region Oben an der Volme. Rings um das Badeparadies Görtalsperre wurde ein gemütlicher *Premium-Spazierwanderweg* angelegt (barrierefrei, 3,4 km). Am Wegesrand befinden sich Infotafeln, Waldsofas und Ruhebänke sowie Spielplatz und Trimm-dich-Geräte. Unweit des Bauernhauses und Museums Wippekühl beginnt der Wanderweg *VolmeSchatz Wald: Vergangenheit, Gegenwart, Zukunft* (8 km). Infotafeln geben einen Überblick über Fakten rund um Baum, Borke und Käfer.

▸ Wildgehege

Inmitten von Wiesen und Wäldern bietet das Wildgehege Mesekendahl 15 Tierarten eine Heimat und zahlreichen Ausflüglern ein besonderes Erlebnis. Etwa 120 Tiere warten darauf entdeckt zu werden.
Adresse: Mesekendahl 1, 58579 Schalksmühle, 02351/52091, www.wildgehege-mesekendahl.de

Schmallenberg

(Hochsauerlandkreis)

Um das Kloster im Nachbarort Grafschaft gegen die Arnsberger Grafen zu schützen, ließ der Erzbischof von Köln um 1160 auf einem Höhenrücken eine „Smale Burg" errichten. Ab 1244 übernahm eine Stadtmauer den Schutz der Siedlung und die Burg verfiel. Fortan entwickelte sich aus Smallenburg das Schmallenberg. Mit Ackerbürgern und Textilproduzenten, einer eigenen Münze, eigenem Gericht und vielen erfolgreichen Händlern wurde es Mitglied der Hanse. Als „Strumpfstadt" wuchs es zum Zentrum der Sauerländer Textilindustrie heran. Der vierte verheerende Stadtbrand von 1822 ließ nur 17 Häuser bestehen und die Stadt erhielt ein völlig neues Gesicht. Heute gehören zu der Lennestadt (24 800 Einwohner) 83 Ortschaften, die eine der flächengrößten Städte Deutschlands bilden.

Schmallenberger Sauerland Tourismus
Poststr. 7
57392 Schmallenberg
02972/97400
www.schmallenberger-sauerland.de

Sehenswertes

▸ Historischer Stadtkern Schmallenberg

Schmallenberg beeindruckt auf den ersten Blick durch sein „aufgeräumtes" Stadtbild im „Leitersystem", wie es während des Aufbaus nach der letzten Feuersbrunst angelegt wurde. Zwischen dem Alten Friedhof und dem Lennepark reihen sich die traufenständigen Fachwerkhäuser, die sämtlich mit hochwertigen Rohstoffen verkleidet wurden. Besonders die Handwerkskunst des Schieferdeckers ist in allen Formen und Varianten zu bewundern, sodass jedes Haus trotz einheitlichen klassizistischen Stils mit einzigartigen Details aufwartet.

▸ Zwölf Golddörfer

Schmucke Fachwerkhäuser, üppige Bauerngärten und gepflegte Gassen – im Schmallenberger Sauerland ist man besonders stolz darauf, mit zwölf Bundesgolddörfern zur „goldigsten" Region des Landes zu gehören. Auf insgesamt zwölf Rundwegen lassen sie sich erwandern: Bödefeld, Fleckenberg, Grafschaft, Holthausen, Kirchrarbach, Latrop, Lenne, Niedersorpe, Obernenneborn, Oberkirchen, Wenholthausen, Westfeld.
Infos: www.schmallenberger-sauerland.de

▸ Pfarrkirche St. Peter und Paul Wormbach

Unter den zahllosen Kapellen und Kirchen im Schmallenberger Sauerland sticht die denkmalgeschützte Kirche in Alt-Wormbach besonders hervor. Die romanische Hallenkirche wurde erstmals im 11. Jh. genannt und wurde in ihrer heutigen Form im 13. Jh. errichtet. Bei einer Renovierung in den

1950er-Jahren traten unter 14 Schichten Kalkfarbe Malereien zutage, die zwölf Tierkreiszeichen zeigen. Sie gelten europaweit als einzigartig und konnten noch immer nicht vollends gedeutet werden. Umgeben von 300 Jahre alten Linden fällt der Friedhof auf, als einer der ganz wenigen, auf dem sämtliche Grabstätten mit einheitlichen Kreuzen versehen sind.
Adresse: Alt Wormbach 2, 57392 Schmallenberg-Wormbach, ✆ 02972/36485-30 u. -32

▸ St. Cosmas und Damian Bödefeld
Während das Kirchenschiff der Pfarrkirche Bödefeld erst 1910/11 im Neubarockstil erbaut wurde, stammt der Kirchturm noch aus der Mitte des 18. Jhs. In einer Nische im Turm ist die „Schwarze Hand“ von Bödefeld zu sehen, die bei Bauarbeiten an der Kirche im Jahre 1722 gefunden wurde. Es handelt sich um eine mumifizierte Mädchenhand, um die sich mehrere Legenden ranken.
Adresse: Kreuzbergstr. 7,
57392 Schmallenberg-Bödefeld

▸ Pfarrkirche St. Cyriakus Berghausen
Die im Vergleich kleine Pfeilerbasilika auf dem Grundriss eines griechischen Kreuzes mit vier gleich langen Armen gilt mit ihrer Erbauung um 1200 bis 1220 als eine der ältesten und ursprünglichsten Kirchen des Sauerlandes. Auch in St. Cyriakus wurden religiöse und weltliche Deckenbemalungen aus der Entstehungszeit entdeckt, die weithin als Meisterwerke mittelalterlicher Kunst gerühmt werden. Besonders bemerkenswert sind die Fresken in der Apsis des Chores.
Adresse: Berghausen 8, 57392 Schmallenberg-Berghausen, ✆ 02974/833341

▸ Hexenkapelle
Die kleine Kapelle in Bad Fredeburg trägt die Jahreszahl 1770. Sie wurde errichtet, um an die zahlreichen Opfer der Hexenverfolgung im 17. Jh. zu erinnern, die an dieser Stelle kurz vor der Hinrichtung ihr letztes Gebet halten durften.

▸ Burgruine Rappelstein
Um die alte Fernhandelsverbindung von Köln über Kassel bis nach Leipzig zu beschützen, wurde um 1260 die Burg Nordenau errichtet, die einst höchste Burg Westfalens. Die auf einem Felsen, dem Rappelstein, gelegene Festung der Edelherren von Grafschaft erhebt sich oberhalb der Kirche über dem Ortsteil Nordenau und bietet einen besonderen Ausblick über den bekannten Luftkurort und das Nesselbachtal.

Museen & Ausstellungen

▸ Westfälisches Schieferbergbau- und Heimatmuseum Holthausen
Was 1974 in den Kellerräumen der alten Volksschule im Ortsteil Holthausen begann, hat sich bis heute zu einem Highlight der Sauerländischen Museumslandschaft entwickelt. Heute kann man auf rund 2500 m² nicht nur erfahren, wie der natürliche Werkstoff Schiefer im Laufe der Jahrmillionen entstanden ist, dann abgebaut und verarbeitet wurde. Es gibt zudem eine Druckwerkstatt und Buchbinderei. Die „Südwestfälische Galerie“ beherbergt außerdem eine viel beachtete Sammlung bedeutender regionaler Kunst vom 19. Jh. bis in die Gegenwart.
Adresse: Kirchstr., 57392 Schmallenberg-Holthausen, ✆ 02974/6064 u. 6932,
🌐 www.museum-holthausen.de

▸ Heimatstube Nordenau
Nachdem man 1969 die Nordenauer Schule geschlossen hatte, wurden die dort gesammelten alten Gegenstände und Gerätschaften im Obergeschoss zu einem kleinen Museum zusammengestellt. Und während oben über die Vergangenheit des Ortes berichtet wird, erfährt man unten alles über die touristischen Möglichkeiten,

die Nordenau als „Perle des Sauerlandes" zu bieten hat.
Adresse: Haus des Gastes, Sonnenpfad 2, 57392 Schmallenberg-Nordenau, 02975/380, www.nordenau.de

Heimatmuseum Holthausen

▸ Kunsthaus Alte Mühle & Lenneatelier

Im Kurpark von Schmallenberg, einstmals außerhalb der Stadtmauern gelegen, kann man eine ganz besondere Atmosphäre erleben. Die bereits im 11. Jh. erwähnte Klostermühle für Mehl und Öl besitzt noch heute Grundmauern aus dem 15. Jh., wurde nach der Säkularisation des Klosters 1803 zur zeitweiligen Brauerei umfunktioniert und erst 1961 stillgelegt. Später diente sie dem bekannten Künstler Hermann Falke als Atelier. Heute finden in historischem Ambiente kulturelle Veranstaltungen statt. In direkter Nachbarschaft befindet sich das „Lenneatelier", das mitten im Lennepark Raum für Sommerakademien etc. bietet.
Adresse: Unter der Stadtmauer 4, 57392 Schmallenberg, 02972/48106, www.kunsthaus-alte-muehle.de

▸ Museumshof/Erlebnismuseum

Im Ortsteil Winkhausen hat sich auf einem der ältesten und zugleich schönsten Bauernhöfe weit und breit ein privates Museum etabliert. Im Haupthaus von 1744 gibt es die originale Deele samt Fuhrmannsstube, Brunnen und Küche mit Kamin zu sehen. Im ehemaligen Schafstall von 1860 entstand auf einer Fläche von rund 500 m² ein Erlebnismuseum mit Oldtimern, Dampflokomobil von 1927 und weiteren landwirtschaftlichen Gerätschaften. Zudem werden alte Werkstätten, Kinderspielzeug und -fahrzeuge sowie eine alte Amateurfunkstation gezeigt.
Adresse: Schultenhof/Winkhausen 2, 57392 Schmallenberg-Winkhausen, 02975/1500

▸ Waldarbeitermuseum Latrop

In der „Alten Mühle" im Ortsteil Latrop, einem ehemaligen Waldarbeiterdorf, wurde 2003 ein kleines Museum eröffnet, das sich der Arbeit im und mit dem Wald widmet. Es wird gezeigt, wie Förster, Holzarbeiter und Fuhrleute arbeiteten und lebten. Neben Dokumenten, Bildern und alten Werkzeugen wird die Geschichte des wichtigsten Holzwerkzeuges bis heute dokumentiert: die der Motorsäge.
Adresse: gegenüber Haus Latrop Nr. 1 (Pension), 57392 Schmallenberg-Latrop, 02972/6006, www.latrop.de

▸ Gerichtsmuseum Bad Fredeburg

Im Dachgeschoss des Amtsgerichtes im Ortsteil Bad Fredeburg beschäftigt sich eine

Das Lenneatelier im Lennepark

Das Waldarbeitermuseum in Latrop

Ausstellung mit der 700-jährigen Geschichte der hiesigen Rechtsprechung. Das NRW-weit einzigartige Museum dieser Art zeigt neben Galgen und Scheiterhaufen, Armenbank und Gefängniszelle auch diverses Inventar aus der Arbeitswelt der Justiz.
Adresse: Im Ohle 30, 57392 Schmallenberg-Bad Fredeburg, 02974/7037, 900222 u. 83571, www.gerichtsmuseum.de

Museum im Kloster Grafschaft
1997, zum 925. Geburtstag, öffnete das Museum zur Kunst und Geschichte des Klosters Grafschaft. Neben der barocken Architektur warten zahlreiche liturgische Geräte, Reliquien und wertvolle Bücher der Bibliothek auf die Besucher. So wird die Geschichte der Benediktiner (925–1804), aber auch die Kultur der Borromäerinnen (Kongregation der barmherzigen Schwestern vom Hl. Karl Borromäus, seit 1948) aufgerollt.
Adresse: Mutterhaus Kloster Grafschaft, Annostr. 1, 157392 Schmallenberg, 02972/79100, www.krankenhaus-klostergrafschaft.de

Modellbahnanlage am Rothaarsteig
Seit der Gründung des Modellbahnclubs Schmallenberg im Jahre 2007 arbeiten die Mitglieder an heimischen und auswärtigen Eisenbahnszenen im Miniaturformat. Die Anlage fand in einer ehemaligen Strickfabrik im Ortsteil Grafschaft Unterkunft und wartet heute mit fast 100 Zügen auf 66 m² Anlagenfläche und rund 550 m Schienenlänge auf. Neben diversen digital gesteuerten Straßenfahrzeugen überrascht alle 24 Minuten auch die Tag-Nacht-Simulation.
Adresse: Am Stünzel 4 a, 57392 Schmallenberg-Grafschaft, 02972/978245 u. 0171/2144659, www.mbc-schmallenberg.de

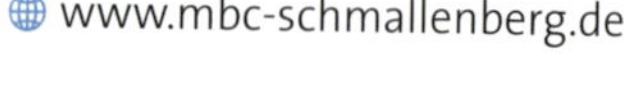

Das einzigartige Gerichtsmuseum

Freizeit & Natur

Discgolf
Eine ganz andere Art des Golfens und auf jeden Fall ein Erlebnis für die ganze Familie wird am Kurpark in Bad Fredeburg angeboten. Hier werden spezielle Frisbee-Scheiben auf einem Parcours in 18 Körben „eingelocht".
Adresse: In der Schmiedinghausen, 57392 Schmallenberg-Bad Fredeburg; Leih-Scheiben: Gästeinformation, Am Kurhaus 4, 02974/7037 und Restaurant Guntermann's Stuben, Im Ohle 2, 02974/341

Fallschirmspringen
Der Sprung aus einem Flugzeug gehört zu den einmaligen Erlebnissen und bietet den ultimativen Adrenalinkick. Wer einmal aus

einer Cessna hüpfen möchte – im Tandem, Solo oder als Airdiver – findet dazu beim Fallschirmsportclub Skydive Sauerland Gelegenheit. Der Verein ist auf dem Flugplatz Rennefeld beheimatet.
Adresse: Am Flugplatz, 57392 Schmallenberg, 0176/30775937, www.fsc-sauerland.de

▸ Flugsport
Ein Rundflug über das Schmallenberger Sauerland ist für viele Besucher ein Höhepunkt der Ferien. Auf dem Flugplatz Rennefeld werden Mitfluggelegenheiten in Segelflugzeugen, Ultraleicht- und Motorflugzeugen angeboten.
Adresse: Zum Rennefeld 50, 57392 Schmallenberg, 02972/6361, www.rennefeld.de

Discgolf in Bad Fredeburg

▸ Freizeitwelt Sauerland
Die unterschiedlichen Areale lassen Freizeitaction für jedermann erahnen. So wurde das 3000 m² große **Thikos Kinderland** zu einem der schönsten Hallenspielplätze Deutschlands gewählt. Hier sorgen u. a. Klettergerüste, Trampolin, die Dropslide-Rutsche oder der Donut-Glider für Spaß. In der **Kletterhalle Sauerland** sorgen Toprope- und Vorstiegsrouten, Überhang, Slackline und eine 12 Meter hohe Strickleiter für eine echte Herausforderung. Im neuen Bereich **Jump** kann man auf über 500 m² abheben. Die Trampolinwelt lockt mit Möglichkeiten zum Toben und für spannende Team-Spiele. Das **Hologate** bietet ein Tor in neue Dimensionen und unterschiedliche künstliche Welten, in denen Roboter, Zombies oder Drachen auf clevere Abenteurer warten.
Adresse: Auf dem Loh 12, 57392 Schmallenberg, 02972/978555, www.freizeitwelt-sauerland.de

Kletterhalle Sauerland

▸ Golf
Gleich zwei Golfplätze gibt es in Schmallenberg. Auf der Sonnenseite des kleinen Örtchens **Sellinghausen** erfordern die herausfordernden Berglagen der 18-Loch-Anlage durchaus Erfahrung. Belohnt wird das Spiel mit herrlichen Ausblicken von jeder Bahn. Die angeschlossene Golfschule des Golfclubs Sellinghausen bietet Kurse vom Schnuppern bis zur Platzreife.
Umgeben von dem großartigen Panorama des Wilzenberges bieten die 27 Spielbahnen des Golfplatzes **Winkhausen** neben tollen Ausblicken auch spektakuläre Abschläge. Aufgrund der vielen Bahnen sowie dem 6-Loch-Übungsplatz kommt es nur selten zu Wartezeiten, sodass Single-Handicaper und Anfänger stets ihren Raum finden.
Adressen:
Sellinghausen: Auf der Fuhr 5, 57392 Schmallenberg-Sellinghausen, 02971/908274, www.gc-sellinghausen.de
Winkhausen: Über dem Ohle 25, 57392 Schmallenberg-Winkhausen,

02975/8745, www.golfclub-schmallenberg.de

Green Hill Bikepark

Der Greenhill Bikepark lässt mit seiner ausgiebigen Strecken-Auswahl echtes Kanada-Feeling aufkommen und ist für alle Könnerstufen geeignet. Neben den elf Trails von Grün bis Schwarz gibt es einen Bike-Verleih, Gastronomie sowie einen Schlepplift.
Adresse: Gellinghausen 42, 57392 Schmallenberg-Gellinghausen, www.greenhill-bikepark.de

Radfahren

Der *SauerlandRadring* (84 km) verbindet größtenteils über alte Bahntrassen die Sauerlandorte Finnentrop, Eslohe, Schmallenberg und Lennestadt und bildet den idealen Radeleinstieg in die Region. Eine Erweiterung bietet die *HenneseeSchleife* (40 km) durch das Wennetal bis nach Meschede.

Pilgern

Ein Teil des berühmten *Jakobsweges* verläuft quer durch das Sauerland und verbindet die beiden Domstädte Paderborn und Köln (135 km). Im Schmallenberger Sauerland verläuft der *Sauerland Camino* von Reiste bis Eslohe. Es gibt besondere Pilgerherbergen und einen Pilgerpass.
Infos: www.sauerland.com/erleben/wandern/Sauerland-Camino

Reiten

Ob Ponyferien oder Reitunterricht, Reiterhof oder Ausbildungszentrum, im Raum Schmallenberg geben mehrere Anbieter Pferdefreunden individuelle Möglichkeiten, ihrem Hobby nachzugehen.
Adressen:
Landhaus Schulte-Göbel: Selkentrop 14, 57392 Schmallenberg, 02972/6750, www.schulte-goebel.de (Ponyferien und Reitunterricht)
Rai Ausbildungszentrum Sauerland: Lenninghof 45, 57392 Schmallenberg, 02972/1600 u. 0171/4785394, www.rai-reiten.net (Ausbildung für Mensch und Tier)
Familienhotel Stockhausen: Zum Hälleken 9, 57392 Schmallenberg, 02971/3120, www.ferienhotel-Stockhausen.de (Reiterhofferien und Reitunterricht)
Hotel Gut Vorwald: Vorwald 3, 57392 Schmallenberg-Oberkirchen, 02975/96610, www.gut-vorwald.de (Ponyhof-Ferien)
Reiterverein Oberkirchen: Birkenweg 14, 57392 Schmallenberg, 02904/9763250, www.rvoberkirchen.com
Lysann Lourenco – Reiten Musik Natur: Arpe 41, 57392 Schmallenberg, 0170/2883169, www.reitunterricht-sauerland.de
Reiterverein Ebbinghof: Ebbinghof 5, 57392 Schmallenberg, 0171/6740583

Begegnung im Rotwildgehege

Rotwildgehege

In den 1960er-Jahren aufgebaut, hat sich das Wildgehege Bödefeld zu einer Attraktion für Familien entwickelt. Auf einer steilen Wiese direkt am Hollenpfad kann man dem Rotwild ganz nahe kommen und sogar beim Füttern mithelfen.

Zugang: Parkplatz Spielplatz Walkemühle, gegenüber Hunausstr. 49, 57392 Schmallenberg-Bödefeld

▸ Schwimmbäder

Im **Hallenbad Bödefeld**, dem kleinsten Städtischen Bad, sorgt ein eingetragener Verein dafür, dass sich die Menschen in Sauna und türkischem Dampfbad, Solarium, beim Schwimmtraining oder bei der Wassergymnastik wohlfühlen.

Das **SauerlandBAD** besticht durch seine umfangreiche Badelandschaft mit Vario-Schwimmer- und Erlebnisbecken, Massagestrahlern, Nackenduschen und Gegenstromkanal. Ruhiger geht es in der Regengrotte und dem Whirlpool zu. Das Kneipptretbecken bringt einen wieder in Schwung, ebenso wie die 100 m lange Magic-Eye-Reifenrutsche. Das Saunaparadies bereitet in der Schiefer-, Salz-, Finnischen- oder Dampf-Sauna einen Hauch von luxuriöser Entspannung.

Im **Wellenbad** fühlen sich richtige Wasserratten im Sommer pudelwohl, wenn die Wellen im Freibecken hoch schlagen. Zudem gibt es eine 5-m-Sprungturm-Anlage, Beachvolleyball-Platz, Kinderbereich und Liegewiese.

Adressen:
Bödefeld: Zum Sportpark 1, 57392 Schmallenberg-Bödefeld, ✆ 02977/422, 🌐 www.hallenbad-boedefeld.de
SauerlandBAD: Sportzentrum 1, 57392 Schmallenberg-Bad Fredeburg, ✆ 02974/96800, 🌐 www.sauerland-bad.de
Wellenbad: Paul-Falke-Platz 13, 57392 Schmallenberg, ✆ 02974/96800, 🌐 www.sauerland-bad.de

▸ Tauchen

In der Grube Felicitas nahe Bad Fredeburg gibt es die seltene Gelegenheit, in einem Bergwerk zu tauchen. Wer noch keine Cave- oder Mine-Diver-Ausbildung absolviert

Spaß im SauerlandBAD

hat, kann an begleiteten Tauchgängen teilnehmen.

Adresse: Zum Heilstollen, 57392 Schmallenberg-Bad Fredeburg, ✆ 0177/2468657, 🌐 www.bergwerktauchen-felicitas.de

▸ WaldSkulpturenWeg

International renommierte Künstler haben Hand angelegt und diesen 23,5 km langen Kunstpfad mit bisher elf beeindruckenden Installationen ausgestattet. Der mit einem blauen Tor auf weißem Grund gekennzeichnete Weg bildet eine kunstvolle Brücke zwischen Schmallenberg im Sauerland und Bad Berleburg im Wittgensteiner Land.

Infos: 🌐 www.waldskulpturenweg.de

▸ Wandern

Nicht umsonst wurde das Schmallenberger Sauerland bereits 2014 als erste „Qualitätsregion Wanderbares Deutschland“ ausgezeichnet. Neben ortsnahen Spazier- und Rundwegen wie den *Golddorfrouten* (4,5–18 km), speziellen Themenwegen wie dem *Familienerlebnisweg* zum Thema Ökosystem Wald (3 km) sowie den regionalen Weitwanderwegen *Homertweg* (75 km) und *Sauerland-Höhenflug* (250 km) gibt es auch zahllose Winterwanderwege und Möglichkeiten zu Schneeschuhwanderungen.

Infos: 🌐 www.schmallenberger-sauerland.de

Wilzenberg mit Aussichtsturm

Wer sich einen überragenden Überblick über das Schmallenberger Sauerland gönnen möchte, kommt am Wilzenberg nicht vorbei. Auf dem sagenumwobenen, 658 m hohen Berg im Ortsteil Oberkirchen bei Grafschaft erhebt sich bereits seit 1889 ein Aussichtsturm, der zum 100. Jubiläum renoviert und aufgestockt wurde. Der 17 m hohe Turm mit sechseckigem Grundriss und zwei Plattformen zählt zu den ältesten eisernen Aussichtstürmen des Landes.

Der Wilzenberg gilt als der „Heilige Berg des Sauerlandes" und wartet mit Spuren von zwei Wallburganlagen (Eisenzeit und Frühmittelalter), einer Wallfahrtskapelle von 1633 und einem sehr beeindruckenden, 28 m hohen, 5 Tonnen schweren Hochkreuz auf. Am besten ist der Berg von Grafschaft aus über den *Fliehburg-Weg*, den *Wilzenberg-Weg* (beide ca. 6,5 km) oder als Abzweig des *Friedrich-Wilhelm-Grimme-Weges* (84 km) zu erreichen.

Infos: www.hgv-schmallenberg.de

Wintersport

An rund 90 Tagen des Jahres lockt das Schmallenberger Sauerland mit perfekt beschneiten Pisten. Die extrabreiten, leicht bis mittelschweren Pisten sind das ideale Gebiet für Familien, Alpinanfänger und -wiedereinsteiger.

Skigebiet Bödefeld-Hunau: 4 Lifte, 2800 m Länge gesamt, Flutlicht, Skihütte und Restaurant;

Schmallenberger Höhenlift: 2 Lifte, 2000 m Länge gesamt, Skihütte;

Skilift Sellinghausen: 2 Lifte (dazu ein Schlitten- und Babylift), 1600 m Länge gesamt, Skihütte und Hotel mit Restaurant, Ferienhotel Stockhausen;

Skilift Rimberg: 1 Lift, 500 m Länge gesamt, Restaurant und Bauernstube im Hotel, Hotel

Skigebiet Hohe-Lied: 2 Lifte, 1000 m Länge gesamt, Skihütte;

Rodelhänge in Holthausen und Sellinghausen: 140 bis 200 m Schlepplänge.

Zudem bietet das Schmallenberger Sauerland rund 200 km präparierte **Langlaufloipen**, die allesamt prima zu erreichen und perfekt vernetzt sind.

Im Sommer findet dieser Sport auf den **Skirollerbahnen** Jagdhaus (an der K 42) bzw. Neuastenberg-Langewiese (Biathlon-Stadion an der Winterberger Str.) statt.

Im Skigebiet Hunau Bödefeld

Adressen:

Skigebiet Bödefeld-Hunau: Hunaustr. 81, 57392 Schmallenberg, 02977/1444, www.hunaulift.de

Schmallenberger Höhenlift: Am Lenninghof 26, 57392 Schmallenberg, 0160/91764867, www.skiclub-schmallenberg.de

Skilift Sellinghausen: Zum Hälleken 9, 57392 Schmallenberg, 02971/3120, www.ferienhotel-stockhausen.de

Skilift Rimberg: Rimberg 1, 57392 Schmallenberg, 02974/7770, www.hotel-rimberg.de

Skigebiet Hohe-Lied: Gellinghausen 42–43, 57392 Schmallenberg-Gellinghausen, 029777/319, www. hellermanns-huette.de

Infos: www.wintersport-arena.de, www.skilanglaufzentrum.de

Sundern

(Hochsauerlandkreis)

Die von hohen Bergen überragte Stadt (27 600 Einwohner) liegt genau dort, „wo das Sauerland so schön nah ist". Nicht umsonst bezeichnen die Einwohner der 16 Ortschaften ihre Orte als Juwelen. Zentraler Ort ist die Stadt Sundern, in der 1975 die ehemals eigenständigen Gemeinden zusammengeschlossen wurden. Neben der „Haupt"-Stadt haben die zugehörigen Ortschaften ihren jeweils eigenen Charakter bewahren können. Hier ein Standort ehemaliger Eisenhütten oder des Bergbaus, dort lebten Handwerker und Adel beieinander, hier ein Ort, der sich seit 200 Jahren kaum verändert hat. Allesamt punkten sie mit Wander-, Radfahr- und Langlaufmöglichkeiten in weiter Natur. Und im Mittelpunkt jeder Freizeitaktivität liegt der Sorpesee, der als der schönste in ganz NRW gefeiert wird.

Stadtmarketing Sundern eG
Rathausplatz 7
59846 Sundern

02933/979590

www.sundern-sorpesee.de

Sehenswertes

Schloss Melschede

Schon im späten 13. Jh. erwähnt, gelangte das Schloss 1364 in den Besitz der Freiherren von Wrede-Melschede, die es bis 2010 behielten. In der Mitte des 17. Jhs. wurde die alte Anlage in ein prächtiges Schloss mit vier Flügeln umgebaut. Im Jahre 1820 erfolgte schließlich der Abriss des Nordflügels samt zweier Türme, wodurch die heutige Gestalt des Gebäudes und der 200 ha große englische Landschaftsgarten entstanden.

Sorpetalsperre, der schönste See im Sauerland

Zwar ist das historische Ensemble nicht für Tagestouristen zu besichtigen, jedoch bieten die weithin bekannten Kammerkonzerte Gelegenheit, das Schloss zu besuchen.
Adresse: Melschede 1, 59846 Sundern, 02935/1328, www.schloss-melschede.de

Schloss Haus Amecke

Unweit des Sorpesees und an der Straße nach Allendorf taucht inmitten der weiten Natur ein prächtiges Herrenhaus auf, das sich bereits seit 1338 im Besitz der Familie von Wrede befindet. Aus dem anfänglichen Gutshof entwickelte sich eine wehrhafte Wasserburg, deren Gräben die Gebäude bis 1830 umgaben. 1923 wurden das obere und untere Haus mit einem massigen Treppenhausturm miteinander verbunden. Das Schloss kann nicht besichtigt werden, die Schloss-Scheune wird für Feiern oder Präsentationen geöffnet.
Adresse: Haus Amecke, 59846 Sundern, 02393/376 u. 0171/2897264, www.schlossamecke.de

Sorpetalsperre

Man ist sich einig darüber, dass die langgestreckte Sorpetalsperre der schönste Stausee des Sauerlandes ist. Erbaut von 1926 bis 1935, war er seinerzeit die größte Baustelle Europas und die 69 m hohe

Betonkernmauer der höchste Staudamm Deutschlands. Das für seine besonders gute Qualität bekannte Gewässer beinhaltet rund 70 Millionen m³ Wasser, die das Sauerland und das Ruhrgebiet mit Energie und Wasser versorgen. Der See ist das Zentrum der weitläufigen Erholungs-, Urlaubs- und Freizeitregion Sundern.

▸ Kloster Brunnen
Aus dem ursprünglichen Heim eines Einsiedlers mit einer kleinen Kapelle und einer Heilquelle entstand in den 1720er-Jahren ein kleines Kloster, in dem bis zu fünf Kapuzinerpatres lebten. In den folgenden Jahrzehnten wurden die Klostergebäude und die Kirche errichtet. Die Altäre wurden von dem berühmten Baumeister Johann Conrad Schlaun entworfen. Als der letzte Pater 1834 starb, zog eine Zwergschule ein, in der bis in die 1960er-Jahre ein Lehrer alle Kinder der Klassen 1 bis 8 gleichzeitig unterrichtete. Das Kloster ist noch heute eine Pilgerstätte und es werden regelmäßig Konzerte aufgeführt. Es dient als Diözesanzentrum der Katholischen jungen Gemeinde im Erzbistum Paderborn.
Adresse: 59846 Sundern-Endorf, ✆ 02724/374 u. 949093, 🌐 www.kloster-brunnen.de

▸ Stracken-Hof
Hätte es nicht die engagierten Bürger im Ortsteil Endorf gegeben, die sich für den Erhalt eines ehemaligen landwirtschaftlichen Gutes eingesetzt haben, wäre das wohl älteste noch erhaltene steinerne Haus im kurkölnischen Sauerland vermutlich abgerissen worden. Das 1634 erbaute Gebäude wurde restauriert und dient heute als beliebte Begegnungsstätte und kultureller Veranstaltungsort.
Adresse: Endorfer Str. 22, 59846 Sundern-Endorf, ✆ 0151/25347351, 🌐 www.stracken-hof.de

▸ Alte Linneper Mühle
Schon vor über 700 Jahren wurde zwischen dem Dümberg und dem Großen Sonnenstück im kleinen Örtchen an der Linnepe Korn gemahlen. Es war eine gräfliche Bannmühle, einst das Zentrum des hiesigen Wirtschaftslebens. Die Müllerfamilie, die ab 1932 eine bis heute geführte Gaststätte einrichtete, stellte den Betrieb in den 1950er-Jahren ein und riss das altersschwache Gebäude ab. 2020 entstand die Mühle nach wenigen Originalzeichnungen aus alten, noch vorhandenen und modernen Materialien neu und bietet mit Fischteich und Mühlrad ein Bilderbuchidyll.
Adresse: Linneper Str., 59846 Sundern

▸ Pfarrkirche St. Pankratius
Bereits um 980 n. Chr. erwähnt, wurde die Kirche im 11. Jh. errichtet und in der Mitte des 13. Jhs. zur heutigen dreijochigen Hallenbasilika frühgotisch umgestaltet. Erwähnens- und sehenswert sind die wiederentdeckten Malereien aus der Zeit um 1200 sowie der romanische Taufstein (ca. 1220). Auffällig ist, dass das Wahrzeichen des Ortsteils Stockum stark geneigt ist. Vermessungen ergaben, dass die Spitze um 120 cm vom Mittelpunkt abweicht.
Adresse: Apostelstr. 12, Sundern-Stockum; Kirchenführungen: ✆ 02933/830732

▸ Burg Hachen
Auf einer Berghöhe über dem Ortsteil Hachen lassen sich die Reste einer Burg besichtigen, die um das Jahr 1000 errichtet wurde. Das wehrhafte Gemäuer mit Vorburg, starker Schildmauer und einst mächtigem Rundturm wechselte häufig den Besitzer und verlor ab dem 15. Jh. an Bedeutung. Auf dem Gelände befindet sich ein Ehrenmal zum Gedenken an die Gefallenen des Ersten Weltkrieges. Schilder weisen den Weg vom Dorf zur Burg.
Infos: 🌐 www.burgdorf-hachen.de

▸ Pfarrkirche St. Antonius
Der heilige Eremit Antonius mit Stab und Glocke ziert das Wappen des Städtchens Allendorf und ist Patron der barocken Pfarrkirche. Beachtenswert sind die Orgel und der grün marmorierte Hochaltar aus dem 18. Jh. Dem Heiligen, der als Schutzpatron der Bauern, Viehhirten und Metzger auch als „Fickel-Tünnes" bezeichnet wird, wurde in der Altstadt ein lebensgroßes Denkmal gewidmet, das den Mönchsvater in Aktion zeigt.

Kapelle Leiden Christi

▸ Kapellen
Fast in allen Ortsteilen von Sundern sind am Wegesrand kleine Kapellen zu finden. Mit ihrem sechsseitigen Dachreiter mit Zwiebelhaube fällt die **Kapelle der Heiligen Familie** aus den 1730er-Jahren auf (Hellefeld, Hof zum Broich). Die barocke Kapelle **St. Antonius Abbas** mit kleinem Saal wurde schon 1698 erstmals erwähnt (Altenhellenfeld, Langestr. 2). Als die wohl schönste und auch älteste Kapelle im Stadtgebiet gilt die Kapelle **St. Thomas von Canterbury**, die hier schon seit 1685 steht (Gräfenbergring). Auch die **Kapelle Leiden Christi** von 1919 lohnt einen Besuch. Der Achteckbau auf dem Rehberg in Stockum ist das Ziel eines Kreuzwegs.

Museen & Ausstellungen

▸ Museum „Alte Kornbrennerei"
Nahe der Johanniskirche befindet sich ein Industriekomplex, auf dessen Grundmauern einst ein Wehrturm stand. Im 19. Jh. entwickelte sich daraus ein Maschinenhaus mit Wohn- und Brauereitrakt. 1882 wurde eine gewerbliche Kornbrennerei angemeldet, die hier bis 1966 tätig war. Heute gibt es in den alten Mauern vieles zu bestaunen, vom Thema Röhrtalbahn über eine komplette Zahnarztpraxis von 1923 bis hin zu Produkten „Made in Sundern".
Adresse: Hauptstr. 132, 59846 Sundern,
🌐 www.museum-kornbrennerei.de

▸ Museum „Alte Schmitte"
Im Ortsteil Endorf gründete Franz Miederhoff 1896 eine kleine Schmiede, in der er zunächst Ketten, später Beschläge herstellte. Nachdem der Firmensitz nach Sundern verlegt wurde, gelangte das Gebäude 1995 an den Museumsverein, der eine sehenswerte Ausstellung zusammengetragen hat. Neben einer Sammlung aus der über 100-jährigen Firmengeschichte gibt es einen alten Bergwerksstollen, eine heimatliche Stube, ein Feuerwehrmuseum und ein beachtenswertes Jagdmuseum.
Adresse: Endorfer Str. 36, 59846 Sundern-Endorf, ☎ 02933/79267 u. 0160/95872754,
🌐 www.endorf.de

Freizeit & Natur

▸ Angeln
Im Sorpesee erwartet Petrijünger ein Angelrevier vom Feinsten. Mit 8 km Länge und bis zu 58 m Tiefe ist der See ein Tummelplatz für kapitale Hechte, Zander, Barsche, Seeforellen, Aale und Karpfen. Und weil man nicht immer sämtliches Equipment dabeihat, kann man sich elektrobetriebene Angelboote mit Rutenhaltern, Anker, Driftsack und sogar mit Echolot ausleihen.

Adressen:
Ausgabestellen für Angelkarten (FEV): Angelsport de Koning, Amecker Str. 13, 59846 Sundern-Amecke
Angelbootverleih: Am Sorpesee 193 (Nordic-Ferienpark), 59846 Sundern-Langscheid, 0170/1220877, www.angelbootverleih-sorpesee.de

„Altes Testament“
Es wird erzählt, im Ortsteil Hellenfeld habe schon vor Christi Geburt eine kleine Kirche gestanden, weshalb man die Gegend nach dem Alten Testament benannte. Zumindest ist das Wanderparadies dieses Namens, in dessen Zentrum sich der kleine Fachwerkort Altenhellenfeld befindet, eine der schönsten Wandermöglichkeiten in der Region Sundern. Die aussichtsreiche Runde führt an drei Naturschutzgebieten vorbei, durch die Wacholderheide und den Niederwald Odin. Mit seinen rund 40 km und zahlreichen Höhenmetern zählt der Weg zu den schweren Touren und sollte in Etappen erwandert werden.

AIRlebnisweg
Ein ganz besonderer Weg für Wanderer und Spaziergänger führt im Ortsteil Amecke rund um das Vorbecken des Sorpesees. Für die 3,5 km lange Runde am Uferrand wurden 20 Mitmachstationen entwickelt, bei denen es um die Themen Luft, Atmen und Wasser geht. Alle Stationen sind für Klein und Groß gedacht. Highlight für die Kids ist eindeutig der Matschplatz.

Aussichtsturm Langscheid
Seit 1927 erhebt sich über der 370 m hohen Langscheider Höhe ein Aussichtsturm, dessen Plattform einen sensationellen Blick über die Landschaft des Sorpesees ermöglicht. Eigentlich wurde der Turm als Mahnmal zum Ersten Weltkrieg errichtet, ist seit 1997 ein offizielles Denkmal und seit 2003 wieder besteigbar. Den Schlüssel erhält man im Haus des Gastes.
Adresse: Haus des Gastes, Hakenbrinkweg 19, 59846 Sundern-Langscheid, 02935/9699011

Aussichtsturm Schomberg
Der Schomberg im Ortsteil Wildewiese ist mit 648 m Höhe der zweithöchste Berg im Lennegebirge. Neben dem kleinen Skigebiet wurde 2006 ein 60 m hoher Stahlfachwerk-Mobilfunkturm errichtet, der auf halber Höhe über eine Aussichtsplattform verfügt, die eine fantastische Rundumsicht über das gesamte Sauerland gewährt.

Golf
In Sichtweite zum Haus Amecke können sich Neueinsteiger, Nachwuchstalente oder Handicap-Jäger beim Golfclub den Herausforderungen eines 9-Loch- oder 6-Loch-Family-Platzes mit Wasserhindernissen, Bunkern und schnellen Grüns stellen.
Adresse: Haus Amecke, 59846 Sundern, 02393/170666, www.golfhausamecke.de

Indoor-Golf
Wenn Petrus einmal kein Einsehen hat und den Tag auf dem Golfplatz ins Wasser fallen lässt, dann gibt es seit Kurzem eine geniale Lösung: Indoor-Golf am Golfsimulator. Und das Tollste: Man kann auf verschiedenen, in ganz Europa verteilten Plätzen antreten.
Adresse: Settmeckestr. 122 (Tennishalle), 59746 Sundern, 02933/4653 u. 0151/51869456, www.indoor-golf-sauerland.de

Minigolf
Eine Minigolfanlage mit 14 Bahnen wartet im Kurpark Langscheid auf Gäste, die hier ihr Geschick auf die Probe stellen wollen. Alles Notwendige kann an der Rezeption im Haus des Gastes ausgeliehen werden.

Adresse: Haus des Gastes, Hakenbrinkweg 19, 59846 Sundern-Langscheid, 02935/9699011

MS Sorpesee
Eine Fahrt mit dem Personenfahrgastschiff bzw. Salonschiff auf dem Sorpesee gehört bei den Besuchern und Gästen in Sundern zu den „Pflichtübungen". Auch Feiern und Sonderfahrten können gebucht werden.
Anlegestellen: Sorpedamm, 59846 Sundern-Langscheid und Ameker Damm, 59746 Sundern-Amecke
Adresse: Personenschifffahrt-Sorpesee, Heuweg 15 A, 59846 Sundern-Langscheid-Sorpedamm, 0170/8050145, Schiffstelefon: 0170/8050145, www.personenschifffahrt-sorpesee.de

Planwagen- & Schlittenfahrten
Gemütliche Ausflugsfahrten mit zwei Pferdestärken oder einigen Trecker-PS werden sowohl im Sommer als auch im Winter mit dem Schlitten angeboten und bieten – für zwei bis 25 Personen – ein ganz besonderes Erlebnis.
Adressen:
Schellen Hof: Meinkenbrachter Str. 1, 59746 Sundern, 02934/277, www.schellenhof.de
Steinbergs Wildewiese: Wildewiese 1, 59746 Sundern, 02394/754, www.steinbergs-wildewiese.de

Radfahren
In der Region Sundern mit ihren Bergen, Tälern und dem Sorpesee kann jeder Radfahrer für sich das Richtige finden, ob auf ebener Strecke rund um den Sorpesee oder auf den fünf Rundtouren von 24 bis 90 km Länge. Ein Radbooklet mit Radtouren ist beim Stadtmarketing bzw. online erhältlich. Und wer kein eigenes Rad mitgebracht hat, kann sich eines leihen: Outdoorzentrum „Woohoo", Restaurant „Meilenweit" oder Sorpe-Erlebnis.
Infos: https://woohoo-sorpesee.de, https://sorpe-erlebnis.de, www.meilenweit-sorpesee.de

Reiten
In Sundern werden die verschiedensten Möglichkeiten angeboten, das wunderschöne Fleckchen Erde vom Rücken der Pferde aus zu erleben. Der Ortsteil Hellefeld gilt gar als die Reiterhochburg im Sauerland.
Adressen:
Reiterhof Dunker: Wengeler Höhe 1, 59846 Sundern-Hellefeld, 0170/2328099
Bauernhofpension Wiethoff-Hüster: Im Senkel 2, 59846 Sundern-Meinkenbach, 02934/343, www.wiethoff-huester.de
Reiterhof Nehlingshof: Heimkeweg 9, 59846 Sundern-Hagen, 02393/748, www.nehlingshof.de
Reiterverein Hellefeld: Hellefelder Str., 59846 Sundern, 0171/3336116, www.rv-hellefeld.de

Schwimmbäder
Mit seinen drei Becken bietet das **Hallenbad Sundern** alles, was Wasserratten benötigen. Zudem gibt es ein 5-m-Turm-Sprungbecken. Ein neues Highlight ist die Waterclimbing-Anlage. Und wer noch zu viel Power übrig hat, der darf sich gerne zum „Aqua-Riding" (Radfahren im Wasser) oder „Aqua Jumping" (Trampolinspringen im Wasser) anmelden. Bei jedem Wetter 32 °C warmes Wasser genießen und dabei unbeschwert den Blick über den Sorpesee schweifen lassen, das kann man im **Kurbad von Sundern-Langscheid**. Und direkt nebenan befindet sich im Saunagarten das Saunablockhaus, die sechseckige Tuli-/Feuersauna, ein kleines Valobad mit Sternenhimmel und ein Dampfbad.
Adressen:
Hallenbad: Berliner Str. 60, 59846 Sundern, 02933/4947
Kurbad: Hakenbrinkweg 19, 59846 Sundern-Langscheid, 02935/9699015 u. 9699011

Segeln

Unter weißen Segeln über den Sorpesee zu gleiten gehört wahrscheinlich zu den befreiendsten Dingen, die man im Sauerland erleben kann. Neulinge, Wiedereinsteiger und Könner finden rings um den See diverse Möglichkeiten, den Sport zu erlernen und auszuüben.

Adressen:
SELAS Segeln lernen am Sorpesee: Am Sorpesee 193–195, 59846 Sundern-Langscheid, 🌐 www.selas.online.de
Segelclub Freiheit Langscheid: Am Sorpesee 61, 59846 Sundern-Langscheid, ☏ 0581/6806168, 🌐 www.sc-fl.de
SQ-YACHTS: Am Sorpesee 195, 59846 Sundern-Langscheid, ☏ 01573/4638795, 🌐 www.sq-yachts.de
Segler-Club Amecke: Hudeweg 1, 59846 Sundern-Langscheid ☏ 02393/1212, 🌐 www.sca-sorpe.de
SCSI-Segelclub Sorpesee Iserlohn: Am Sorpesee 187, 59846 Sundern-Langscheid, ☏ 02935/2525, 🌐 www.scsi-sorpesee.de
Kanu-Segel-Club Hemer: Zum Sorpedamm 4, 59846 Sundern-Langscheid, ☏ 02935/1308, 🌐 www.ksc-hemer.com

Strandbad

Die Badebucht im Ortsteil Langscheid ermöglicht traumhafte Sommertage. Das 12 000 m^2 große Areal am Sorpesee wartet mit allem auf, was für den großen Wasserspaß benötigt wird: SUP-Boards, eine Tretbootflotte und das brandneue Riesen-Air-Trampolin. Natürlich kann man Liegen und Schirme ausleihen, ein kleiner Shop offeriert Badebasics und eine Strandbar verlockt zum Chillen.
Adresse: Am Sorpesee 47, 59846 Sundern-Langscheid, ☏ 02935/583, 🌐 www.sorpesee.com

Tauchen

Da der Sorpesee auch unter seiner glitzernden Oberfläche einiges zu bieten hat, kann man hier lernen, sich unter Wasser zu bewegen. Eine der führenden Tauchschulen Deutschlands hat hier ihre Basis, auf der man sogar die Besonderheit „Bergwerktauchen" erproben kann.
Adresse: Ameckerstr. 16, 59846 Sundern, ☏ 02393/220430, 🌐 www.tauchschule-sorpesee.de, 🌐 www.bergwerktauchen.de

Wanderrast mit schöner Aussicht

Tretbootfahren & Stand-up-Paddling

Während der Sommersaison lässt sich der Sorpesee prima auf einer kleinen Kaperfahrt mit einem Tretboot oder einem Stand-up-Paddling-Board erkunden. Es gibt drei Leihstationen.

Adressen:
Promenade Langscheid, nahe Schiffsanlegestelle: Zum Sorpedamm, 59846 Sundern-Langscheid, ☏ 0151/52406506
Strandbar Langscheid: Am Sorpesee 47, 59846 Sundern-Langscheid, ☏ 02935/583
Am AIRlebnisweg Amecke, Café AIRnah: Amecker Damm, Am Vorbecken 2, 59846 Sundern-Langscheid, ☏ 0173/9062655

Wandern

Rund um den Sorpesee und quer durch das Stadtgebiet Sundern mit seinen Ortsteilen führt ein etwa 900 km langes, gut ausgeschildertes Wanderwegenetz. Hier findet jeder seinen Weg, egal ob kurzer Spaziergang, aktive Sportrunde oder ambitionierte Wandertour: *Über den Höveler Knapp zum Schloss Melschede* (5,5 km), *Von Amecke nach Langscheid* (18 km), der *Rundkurs am Sorpesee* (14 km) oder die schwerere Route *Mit Seeblick hinauf aufs Stück* (10 km). Besondere Thmenwanderwege sind der *Milchweg-Homert* (4 km), der *Skulpturenweg* (3,5 km) und der *Waldlehrpfad* (3,5 km) in Stockum, der *Walderlebnispfad* (5 km) in Westenfeld sowie der *Planetenweg* (5,5 km) und *Sternenweg* (3,5 km) in Meinkenbracht. Schließlich gilt es noch den in Allendorf beginnenden *Fickeltünnesweg* (14,5 km) mit seinen 16 Geschichtsstationen zu erwähnen.

▸ Windsurfing

Vom Wind getrieben zackig über die blau glänzende Oberfläche des Sorpesees zu surfen oder gemächlich mit dem Stand-up-Paddling-Board unterwegs sein – beides hat eine ständig wachsende Fangemeinde. Eine der bekanntesten Stationen im Sauerland findet man am Sorpesee.
Adresse: Windsurfingcenter Sorpesee, Am Sorpesee 7, 59846 Sundern, 02393/240725 u. 0171/2791096, www.mr-move.de

▸ Wintersport

Im Stadtgebiet von Sundern bietet das **Skigebiet Wildewiese** alle Möglichkeiten. Fünf Skilifte, mehrere Pisten bis zu 1,2 km Länge, ein Übungshang für die Anfänger und eine Flutlichtanlage für fünf beleuchtete Abfahrten stehen den Besuchern am Schomberg zur Verfügung. Zudem gibt es eine Skischule, Skiverleih sowie einen Zauberteppich auf den 180 m langen **Rodelhang**.
Adresse: Wildewiese 13, 59846 Sundern, 2395/212538, www.wildewiese.de

Warstein

(Kreis Soest)

Am Nordrand des Sauerlandes, mitten in dem überwältigenden Naturpark Arnsberg sind die Bürger in den neun Ortsteilen von Warstein (24 500 Einwohner) stolz auf ihre Natur, ihre Produkte, ihre gelebten Traditionen und gepflegten Eigenarten. Vermutlich erhielt Warstein um das Jahr 1296 die Stadtrechte. Maßgebend für ihre Entwicklung waren Fundstätten von Eisen-, Blei- und Kupfererzen, die dem Ort Bedeutung, eine Mitgliedschaft in der Hanse und augenscheinlichen Wohlstand brachten. Nach einem großen Stadtbrand am 31. Dezember 1802 wurde der Kern der Siedlung an seine heutige Stelle verlegt. Die einladende, freizeitorientierte Stadt kann mit den drei großen „B" des Sauerlandes punkten: Berge, Bäume, Bier.

Stadtmarketing Warstein e. V.
Dieplohstr. 1
59581 Warstein

Sehenswertes

▸ Probsteikirche St. Pankratius

Im Ortsteil Belecke erhebt sich über den Dächern des Örtchens der mächtige, leuchtend weiße Turm der heutigen Pfarrkirche, die bereits um 1087 Erwähnung fand. Hoch hinauf reicht auch die charakteristisch geschwungene Barockhaube. Im Inneren beeindrucken ebenfalls die barocke Formensprache und Vielfalt. Besonders zu erwähnen sind der zweigeschossige Hochaltar mit auswechselbaren Bildern, die „Odaker Madonna" und das „Pestkreuz" (beide frühes 14. Jh.).

Adresse: Am Propsteiberg 1, 59581 Warstein-Belecke; Führungen: 02902/71132, www.katholisch-in-warstein.de

▸ Warsteiner Welt

Mit einer über 265 Jahre währenden Brautradition ist die Warsteiner-Brauerei nicht nur eine der bekanntesten Biermarken überhaupt, sondern weiß auch die Neugier ihrer Gäste mit Multimediatheater, Brauereibahn und Führungen zu befriedigen. Eine Besichtigung der 63 Fußballfelder großen und modernsten Braustätten Europas führt direkt ins Sudhaus, wo täglich bis zu 16 640 Hektoliter des spritzigen Gerstensaftes entstehen und in Millionen von Fässern, Dosen und Flaschen abgefüllt werden.
Adresse: Zu Hause im Waldpark, 59581 Warstein, 02902/885001, www.warsteiner-welt.de

▸ Alter Bahnhof

Im Ortsteil Sichtigvor erinnern direkt auf dem *Möhnetalradweg* zwei alte Bahnwaggons samt Ausstellung an den ehemaligen Bahnhof und die Bahnstrecke, die von 1899 bis 1960 Brilon mit Belecke und Soest verband. Im Gebäude des alten Fachwerk-Bahnhofes befindet sich eine gemütliche Gaststätte.
Adresse: Römerstr. 1, 59581 Warstein Sichtigvor, 02925/2512 u. 0171/4903247, www.alter-bahnhof-sichtigvor.de

Haus Kupferhammer

▸ Hirschberger Tor

Um dem einstigen Jagdschloss Hirschberg ein repräsentatives Eingangsportal zu spendieren, ließ der Kurfürst im Jahre 1753 einen Entwurf des berühmten Baumeisters Johann Conrad Schlaun in die Tat umsetzen. Es entstand ein mehrtoriger Eingang mit detaillierten Szenen einer Parforcejagd, Reliefs und Wappen. Nach Niedergang und Brand des Hauses wurde das Tor abgebaut und 1824 nach Arnsberg verfrachtet. Zum 700. Jubiläum von Hirschberg wurde ein Nachbau in 70 Prozent der Originalgröße an fast originaler Stelle errichtet.
Adresse: Schlossstr., 59581 Warstein-Hirschberg, www.hirschberg-sauerland.de

▸ Haus Kupferhammer

Es ist der Inbegriff großbürgerlichen Industriellenlebens um 1900, inklusive Turm, Remise und gediegener Parklandschaft. Seine Benennung wurde aus dem profitablen Gewerbe der Familie Möller abgeleitet, die sich an diesem Ort ab Mitte des 18. Jhs. über drei Generationen hinweg der Kupferverarbeitung widmete. Im 19. Jh. machte Fabrikant Wilhelm Bergenthal das großzügige Ensemble zum Mittelpunkt einer erfolgreichen Eisenindustrie, die aus dem beschaulichen Ackerbürgerstädtchen einen frühen Industriestandort machte.
Adresse: Belecker Landstr. 9, 59581 Warstein, 02902/2724, www.haus-kupferhammer.de

▸ Schloss Mülheim

Auf der Grenze zwischen den Ortsteilen Sichtigvor und Mülheim fasziniert ein historisches Gebäudeensemble aus Schloss und Kloster. Im Jahre 1072 gründete der Kölner Erzbischof an dieser Stelle die

Benediktinerabtei Grafschaft, mit der er im Möhnetal ein geistiges und bedeutendes wirtschaftliches Zentrum im Sauerland etablieren wollte. Das mit zwölf Pfarreien reich ausgestattete Kloster wurde 1266 eine Niederlassung (Kommende) des Deutschen Ordens, bis zu dessen Aufhebung 1809.
Die zumeist im 18. Jh. errichteten Gebäude wurden fortan für unterschiedliche Zwecke genutzt und befinden sich heute in privater Hand. Öffentlich zugänglich sind die Pfarrkirche St. Margaretha und die Mariengrotte.
Adresse: Ordensritterweg 1, 59581 Warstein-Sichtigvor

▸ Kreuzkapelle und Külbenkapelle
Benannt nach einem alten Wallfahrtskreuz, das heute in der Propsteikirche Belecke hängt, wurde 1724 die Belecker Kreuzkapelle errichtet. Schon zuvor stand hier die wohl älteste Kapelle des Ortes, an der Seuchenkranke einst die Möglichkeit zum Gebet erhielten. Unweit des kleinen Gotteshauses befindet sich das markante Naturdenkmal Külbensteine. Die einst gewaltigen Felsformationen aus Kalkstein wurden aufgrund des Straßenbaus teilweise abgetragen, bieten jedoch noch immer eine tolle Aussicht. Direkt daneben befindet sich die Külbenkapelle, die 1866 erbaut wurde.
Adresse: Mülheimer Str./Kapellenweg, 59581 Warstein-Belecke

Museen & Ausstellungen

▸ Stadtmuseum „Schatzkammer Propstei"
Die um 1100 von Benediktinern gegründete Propstei im Ortsteil Belecke bestand bis zur Säkularisation 1804. Die Einrichtung war zumeist mit einem Probst und sieben Mönchen besetzt, über deren Schaffen und Tun seit 1992 durch Ausstellungen in einem ehemaligen Wirtschaftsgebäude informiert wird. In der Schatzkammer des Museums kann man der Kunstfertigkeit nachspüren, mit der Künstler vom 15. bis zum 18. Jh. liturgisches Gerät anfertigten. Echte Hingucker sind dabei die „Große Monstranz" (Anf. 18. Jh.) oder der Abtskelch (1509).
Adresse: Am Propsteiberg 1, 59581 Warstein Belecke, ☏ 02902/71132, 🌐 www.belecke.de

▸ Stütings Mühle und Stollenbunker
Das historische Ensemble, das vom Kultur- und Heimatverein Badulikum geführt wird, geht in seinem Kern bis in das Spätmittelalter zurück. Die Mühle wurde bereits 1307 in Urkunden erwähnt und seit 1983 restauriert und modernisiert. Auf dem Gelände befindet sich ebenfalls der auf fast 130 m begehbare Stollenbunker im Propsteiberg und bietet spannende Einblicke in die Vergangenheit.
Adresse: Wilkestr. 1, 59581 Warstein Belecke, ☏ 02902/75963, 🌐 www.stuetings-muehle.de

▸ Heimatmuseum Haus Dassel
Das schlossartige Gebäude zwischen den imponierenden Mammutbäumen wurde ursprünglich um 1850 von einem Eisenwerkunternehmer errichtet, ging dann durch verschiedene Hände und wurde schließlich 1887 vom namengebenden Marmorfabrikanten Georg Dassel übernommen. Unter seiner Leitung erfolgten zahlreiche Um- und Ausbauten, es kam der Treppengiebel sowie der Turm hinzu. Die luxuriöse Ausstattung beeindruckt noch heute. 1974 konnte die Gemeinde das Gebäude übernehmen und gestaltete es zu einem Kulturzentrum mit Museum um. Anstelle der abgerissenen Fabrikanlagen entstand ein Park.
Adresse: Viktor-Röper-Str. 26, 59581 Warstein-Allagen, ☏ 02921/3450901, 🌐 www.haus-dassel.de

▸ Psychatrie-Museum
In einem ehemaligen Küchengebäude der LWL-Klinik am Stillenberg informiert ein Museum über die mehr als 100-jährige Geschichte dieser psychiatrischen Heilanstalt.

Hier werden die Zeugnisse der Vergangenheit nicht nur bewahrt, geordnet und präsentiert, sondern auch aufgearbeitet. In den Fokus ist dabei die Zeit von 1933 bis 1945 gerückt. Ein ganz besonderer Ort des Erinnerns ist dabei die kleine Treisekapelle, in der man Euthanasieopfern sehr persönlich gedenken kann.
Adresse: LWL-Kliniken, Franz-Hegemann-Str. 23, 59581 Warstein-Suttrop, 02902/825955, www.lwl.org

Kettenschmiede Sichtigvor
Ohne rasselnde Ketten ging gar nichts, weder in der Landwirtschaft noch in der Industrie. Aufgrund der hervorragenden Voraussetzungen für die Metallverarbeitung entwickelte sich im Tal der Möhne die industrielle Fertigung von Ketten, die hier von 1840 bis 1970 betrieben wurde. Um 1900 gingen in der Region etwa 200 Schmiede dieser mühevollen Handwerkskunst in Heim- und Kleinstbetrieben nach. 1984 errichtete ein Arbeitskreis für Heimatpflege eine Kettenschmiede mit zwei Schmiedefeuern nach alten Vorbildern.
Adresse: Möhnestr. 96, 59581 Warstein-Sichtigvor, 02925/3310, www.sauerland.com

Freizeit & Natur

Bilsteintal mit Bilsteinhöhle
Uralte Bäume, sanfte Hügel und eine tief in den Berg reichende Tropfsteinhöhle erwarten die Besucher bei diesem abenteuerlichen Naturerlebnis. Neben dem weitläufigen Wildpark mit Beobachtungsbrücken, sich suhlenden Wildschweinen und der spektakulären Luchs-Fütterung sorgt die 400 m tiefe Tropfsteinhöhle mit ihren fantastischen Formationen immer wieder für Staunen. Zwar ist die 1887 entdeckte Höhle insgesamt fast 2 km lang, doch dorthinein gelangen nur geübte Höhlenforscher. Waldspielplatz, Waldwirtschaft und ein Informationszentrum ergänzen das Erlebnis.
Adresse: Im Bodmen 54, 59581 Warstein, 02902/2731 u. 0151/54667069, www.bilsteintal.de

Bilsteinhöhle

Bogenschießen
Mit Pfeil und Bogen kann man auf dem 3 km langen Parcours des hiesigen Bogensportvereins auf die Pirsch gehen. Der unbefestigte Pfad führt zu insgesamt 28 Stationen, auf denen in 10 bis 40 m Entfernung dreidimensionale Fantasiefiguren darauf warten, „erlegt“ zu werden.
Adresse: In Bodmen 54, 59581 Warstein, www.bogenparcours-bilsteintal.de

Geopark Suttrop
Angespornt von der nur hier vorkommenden Quarzart, den „Suttroper Diamanten“, hat der hiesige Heimatverein in luftiger Höhe einen kleinen Park mit Vitrinen, Tafeln und Videostationen errichtet, mit denen die verschiedenen Gesteinsarten der Umgebung vorgestellt werden. Dazu erinnert ein nachgebauter Kalkofen an die historische Tradition des Kalk-Brennens.
Adresse: Unterm Steinrücken 11, 59581 Warstein Suttrop, 02902/4008

Kletterarena Hillenberg
100 Routen von Schwierigkeitsgrad 3 bis 9 und über 50 m Wandhöhe, da laufen Sport- und Alpinkletterer zur Höchstform auf.

Aber auch Familien und Einsteiger finden entsprechende Möglichkeiten. Diverse Mehrseillängentouren sorgen dafür, dass auch ein zweiter Besuch voller Überraschungen steckt. Und wenn 2023 noch 200 weitere Routen erschlossen sind, dann ist Warstein nicht nur das herausragendste, sondern auch das größte Naturklettergebiet in NRW.
Adresse: Homertrift, 59581 Warstein, www.kletterarena.info/hillenberg.php

▸ Kohlenmeiler Hirschberg

Seit mehr als 1000 Jahren wird im Sauerland die Holzverkohlung betrieben, die als bedeutender Brennstofflieferant für die Eisenverhüttung von enormer Bedeutung war. Um über den traditionsreichen Beruf des Köhlers zu informieren, wurde nahe dem malerischen Fachwerkdorf Hirschberg ein Schaumeiler als technisches Kulturdenkmal und „Informationsplatz Kohlenmeiler" errichtet. Der fast mystisch anmutende Ort wird für verschiedene Aktivitäten, u. a. das Köhlerfest genutzt.
Adresse: Hirschberg, 59581 Warstein, 02902/51773

▸ Lörmecke-Turm

Genau zwischen Warstein und Eversberg erhebt sich auf dem höchsten Punkt des Naturparks Arnsberger Wald (581 m über NN) ein einzigartiges Bauwerk aus heimischen Douglasienstämmen. Die Ähnlichkeit des 35 m hohen Holzturms mit einem typischen Warsteiner-Bierglas kommt dabei nicht von ungefähr. Im Innern der über Kreuz geführten Stämme windet sich eine Stahltreppe zur Aussichtplattform empor, von der aus ein einzigartiger Panorama-Rundumblick möglich ist. Drei Wanderwege führen zum Turm: *Bilsteintal bis Sedansteich* (16,5 km), *Montgolfiadegelände bis Herrlichkeit* (13,5 km) und *Wanderparkplatz bis Turm* (6,5 km).
Adresse: Arnsberger Wald, Plackweg, 59581 Warstein, 02902/81268

Lörmecke-Turm

▸ Loermund und Kreuzberg

Im Ortsteil Sichtigvor wurde der aufragende Loermund für Touristen und Spaziergänger erschlossen. Ganz oben auf dem Berg kann man die Spuren einer Ringwallanlage erkennen, die vermutlich schon seit der Eisenzeit und bis ins Mittelalter hinein bewohnt war. Über Kreuzwegstationen kann man die kleine, bereits über 125 Jahre alte Kreuzbergkapelle besuchen, von der aus sich abermals ein exzellenter Blick über das Möhnetal bietet.
Adresse: Loermund, 59581 Warstein-Sichtigvor, 02925/3749, www.vrmsw.de/die-wallburg

▸ Planwagenfahrt

Der Warsteiner Camperpark bietet Gruppen bis zu 25 Personen die Gelegenheit, die Umgebung ganz entspannt per Planwagen zu besuchen. Auf zum Lörmecketurm, zur Tropfsteinhöhle oder zur Brauereibesichtigung, egal wohin, die Fahrt wird unvergesslich.
Adresse: Enkerbruch 12a, 59581 Warstein, 02902/9119116, www.warsteiner-camperpark.de/Planwagenfahrten

Radfahren

Mit der steilen Hirschbergerwand hat sich Warstein bereits bei der Sauerland-Rundfahrt, einem der schwersten Bundesliga-Radrennen, ein spektakulären Namen gemacht. Dazu kommen 83 km bestens markierte Radwege, die auch Normal-Radlern ein tolles Erlebnis bieten. Während der idyllische *MöhnetalRadweg* (65 km) dem Lauf der Möhne folgt, orientiert sich der *Pengel-Anton-Weg* (56 km) am Gleis der Strecke Brilon-Soest. Bei der *Stein und Mehr-Tour* (114 km), die sich gut in drei Teilen bewältigen lässt, erfahren die Radler an 33 Stationen vieles über das Thema Kalkstein. Die *Warstein-Highlights-Tour* (43 km) führt zu den wichtigsten Sehenswürdigkeiten im Stadtgebiet.

Infos: www.moehnetalradweg.de, www.steineundmehr.eu

Reiten

Ob aufregendes Abenteuerreiten oder entspannte Spazierritte, Wandertouren zu Pferd, Reitunterricht, professionelles Training oder Reitpädagogik, auch rings um Warstein finden Pferdefreunde alle Möglichkeiten, ihr Hobby auszuüben.

Adressen:

Inas Streifzüge: Beiwinderweg 160, 59518 Warstein, 0177/7793483, www.inasstreifzuege.com

Reitsport Weißbach: Paul-Cramer-Allee 2, 59581 Warstein, 0160/94733828

Reiterverein Warstein: Müschederweg 84, 59581 Warstein, 0171 3070286, www.warsteiner-reitverein.de

Schwimmbäder

Im **Warsteiner Allwetterbad** herrscht immer Sommer. Unabhängig vom Wetter kann man hier in zwei miteinander verbundenen Erlebnisbecken (innen/außen) den Alltag hinter sich lassen. Prasselnde Wasserfälle, 1- und 3-m-Sprungbrett, ein Strömungskanal und die neue Freefall-Superrutsch-Kamikaze-Bahn bieten allen ein nass-fröhliches Erlebnis. Ergänzt wird das Angebot durch ein Sportbecken, Wellnessbereich, Liegewiese und Bistro. Neben der Panorama- und der Finnischen Sauna bietet das kleine „Hexenhäuschen“ mit 80 °C ein Highlight für Schwitzfreunde. Schon Kaiser Heinrich soll, so erzählt es eine Sage, mit seiner Gattin die Belecker Mineralquelle besucht haben und ob der heilenden und lindernden Wirkung voll des Lobes gewesen sein. Lange war es die einzige Mineralquelle des Sauerlandes. Sie bietet heute im **Kaiser-Heinrich-Bad** als „Zentrum für Bewegung und Gesundheitsförderung“ ein Fitnesscenter sowie eine Himalaya-Salzgrotte inklusive Klangentspannung.

Adressen:

Allwetterbad: Lortzingstr. 1, 59581 Warstein, 02902/3511

Kaiser-Heinrich-Bad: Mülheimer Str. 3, 59581 Warstein-Belecke, 02902/860384, www.kaiser-heinrich-bad.de

Skywalk-Möhnetal

Im Ortsteil Oberbergheim wird die Grenze zwischen dem nordwesteuropäischen Tiefland und dem mitteleuropäischen Bergland wahrlich imposant markiert – mit dem 78 m hohen Liethsteilhang. Genau hier ragt die Stahlkonstruktion einer Aussichtsplattform 30 m weit ins Nichts und bietet in 78 m Höhe einen atemberaubenden Ausblick auf das Möhnetal und den Arnsberger Wald.

Start: Möhnestr. 484, Friedhofsweg oder Möhnestr. zw. 350 und 360, 59581 Warstein-Oberbergheim

Wandern

Mit dem *WestfalenWanderWeg* (216 km) und der *Sauerland-Waldroute* (342 km) knüpft das Stadtgebiet gleich mehrfach an das Fernwanderwegenetz an. Zudem sind im gesamten Stadtgebiet rund 400 km markierte Wanderwege zu finden, auf denen jeder je nach Wadenstärke und Kondition seinen Weg findet. Sehr beliebt sind die Rundwanderwege *Rund um Warstein und Suttrop* (23 km), *Durch das Paradies im Warsteiner Wald* (22 km) oder die mittelschwere Strecke *Enkerbruch – Lörmecke* (10 km). Als Themenwege sind u. a. die *Ackerroute Allagen* (5 km), der *Möhnetal Geschichtsweg* (10 km) oder der *Weg der Montangeschichte* (9 km) angelegt. Der *Loermund Wanderweg* (2 km) wurde zudem für Sehbehinderte präpariert.

Wenden

(Kreis Olpe)

Die Gemeinde (19 450 Einwohner) mit dem goldhaarigen Heiligen im Wappen ist die südlichste des Sauerlandes. Vom Naturpark Sauerland-Rothaargebirge umgeben, hat sich das auf einer Hochebene gelegene Gebiet zu einem attraktiven Ausflugs- und Urlaubsort entwickelt. Wenden, dessen Anfänge vermutlich im 12. Jh. zu finden sind, wurde von seiner mehrfachen Grenzlage zwischen Sauerland und Siegerland, zwischen dem Herzogtum Westfalen, Nassau-Siegen und der Herrschaft Wildenburg, zwischen dem niederdeutschen und oberdeutschen Sprachgebiet sowie zwischen katholisch gebliebenen und protestantischen Gemeinden geprägt. Bis heute wird in den 30 zugehörigen Ortsteilen altes sauerländisches Brauchtum praktiziert, wie z. B. bei der „Wendsche Kärmetze".

Marketing und Tourismusförderung der Gemeinde Wenden
Hauptstr. 75
57482 Wenden
02762/406513
www.wenden.de

i

Sehenswertes

▸ Pfarrkirche St. Severin

Weithin sichtbar erhebt sich das sandgelb verputzte Gotteshaus mit dunklem Schieferdach über der Stadt. Anstelle der ursprünglichen, bereits im 12. Jh. erstmals erwähnten Kapelle errichtete ein Tiroler Baumeister um 1750 die stattliche Hallenkirche. Die Besonderheit: Er baute die Kirche zunächst um den Vorgängerbau herum. Die reiche Ausstattung mit Altären und Heiligenfiguren stammt aus der Werkstatt des Johann Sasse.
Adresse: Hauptstraße 97, 57482 Wenden, Führungen: 02762/4000200, www.pv-wendener-land.de

▸ Wallfahrtskapelle Dörnschlade

Mehrmals im Jahreslauf ziehen feierliche Prozessionen einen Bergrücken im Wendener Ortsteil Altenhof hinauf, um an einer kleinen Kapelle einen Gottesdienst zu zelebrieren. Bereits im 15. Jh. wird an dieser Stelle eine Wallfahrtsstätte genannt, zu der im 18. Jh. auch ein Heiligenhäuschen gehörte. Nach langem Hin und Her konnte in den 1860er-Jahren die heutige Kapelle samt Klause errichtet werden, in der ein Einsiedler lebte.
Adresse: Dörnschlader Weg, 57482 Wenden, Führungen: 02762/4000200, www.pv-wendener-land.de

Museum

▸ Museum Wendener Hütte & Museumslehrpfad

Welche wesentliche Bedeutung den drei Ressourcen Erz, Kohle und Wasser für die industrielle Entwicklung Südwestfalens zukam, kann man in der alten Hütte von Wenden erfahren. In dem technischen Kulturdenkmal mit erhaltener Hochofenanlage der Frühindustrialisierung wurde ein Museum zur Geschichte der hiesigen Eisentechnologie eingerichtet. Direkt am Museum Wendener

Hütte startet eine zweistündige Erlebniswanderung, bei der man sich auf die Spuren der Fuhrleute, Köhler und Bergleute begibt, die die Landschaft des Ebbegebirges seit dem 18. Jh. geprägt und verändert haben.
Adresse: Hochofenstr. 6, 57482 Wenden, ☏ 02761/81401, 🌐 www.wendener-huette.de

Freizeit & Natur

▸ Aussichtsturm Wenden-Heid

Mit einem kleinen Abstecher von der großen *Wenden-Runde* erreicht man den hölzernen Aussichtsturm in 458 m Höhe. Die frei zugängliche Plattform bietet eine fantastische Rundumsicht, die bei guter Wetterlage über das Siegerland hinweg bis zum Westerwald reicht.
Adresse: Auf dem Knippchen, 57482 Wenden

▸ Reiten

Rings um Wenden werden anspruchsvolle Freizeitreiter durchaus fündig. Ob spannendes Ausreitgelände oder Dressurplatz, geräumige Halle, Trailplatz oder Pferdedusche, ob Unterricht oder akademische Reitkunst, wer einen harmonischen Umgang mit Pferden erleben und erlernen möchte, wird hier garantiert fündig.
Adressen:
Pferderei Schönau/Reiterhof Wörner: In der Wiemicke 1, 57482 Wenden-Schönau, ☏ 02762/929093, 🌐 www.pferderei-schoenau.de
Reitanlage Wacker: Matthiasstr. 64, 57482 Wenden, ☏ 0171/4622200, 🌐 www.reitanlage-wacker.de
Islandpferdehof Rothenborn: Zum Sportplatz 2, 57482 Wenden, ☏ 01575/0163168, 🌐 www.rothenborn.de

▸ ☺ Schwimmbad

Das kleine Hallenbad bietet mit seinen 16 x 8 m das, was es soll: eine Möglichkeit zum Schwimmen.
Adresse: Westerbergstr. 1, 57482 Wenden, ☏ 02762/406208

▸ Wandern & Radfahren

Das Naturerlebnisgebiet Biggesee-Listersee bietet zahlreiche Möglichkeiten, der wunderschönen Natur auf ausgezeichneten Wegen näherzukommen. Eines der schönsten Naturerlebnisse bietet der *Bigge-Lister-Wanderweg* (46 km) auf dem in zwei Tagen der Sauerländer Fjord umrundet werden kann. In Wenden laden rund 320 km gut gekennzeichneter Wanderwege zur sportlichen Erholung ein, wie z. B. der vom SGV konzipierten *Wendener Rundweg* (W, 41 km). Von den zahlreichen kürzeren Runden sei die *Wanderung Rothemühle* (13,5 km) und der *Erlebnispfad um die Windräder am Knippen* (11,5 km) genannt. Für Radfahrer bieten sich die *Runde von Hünsborn* (40 km und 26 km), die *Runde von Heid* (19 km und 23 km) sowie die *Biggerunde von Elben* (23 km) als mittelschwere Rundtouren an.

Werdohl

(Märkischer Kreis)

Das Städtchen an der Lenne (17 700 Einwohner) war bis zu Beginn des 19. Jhs. eine winzige, abgelegene Siedlung. Schon im Mittelalter wurde hier Eisen erzeugt, jedoch erst mit der Fabrikation von Osemund, jenem zähen, gut schmiedbaren märkischen Eisen, begann ein Aufschwung. Mit seinen Hammer-Produkten, die an die Draht- und Eisenstabproduzenten gingen, erlebte der Ort eine echte Blütezeit. 1789 wurde hier das erste Schwarzblechwalzwerk Europas errichtet, aus dem 1817 das erste deutsche Drahtwalzwerk entstand. Der Ort wurde zu einem industriellen Zentrum, das seine Einwohnerschaft bald verzehnfachte, sodass Werdohl 1936 zur Stadt erhoben wurde. In den Ortsteilen Eveking und Bärenstein stand ab 1890 sogar die Wiege der deutschen Aluminiumindustrie und es wurden die grundlegenden Konstruktionen der Zeppelin-Luftschiffe entwickelt.

Werdohl Marketing
Bahnhofsplatz 3
58791 Werdohl
02392/5071020
www.werdohl.de

Sehenswertes

▸ Rathaus
1910–12 im neubarocken Stil aus hammergerechter Grauwacke erbaut, diente das markante Gebäude als Ledigenheim eines Industrievereins. Insgesamt gab es 95 Zimmer für insgesamt 145 Arbeiter. Der Clou: Alle Zimmer hatten fließendes Wasser, Zentralheizung, elektrisches Licht und es gab einen Speise- und Lesesaal, eine Badeanstalt und im Keller eine maschinelle Waschanstalt. Ab 1927 diente es als Verwaltungsgebäude und Rathaus, dem 1975 ein moderner Anbau angefügt wurde.
Adresse: Goethestr. 51, 58791 Werdohl

▸ Kraftwerk und Wehr
Am Lennestau im Naturschutzgebiet Wilhelmstal können sich Technikbegeisterte ein Kraftwerk von 1926 anschauen. Es gibt – nur von außen – eine fünfachsige Maschinenhalle und das Wehr mit drei Betontürmen zu sehen, die miteinander durch einen Steg verbunden sind.
Adresse: An der B236, 58791 Werdohl-Lengelsen/Wilhelmstal

▸ Busenhof
Das auffällige, mit Pfannen gedeckte Krüppelwalmtraufenhaus mit zwei Stockwerken und vielen grünen Fensterläden ist ein Bürgerhaus im klassizistischen Stil, das 1822 nach dem großen Stadtbrand als Bauernhaus mit Gaststätte errichtet wurde. Vor dem hübschen Gasthaus hat ein Plettenberger Künstler eine sehenswerte Schweinegruppe aufmarschieren lassen, die von Vater und Sohn in Richtung Schweinegasse und Metzgerei getrieben werden.
Adresse: Bahnhofstr. 24, 58791 Werdohl

Rathaus Werdohl

Schmiede, Speicher und Haferkasten
Von der alten, schon 1360 erwähnten Burg Pungelscheid sind seit dem Brand von 1797 nur noch einige Fundamente und Grundmauern geblieben. An der Stelle steht heute ein Haferkasten von 1860, eine besondere Scheunenart, in der das Saatgut vor Feuer geschützt war. Schon 1828 entstanden ein großer Speicher mit Pferdestall und eine eingeschossige Huf- und Wagenschmiede aus Bruchstein, die erst 1950 stillgelegt wurde. Inzwischen restauriert, steht das Ensemble unter Denkmalschutz.
Adresse: Alt-Pungelscheid 9–10, 58791 Werdohl, ✆ 02392/70782 u. 917247

Busenhof mit Schweinegruppe

Museum

Stadtmuseum Werdohl
Das Heimatmuseum im Wehrdoler Bahnhof widmet sich den Themenbereichen Mobilität und Verkehr, Vom Dorf zur Stadt, Eisen und Drahtgewerbe, Lebenswelten seit 1860 und Zuhause in Werdohl.
Adresse: Bahnhofsplatz 1, 58791 Werdohl, ✆ 02392/80665424 u. 10887

Freizeit & Natur

Angeln
Auf dem Werdohler Stadtgebiet bietet die Lenne den Sportfischern Gelegenheit zum Angeln. Im Bereich Werdohl geht man auf Äschen und Forellen, diverse Flussstrecken eignen sich sogar zum Fliegenfischen und Stippangler können an den Staustufen Ruhe finden. Zum Fischbestand gehören zudem Aal, Weißfische, Hecht und Karpfen. Tagescheine sind im Restaurant Spelsberg (Versevörder Hof) erhältlich.
Adresse: Versevörde 2, 58791 Werdohl, ✆ 02392/3018

Kletterfelsen
Unmittelbar am Ufer der Lenne laden wunderbare Felsformationen zum Klettern ein. Die erschlossene „Lenneplatte" mit 25 m Höhe aus Grauwacke, eignet sich ideal für Ausbildungs- und Anfängerkurse. Die „Denkmalwand" bietet mittlere bis schwierige Touren, während der etwas versteckt liegende „Lennewächter" höchst anspruchsvolle Routen zeigt. Der DAV-Gummersbach bietet Schnupperkurse an.
Adresse: Altenaher Str., 58791 Werdohl, ✆ 02392/721769, www.dav-gummersbach.de

Radfahren
Für stramme Waden gibt es hier viel zu tun, denn in und um Werdohl sollen insgesamt über 100 Radtouren ausgeschildert sein. Neben der *Hausrunde Nordhelle* (52 km), dem *Kleinststraßen Rodeo* (46 km) und der *Werdohl-Lister-/Biggeseerunde* (86 km) zählt die *Lennetour* (140 km) von der Lennequelle am Kahlen Asten bis zur Mündung in die Ruhr zu den schönsten Strecken im Stadtgebiet.

Schwimmbäder
Im Ortsteil Ütterlingsen steht im Warmwasserfreibad ein 25-m-Sportbecken mit 8 Bahnen sowie ein Sprungbecken mit 5-m-Turm zur Verfügung. Separates Planschbecken, Rutsche, Spielplatz und Kiosk vervollkommnen den Sommertag. In der kalten Jahreszeit kann man im Hallenbad direkt daneben seine 25-m-Bahnen ziehen.

Adresse: Ütterlingser Str. 57/59, 58791 Werdohl-Ütterlingsen, ✆ 02392/3060 u. 4042, 🌐 www.stadtwerke-werdohl.de

▸ Wandern

Der Fernwanderweg *Sauerland-Höhenflug* (250 km) mit seinen grandiosen Aussichten führt mit einer Startvariante ab Altena nördlich an Werdohl vorbei. Das Stadtgebiet verfügt über markierte Anbindungswege wie den *Werdohler Höhenflug* (11 km). Weitere Rundwanderwege heißen *Über die Werdohler Höhen* (8 km), *Almecke und Lindsiepen* (8 km), *Vom Lennestau in die Lenneberge* (16 km) oder die *Werdohler Drei-Täler-Wanderung* (11 km). Beliebt ist der Wanderparkplatz Dösseln-Brenge, wo *Eichelhäherweg*, *Hasenweg* und *Eichhörnchenweg* ihren Anfang nehmen. Eher ein Spaziergang ist der *Innenstadtweg* (2 km), der an verschiedenen Baudenkmälern, Skulpturen und entlang der Lenneuferpromenade führt.

Wickede (Ruhr)

(Kreis Soest)

Dort wo die Ruhr ihren nördlichen Bogen schlägt und die Landschaft der Börde in die bergig-waldigen Gefilde übergeht, liegt die Gemeinde Wickede (12 700 Einwohner) mit ihren fünf Ortsteilen. Der nordwestliche Zipfel des Sauerlandes, in dem um das Jahr 1100 nur eine Streusiedlung aus fünf Gehöften bestand, ist bis heute vom Tal der Ruhr und den weitläufigen Grünzügen geprägt, die sich am südlichen Hang des Haarstrangs emporziehen. Neben den gemütlichen Ortschaften mit viel Lebensqualität finden sich in der Region einige denkmalgeschützte Schlösser und Fabrikantenvillen sowie ein ehemaliges, sagenumwobenes Kloster.

Gemeindeverwaltung
Touristinformation Wickede
Hauptstr. 81
58739 Wickede (Ruhr)
✆ 02377/9150
🌐 www.wickede.de

Sehenswertes

▸ Mahnmal Möhneflut

Der Angriff britischer Bomber auf die Möhnetalsperre im Mai 1943 löste eine Flutwelle aus, in der über 1000 Häuser, 120 Fabriken, 30 Bauernhöfe und zahlreiche Brücken zerstört wurden. Über 1000 Menschen verloren bei der Katastrophe ihr Leben. Im Gedenken an die 117 Toten, die dabei in Wickede starben, errichtete man schon 1958 an der Hauptstraße ein großes Mahnmal, das an alle Opfer der Gewaltherrschaft erinnern soll.

▸ Gut Beringhof

Der ehemalige Gutshof an der Alten Ruhr wurde schon 1185 erstmals erwähnt und ging seither durch unterschiedliche Hände. Nach der namensgebenden Familie Bering und der Familie Boeselager diente er zeitweise einem Motoradclub und einer alternativen Lebensgemeinschaft als Heimat. 2006 wurde er umfassend renoviert und um eine große Reithalle erweitert. Heute wird hier eine professionelle Pferdezucht und erfolgreicher Pferdesport betrieben.
Adresse: Zum Beringhof 3, 58739 Wickede-Wimbern, ✆ 02377/8059110, 🌐 www.gut-beringhof.de

Freizeit & Natur

▸ Angeln

Der Angelsport wird in Wickede großgeschrieben und auch von den Jüngsten aktiv betrieben. Ihr Revier ist die Ruhr. Am Vereinsabschnitt ist die Fliegenfischerei ebenso

möglich wie das Grund- oder Stippfischen sowie der Raubfischfang mit Kunstköder.
Adresse: ASV Ruhrtal, Im Winkel, 58739 Wickede, 02377/9114669, www.asvruhrtal.jimdofree.com

Schwimmbad
Mit dem 50-m-Sportbecken und dem Nichtschwimmerbecken steht im Freibad reichlich Platz für sportliche Betätigung und zum Toben zur Verfügung. Dazu gibt es ein separates 3-m-Sprungturmbecken, eine Rutsche, Wasserpilz und Baby-Planschbecken. Auf der Liegewiese mit schattigen Bäumen kann man sich an einem Kiosk versorgen.
Adresse: Im Winkel 24, 58739 Wickede, 02377/1713

Wandern & Radfahren
In und um Wickede sind verschiedene Rundrouten (6,5–13,5 km) ausgeschildert, auf denen man schöne Aussichten, die Eisenbahnbrücke über die Ruhr oder den Flugplatz besuchen kann. Zudem gibt es eine besondere Wanderung für Kinder. Die Gesamtstrecke *RundWickede* mit Abstecher zur Marienbuche beträgt 27 km.
Per Rad empfiehlt sich die *QuerFeldLand-Route* (65 km) von der Soester Börde bis zur Ruhr, die gleichzeitig die *Römer-Lippe-Route* mit dem *Ruhrtalradweg* verbindet und auch in kleineren Rundkursen erradelt werden kann.

Willingen (Upland)

(Lkrs. Waldeck-Frankenberg, Hessen)

Rings um Willingen (6132 Einwohner), das 1380 erstmals in einer Urkunde auftaucht, hatte man es aufgrund der schwierigen klimatischen Hochlage stets schwer. Doch seit 1895 wendete sich das Blatt, als die ersten „Sommerfrischler" den Ort zur Erholung aufsuchten. Nur wenige Jahre darauf entstanden die ersten Hotels, das Skifahren wurde modern, man gründete einen Verkehrsverein und bereits 1934 wurde die Auszeichnung zum Luftkurort offiziell. Seither hat sich der Ort am östlichen Rand des Sauerlandes mit seinen neun Ortsteilen zu einem der führenden Urlaubsorte in ganz Deutschland entwickelt. Die fünf höchsten Berge der Region und der FIS Skisprung Weltcup, die unendliche Natur, Sportevents und Erlebnisangebote auf höchstem Niveau machen Willingen zur Top-Freizeitadresse.

Tourist Information Willingen
Am Hagen 10
34508 Willingen (Upland)
05632/9694353
www.willingen.de

Sehenswertes

Mühlenkopfschanze
Die Weltcupschanze im Strycktal ist für Besucher frei zugänglich und wird mit der Standseilbahn sowie einem gläsernen Aufzug erreicht. Man muss kein Sportfan sein, um von der größten Großsprungschanze der Welt überwältigt zu sein. Ein Blick vom „Adlerhorst" über die Anlaufspur hinab ins Tal ist atemberaubend. Alljährlicher Höhepunkt ist der FIS Skisprung Weltcup im Januar oder Februar mit den sportlichen Darbietungen der „Adler".
Adresse: Skiclub Willingen, Zur Mühlenkopfschanze 1, 34508 Willingen, 05632/9600, www.weltcupschanze-willingen.de

EWF Biathlon-Arena
Für viele Wintersportfans gehört es zu den Highlights, einmal jenen Ort zu erleben, an dem sonst Deutsche Meister trainieren

und sich im Wettkampf messen. Auf einer geführten Tour kann man Willingens bekannte Arena besichtigen. Zudem gibt es die einmalige Möglichkeit, seine Fertigkeit beim Biathlon-Schießen mit dem KK-Gewehr auszuprobieren und auf der 2,5 km langen Skiroller-Strecke einen Schnupperkurs in Nordic-Skating zu absolvieren.
Adresse: Ski-Club Willingen, Zur Mühlenkopfschanze 1, 34508 Willingen, Tickethotline: 05632/9600, Gästeschießen:

www.weltcup-willingen.de

Willingen

Pilgerkirche Schwalefeld

Kirchen, zu denen man pilgern kann, gibt es viele, eine Kirche in der man pilgern kann, ist wohl ziemlich einzigartig. Seit 2009 gibt es eine solche im Ortsteil Schwalefeld. Und bisher haben schon zig Besucher den innerkirchlichen Weg zu den zwölf kreativen Stationen für sich entdeckt. Am Ende wartet eine Klagemauer, in die man Zettel mit Dankes- oder Bittworten stecken kann. Die Kirche steht direkt am Upländer Besinnungsweg.
Adresse: Ibergweg 3, 34508 Willingen-Schwalefeld, 05632/5356 u. 6880, www.urlauberseelsorge-willingen.de

Lichterkirche Rattlar

Im Ortsteil Rattlar, über 600 m hoch gelegen, wartet ebenfalls eine besondere Kirche auf Pilger und Gläubige, die einmal ein ganz anderes Kirchengefühl erleben wollen. Mit modernsten Mitteln lässt sich dieses Gotteshaus mit unterschiedlichen Farben der Lichtgestaltung passend zur ganz persönlichen Stimmung illuminieren.
Adresse: Am Friedrichsplatz 6 34508 Willingen-Rattlar, 05632/5356 u. 6880, www.urlauberseelsorge-willingen.de

Museen & Ausstellungen

Schiefergrube Christine

Rund einhundert Jahre, bis 1971, wurde in dieser Grube jener Baustoff gefördert, der für die Siedlungen von Upland und Hochsauerland so charakteristisch ist. Heute ist Willingens Unterwelt zur Besichtigung freigegeben und man kann die tiefen Gänge unter fachmännischer Begleitung erkunden. Ein beeindruckendes Erlebnis bei kühlen 8 °C.
Adresse: Schwalefelder Str. 28, 34508 Willingen; Tourist Information, 05632/9694353

Curioseum

Es ist vermutlich die schrillste, schrägste und verrückteste Adresse im gesamten Sauerland. Denn was hier auf rund 2500 m² zusammengesammelt und ausgestellt ist, findet sich, zumindest in dieser Kombination, wohl in keinem Museum. Hier ein Mini-U-Boot aus dem Weltkrieg, dort eine Terminator-Figur, hier ein unverbauter Traktor aus den 1920ern, dort ein glänzender Jaguar E-Type. Und zwischen den rund 50 Oldtimern, Micro-Cars und Motorrädern endlose Kuriositäten aus allen Teilen der Welt. Verrückt, aber absolut sehenswert.

Adresse: Düdinghäuser Str. 1, 34508 Willingen-Usseln, 05632/6232, www.curioseum-willingen.de

Milchmuhseum

Es geht um die Milch. Wer hätte gedacht, dass man mit der Geschichte der Milch, den unterschiedlichen Verarbeitungsarten und den verschiedenen Zubereitungsmöglichkeiten der Milch ein ganzes Museum füllen kann. Spätestens beim Tragen des Milchjochs, beim Melken der Museumskuh oder in der „duften" Stallecke merkt jeder, dass Milch ein ganz besonderer Stoff ist. Bei Führungen kann man sogar selber Butter machen und später auf Bio-Brot probieren. Und im Molkereiladen nebenan kann man Bio, regional und fair einkaufen
Adresse: Korbacher Str. 6, 34508 Willingen-Usseln, 05632/922222, www.muhseum.de

Heimatstube Usseln

Seit 1982 zeigt das liebevoll gestaltete Museum auf über 250 m² zahlreiche Exponate aus jenen Tagen vor 100 Jahren, als der Alltag einzig von harter Arbeit geprägt war. Aus jenen Tagen, als im Waldeck'schen Upland der Tourismus noch fern war, stammen die Webstühle und die Küche, die „gute Stube", die Schlafkammer und die winzige Dorfschule. Neben Wäsche, Wintersport und Dokumenten gibt es vieles mehr, was es zu entdecken gilt.
Adresse: Ringstr. 52, 34508 Willingen-Usseln, 05632/1098 u. 5322, www.heimatmuseum-usseln.de

Freizeit & Natur

Abenteuergolf

Unterhalb des beeindruckenden Eisenbahnviadukts geht es darum, den Ball mit möglichst wenigen Spielzügen einzulochen. Das ist schwieriger als gedacht, da die 18 Bahnen mit ebenso originellen wie kniffeligen Hindernissen ausgestattet wurden. Auf den zwei Boule- bzw. Boccia-Plätzen werden ebenfalls Augenmaß und ein sicheres Händchen gefordert.
Adresse: Am Golfplatz 4, 34508 Willingen, 05632/968190, www.abenteuergolf-willingen.de

Bogenschießen

Der Sport mit Pfeil und Bogen übt eine Faszination aus, der sich nur wenige entziehen können. Wer einmal diese Balance aus Technik, Kraft und Konzentration gespürt hat und erlebt hat, wie der Pfeil mit einem Sirren auf die Reise geht und sein Ziel durchbohrt, der versucht es immer wieder. In Willingen gibt es gleich drei Gelegenheiten, den Bogen herauszubekommen.
Adressen:
Kletterhalle: Zur Hoppecke 9, 34508 Willingen, 05632/966855, www.kletterhalle-willingen.de
KombiNaTour: Zur Mühlenkopfschanze 1, 34508 Willingen, 05251/1809622, www.kombinatour.de
Hazelwood: Waldhotel Willingen, 34508 Willingen, 0179/3751648, www.hazelwood-online.eu

Eissporthalle

Hier darf jedermann jeden Tag des Jahres einem eiskalten Vergnügen auf Kufen frönen. Und wer die Lauflernhilfen in Form von Robben nicht mehr benötigt, der findet Platz genug für eleganten Eistanz oder -kunstlauf, eine sportliche Partie Eis- oder Softhockey oder eine Runde Eisstockschießen.
Adresse: Am Hagen 9–10, 34508 Willingen, 05632/969430, www.eissporthalle-willingen.de

Ettelsberg

Der Ettelsberg und seine Seilbahn haben immer Saison. Zu jeder Jahreszeit, ob mit dem Mountainbike, als Wanderer oder

mit den Langlaufskiern, der 838 m hohe Hausberg von Willingen ist der Gipfel der Sauerländischen Freizeitgestaltung. Zwischen Hochheideturm und Ettelsberg Hütte, auch als „Siggis Hütte" bekannt, ultimativem Fernblick und brennendem Hüttengeist ist bestens für Spiel, Sport und Spaß gesorgt. Und wer es genauer wissen möchte, darf bei der „Technikführung" einen Blick hinter die Kulissen werfen.
Adresse: Ettelsberg Seilbahn, Zur Hoppecke 5, 34508 Willingen, 05632/969820, www.ettelsberg-seilbahn.de

Fantastic Rooms
Ob im Universum, in einer Fantasiewelt oder in der versunkenen Mayastadt, was verschiedene Künstler hier aus fluoreszierenden Farben geschaffen haben, ist weithin einzigartig. Wetterunabhängig und von Schwarzlicht zum Glühen gebracht, kann man in dieser 3D-Minigolfhalle mit Familie oder Freunden einen erstklassigen Freizeitspaß erleben.
Adresse: Zur Hoppecke 6, 34508 Willingen, 05632/9664655, www.fantastic-rooms.de

Glasmanufaktur
Wenn eine 1300 °C heiße Masse auf Tradition und modernes Design trifft und vor den Augen der Zuschauer ein wunderschönes Unikat Form und Farbe erhält, dann sind Willingens Glasbläser bei der Arbeit. Und das Tollste ist, man darf unter Anleitung sogar selber Hand anlegen.
Adresse: Original Willinger Glasmanufaktur, Zur Hoppecke 9, 34508 Willingen, 05632/985515, www.glasmanufaktur-willingen.de

Gleitschirmfliegen
Im Sauerland gibt es die weithin besten Bedingungen, um die Freude und Freiheit in luftiger Höhe zu genießen. Nach nur wenigen Schritten gegen den Wind abheben und mit dem Gleitschirm dem aerodynamischen Auftrieb folgen: Wie das funktioniert, kann man in Willingen in Reinholds Flugschule erlernen.
Adresse: Waldecker Str. 33, 34508 Willingen, 05632/6534 u. 0171/5296534, www.reinholds-flugschule.de

Hochheideturm
Seit Herbst 2002 besitzt Willingen nicht nur ein neues Wahrzeichen, sondern auch den höchsten Aussichtspunkt in Nordwestdeutschland. Nach anstrengenden 241 Stufen erreicht man die verglaste Besucherplattform genau 875 m ü. NN und kann einen einmaligen Blick auf die Bergwelt des Sauerlandes riskieren. Natürlich geht es auch weniger sportlich und barrierefrei mit dem flotten 8-Personen-Aufzug. An einer Seite des Turms kann man Europas größte künstliche Kletterwand bestaunen.
Startpunkt: Talstation Ettelsberg-Kabinenbahn, Zur Hoppecke 5, 34508 Willingen

Hochheideturm

Hochseilgarten
Die Buchen sind riesig, die Plattformen bis zu 20 m hoch und die Aussicht ist gigantisch. Der Klettergarten mit seinen Netzen, Balken und Schaukelbrücken, einem Skateboard und Seilrutsche bietet neben Spannung und Spaß alleine durch seine Lage über der Mühlenkopfschanze eine exklusive Aussicht. Nicht umsonst zählt der KombiNaTour-Kletterpark zu den schönsten im deutschsprachigen Raum.
Adresse: Zur Mühlenkopfschanze 1, 34508 Willingen, 05251/1809622, www.kombinatour.de

Rasant durch die MTB Zone im Bikepark

Kart- und Bowlingcenter
Ruhige Kugeln werden woanders geschoben. Denn wer hier zu Gast ist, der ist auf der Suche nach einem Freizeitvergnügen mit einem Schuss Adrenalin. Mit kräftigen 6,5-PS-Motoren geht es auf die Kartbahn. Andere messen sich auf den fünf innovativen Bowlingbahnen.
Adresse: Am Hoppern 4, 34508 Willingen, 05632/9661994, www.kartbahn-willingen.de

Kletterhalle
Die 750 m² große Kletterwand hat es in sich, denn aus den 2000 Griffen in bis zu 10 m Höhe lassen sich über 100 Routen ableiten. Richtig hart wird es an der 4 m hohen Boulderwand, die bis zu 85° überhängt. Richtig hoch hinaus geht es beim Towerclimbing am Hochheideturm. Von Profis abgesichert kann man vom Foyerdach über zwei verschiedene Routen die 44 m bis nach oben überwinden, um als Preis den gigantischen Ausblick zu erleben.
Adresse: Zur Hoppecke 9, 34508 Willingen, 05632/966855, www.kletterhalle-willingen.de

Planwagen-, Kutsch- & Schlittenfahrten
Mit zwei vorgespannten Kaltblütern wird jede Tour durch die Upländer Höhen und Täler zu einem Erlebnis. Und was ist romantischer, als mit dem klingelnden Pferdeschlitten durch die weiße Pracht zu rauschen?
Adressen:
Wilke-Mühle: Mühlenweg 9, 34508 Willingen-Usseln, 05632/7076 u. 0171/2063390, www.wilke-muehle.de
Hartmut Kesper: Ibergweg 2, 34508 Willingen-Schwalefeld, 05632/69649 u. 0171/6718800, www.hartmut-kesper.de

Minigolf
In der Sommersaison ergänzt eine parkähnliche Anlage im Ortsteil Usseln die riesige Spannweite von Freizeitbeschäftigungen mit einer gepflegten Minigolfanlage, Tischtennisplätzen und Riesenschach.
Adresse: Minigolfplatz Usseln, Mittelstr. 6, 34508 Willingen-Usseln, 05632/9694353

MTB Zone Bikepark
In Willingen treffen sich alljährlich die weltbesten MTB-Fahrer in den Disziplinen Cross-Country, Four Cross und Downhill zum Kräftemessen. Dabei stürzen sie sich in die wohl „brutalste und spektakulärste" Weltcup-Strecke. Der Schwierigkeitsgrad ist tiefschwarz und nur etwas für Könner. Aber auch für ungeübte und Hobby-MTBler gibt es mehrere Strecken unterschiedlichster Schwierigkeitsgrade.
Infos: www.mtbzone-bikepark.com/willingen/

Reiten

Wer das Upland auf dem Rücken des eigenen Vierbeiners erkunden möchte, hat auf dem Pferdehof Wilke-Mühle im Ortsteil Usseln alle Möglichkeiten. Neben den Unterstellmöglichkeiten warten auf dem Hof Reithalle, Paddock, Weideland und herrliche Ausreitmöglichkeiten. Und selbstverständlich gibt es Reitkurse für Erwachsene und Kinder.
Adresse: Mühlenweg 9, 34508 Willingen-Usseln, 05632/9220032, www.wilke-muehle.de

Schwimmbad & Sauna

Die neu gestaltete Badelandschaft des Lagunen-Erlebnisbades mit Saunagarten, einer Wasserfläche von 940 m², drei Innenbecken sowie zwei Außenbecken mit Natur-Solewasser, Massagedüsen und -liegen, Floatingbecken, Gradierwerk mit Eisraum, Karibikbar sowie Aqua-Rutschenpark lässt ab Ende 2023 keine Wünsche offen.
Adresse: Am Hagen 9, 34508 Willingen, 05632/969430

Segway-Touren

Es ist einfacher, als es aussieht, und erlaubt eine flotte Rundfahrt zu den herausragenden Sehenswürdigkeiten des Ortes.
Infos: www.sauerland.segytour.de
Start: Parkplatz B251-Abfahrt, Im Stryck, 34508 Willingen

Sommerrodelbahn

Erst geht es mit dem Schlepplift hinauf, dann beginnt die flotte Fahrt und der Schlitten saust mit bis zu 40 km/h die 700 m lange Bahn hinab – allein oder zu zweit. Danach geht es zur 60 m langen Holzkugelbahn, wo es schon recht sportlich zugeht, erst recht auf der 6-Feld-Trampolinanlage.
Adresse: Am Hoppern 2 a, 34508 Willingen, 05632/966977, www.sommerrodelbahn-willingen.de

Endlose Wanderwege

Stollentauchen

In der ehemaligen Schiefergrube Christine dürfen ausgebildete Höhlentaucher die gefluteten Sohlen erkunden. Entlang einer 1,2 km langen Führungsleine werden im Scheinwerferlicht die Werkzeuge, Utensilien und Arbeitsplätze einer vergangenen Zeit sichtbar. Ein unfassbares Tauch-Erlebnis.
Infos: Toms Tauchshop, 0171/7784722, Tauchkurs-Hotline: 0800/828245877, www.toms-tauchshop.de

Skywalk Willingen

Seit Herbst 2022 ist die längste Hängebrücke der Welt im tibetanischen Stil fertig und sorgt in Willingen für Zitterpartien und schwache Knie. In 100 m Höhe führt der 150 t schwere, nur 1,20 m breite Luftweg 669 m weit von der Mühlenkopfschanze über den Ortsteil Stryck hinweg bis zum Musenberg durch den Sauerländer Himmel. Die Brücke kann von der Schanzen- und der Musenbergseite begangen werden und ist jeweils Auftakt für viele schöne Wandermöglichkeiten.
Adresse: Am hohen Stein, 34508 Willingen, 05632/966324, www.skywalk-willingen.de

Wandern

Das Wanderhighlight im Raum Willingen ist der *Uplandsteig* (U, 67 km), der als wahrer Landschaftstraum beschrieben wird und

auch in einfacheren 3-Tages-Touren zu meistern ist. Auch der bekannte Fernwanderweg *Rothaarsteig* (155 km) kreuzt das Gebiet. Über den *BlickinsLand Kahle Pön* (s/w Rothaarsteig-Logo, 7 km) kommt man ihm mit fantastischen Panoramaaussichten auf die Spur. Die Rundwege *Ettelsberg-Mühlenkopfschanze* (5 km) und *Paradies und Weltcupschanze* (W1, 10,5 km) erschließen Willingens berühmte Sportstätten. Zudem bieten sich dem Wanderfreund die Qualitätstouren *Tälerweg* (12 km), *Vulkanpfad und Geschichtspfad Welleringhausen* (7 und 6 km) an. Der Themenweg *Goldspur Eimelrod* (8 km) beschäftigt sich auf 8 Infotafeln mit dem Erzbergbau und der Goldgewinnung in der Region.
Über schöne Spazier- und Wanderwege führt der *Upländer Besinnungsweg* (violettes Kreuz, 17 km) von Willingen über Schwalefeld, Rattlar, Usseln und zurück. Die erbauliche Strecke ist in vier Themenbereiche unterteilt und führt zu verschiedenen Stationen, an denen man ins Nachdenken kommen kann.
Start: Tourist-Information Willingen, Am Hagen 10, 34508 Willingen

Wintersport

Im Winter verwandelt sich das Gebiet rings um den Ettelsberg in einen sportlichen Traum in Weiß. Neben der 2 km langen und damit längsten Abfahrt des Sauerlandes werden 17 km Pisten präpariert. Für den mühelosen Aufstieg sorgen 6 Schlepplifte (300–1000 m), 7 Förderbänder (bis 243 m), die Ettelsberg-Kabinenseilbahn (8er, 1400 m), die Sesselbahn Köhlerhagen (8er, 1500 m) sowie die Sesselbahn Ritzhagen (6er, 800 m). Das gesamte **Skigebiet** ist vernetzt und dreimal pro Woche finden abends Flutlichtfahrten statt. Zudem finden Winterwanderer und Langlauf-Fans etwa 30 km geräumte **Wanderwege** und 104 km gut präparierte **Loipen**.

Und weil nicht jeder auf den flotten Brettern sofort ein Meister ist, bieten mehrere Schulen ihre Dienste an:

Adressen:

Skigebiet: Zur Hoppecke 5, 34508 Willingen, ☏ 05632/969820, 🌐 www.skigebiet-willingen.de, 🌐 www.ettelsberg-seilbahn.de

DSV Skischule „Auf der Dorfwiese“: Skischule, Snowpark/Freestyle-Line, Kinderland mit Förderband, Kunstskipiste; Vor den Weiden 3, 34508 Willingen, bzw. Am Wilddieb, Dorfwiese, ☏ 0170/6651005, 🌐 www.skischule-upland.de

WIWA /DSV Skischule & Verleih (Sport Wilke): Alpin und Snowboard für jedes Level, Kinderskischule, eigenes Kinderland; Am Hoppern 2 b, 34508 Willingen, bzw. Talstation Sesselbahn-Ritzhagen, ☏ 05632/966357 u. 0172/2338047, 🌐 www.dsv-skischule-wiwa.de

Skischule „Snow & Bike Factory“: Ski & Snowboardschule, Kinderland; Zur Hoppecke 5, 34508 Willingen, bzw. Talstation Ettelsberg-Seilbahn, ☏ 05632/923751, 🌐 www.ski-willingen.de

DSV Ski- und Snowboardschule Wilddieb: Alpin-, Snowboard- und Kinder-Skischule, Kinderland, Förderband Kinder-Ski-Karussell, Privat-Coaching; Am Ettelsberg,

Wintertraum in Willingen

34508 Willingen, bzw. Talstation Mittlerer Wilddieb-Lift, 0175/8392468, www.otc-willingen.de

Skischule am Ettelsberg: Ski- und Snowboardschule mit Kinderland; Zur Hoppecke 10, 34508 Willingen, 0152/54355209, www.skischule-ettelsberg.de

Winterberg

(Hochsauerlandkreis)

Die Anfänge der Stadt (12 400 Einwohner) reichen mindestens bis ins 13. Jh. zurück, als die Ortsgründung vermutlich mit dem Kloster Köstelberg (Medebach) vorgenommen wurde. Trotz diverser Bündnisse und ausgebauter Stadtbefestigung wurde der Ort mehrfach erobert, konnte sich aber am Kreuzungspunkt alter Heereswege zu einer erfolgreichen Handelsstadt mausern. Die Pest, der Dreißigjährige Krieg und die Hexenverfolgung belasteten auch Winterberg, das im Jahre 1759 vollständig durch ein Feuer zerstört wurde. Immer wieder gelang der Neuanfang, sodass sich die Stadt unter dem „Dach Westfalens“ (Kahler Asten) zu einer idealen Ferienregion, v. a. für den Wintersport, entwickeln konnte.

Tourist-Information Winterberg
Am Kurpark 4
59955 Winterberg
02981/92500
www.winterberg.de

Sehenswertes

▸ St.-Georg-Sprungschanze

Wenn die „Adler“ in rund 55 m Höhe mit rund 80 km/h vom Schanzentisch abheben, dann kann einem der Atem stocken. Die 1959 erbaute und mehrfach modernisierte Skisprungschanze ist das bekannteste Wahrzeichen der Stadt. Sie kann bei einer Schanzenführung näher unter die Lupe genommen werden.

Adresse: Am Herrloh, 59955 Winterberg, 02981/5984006

Start: Herrenloh Hütte; Anmeldung Tourist-Information Winterberg: 02981/92500

St. Georg-Sprungschanze

▸ VELTINS-EisArena

Wenn sich die Kufensportler auf eine der modernsten und schnellsten Eiskunstbahnen begeben und mit bis zu 140 km/h die 110 m Höhendifferenz mit 15 Steilkurven überwinden, dann ist das Adrenalin pur. Nicht nur für die Sportler, sondern auch für die Zuschauer, die den 1,6 km langen Flug über das Eis hautnah erleben dürfen. Neben Führungen durch die Anlage kann man den schnellsten Taxibob Europas buchen, beim Gästerodeln teilnehmen oder eine digitale Abfahrt per VR-Brille unternehmen.

Adresse: Kappe 3, 59955 Winterberg, 02981/92400, www.veltins-eisarena.de

Museen & Ausstellungen

▸ Westdeutsches Wintersportmuseum

Im Ortsteil Neuastenberg wird seit 1998 die spannende Entwicklung des Wintersports

in der Region dokumentiert. Auf 250 m^2 werden zahllose teils kuriose Exponate und historische Filmaufnahmen bewahrt.
Adresse: Im Restaurant Landfein, Neuastenberger Str. 17, 59955 Winterberg-Neuastenberg, 02981/2636, www.skimuseum-winterberg.de

Borgs Scheune/Heimatmuseum und Kulturscheune

Die 1791 mitten im heutigen Ortsteil Züschen errichtete Scheune diente als großherzogliche Zehntscheune. 1992 wurde das fensterlose Haus umfassend renoviert. Seither ist die Diele ein kultureller Veranstaltungsort, während das Mittelgeschoss als Museum hergerichtet wurde. Neben einer anspruchsvollen Mineraliensammlung werden archäologische Funde aus der Stein- und Bronzezeit, mittelalterliche Werkzeuge und Urkunden gezeigt.
Adresse: Mollseifener Str. 17, 59955 Winterberg-Züschen, www.borgs-scheune.de

Siedlinghauser Heimatstube

In der Heimatstube des Ortsteils Siedlinghausen beschäftigt man sich in verschiedenen Präsentationen mit der Entwicklung des Dorfes und des oberen Sauerlandes. Themenschwerpunkte sind die Eisengewinnung seit dem Mittelalter, die Sensenhändler und die erfolgreichen Handwerke für die Pfeifen und Ski-Produktion. Zudem werden mit zahlreichen Exponaten sowie Bild- und Schriftzeugnissen die vielfältigen Künstler vor Ort vorgestellt.
Adresse: Wulfhagen 1, 59955 Winterberg-Siedlinghausen, 02983/516 u. 477, www.siedlinghausen.de

Heimatstube Niedersfeld

Das alte Pfarrheim des Ortsteils beherbergt zahlreiche historische Gegenstände, mit denen einst Haus, Hof und Handwerk betrieben wurden. Zudem wurde eine Dokumentation geschaffen in der der Weg vom Flachs zum Leinen beschrieben wird. Zentrales Ausstellungsobjekt ist ein Webstuhl aus dem Jahre 1800.
Adresse: Alter Schulweg 1, 59955 Winterberg-Niedersfeld, 02985/550, www.niedersfeld.de

LWL-Museum für Naturkunde/ Besucherzentrum Kahler Asten

Im Besucherzentrum Kahler Asten präsentiert das LWL-Museum für Naturkunde eine spannende Ausstellung zu Flora und Fauna rings um den Kahlen Asten. Zudem stellt der Deutsche Wetterdienst Wetterrekorde sowie die aktuellen Messwerte, Wettervorhersagen und Warnungen vor.
Adresse: Astenturm 1, 59955 Winterberg, 02981/2636

Freizeit & Natur

Adventure Golf

Der Trendsport aus den USA ist eine Mischung aus Mini- und Normal-Golf und eignet sich für jedes Alter, Groß und Klein, mit und ohne Handicap. Es geht darum, den eigenen Ball durch die abwechslungsreichen, sehr kreativ gestalteten 18 Bahnen zu spielen. Die Bahnen sind bis zu 50 m lang und erfordern Geschicklichkeit, Fantasie und visuelles Denkvermögen.
Adresse: Am Sportplatz 4, 59955 Winterberg-Hildfeld, 02985/9698636, www.adventuregolf-winterberg.de

Bikepark

Er ist nichts weniger als der größte und abwechslungsreichste Bikepark Deutschlands, in dem sich die internationale Mountainbike-Szene zu Hause fühlt. Ob Anfänger, Genuss-Downhiller oder Adrenalinjunkies auf den Downhill-Strecken und Flowshore Routen, hier finden alle ihre Möglichkeiten. Insgesamt stehen elf flowige Abfahrten mit ins-

gesamt 15 km Strecke von leicht bis schwer zur Verfügung. Dazu kommen Infopoint, Verleih, Verkauf und Werkstatt, Biker-Hostel mit abschließbarem Bikeraum, Bike Wash, Kompressor und Trockenraum. Der Park liegt direkt am Erlebnisberg Kappe.
Adresse: Kapperundweg, 59955 Winterberg, 02981/9199909, www.bikepark-winterberg.de

Bowlingcenter
Wer eine ruhige Kugel schieben möchte, ist hier falsch. Das Bowlhaus sorgt dafür, dass die Wochenendparty, Geburtstags- oder Firmenfeier schnell ins Rollen kommt. Neben den Bowlingbahnen sorgen Billard, Dart-Automaten und Airhockey für Unterhaltung.
Adresse: Orkestr. 2, 59955 Winterberg, 0162/8464089, www.bowling-winterberg.de

Escape-Room
Für das ultimative Gruppenerlebnis stehen im Ortsteil Altastenberg zwei Räume zur Verfügung. Gemeinsam wird gesucht, kombiniert, gepuzzelt und alles getan, um dem Rätsel auf die Spur zu kommen. Geht es um einen Code, einen Schlüssel oder einen versteckten Ausgang, der gefunden werden muss?
Adresse: Renauweg 48, 59955 Winterberg-Altenastenberg, 0151/64974348, www.escaperoomwinterberg.de

Erlebnisberg Kappe
In der Tat bietet diese Kappe einen ganzen Berg an Erlebnissen. Mit bis zu 40 km/h geht es auf der Sommerrodelbahn hinab, der Kletterwald bietet über 70 Hindernisse, die Fly-Line sorgt auf 1000 m Länge für einen Adrenalinkick und mit Kappi, dem Eichhörnchen, geht es über den Naturerlebnispfad mit 14 Stationen.
Adresse: Kapperundweg, 59955 Winterberg, 02981/9296433, www.erlebnisbergkappe.de

Golf
Auch auf dem Winterberger 9-Loch-Golfplatz sind die Sauerländer Berge allgegenwärtig und unterstreichen den besonderen Charme dieses Platzes. Auf dem Platz des Golfclubs Winterberg sind alle willkommen, vom Beginner bis zum Greenfee-Spieler oder Single-Handicaper. Auf der modernen Driving-Range befinden sich ein 3-Loch-Kurzplatz, 60 Abschlagplätze (davon 21 gedeckte), zwei Rasen-Putting-Greens sowie drei Pitching-Bunker.
Adresse: In der Büre 20, 59955 Winterberg, 02981/1770, www.golfclub-winterberg.de

Auf dem Kahlen Asten

Kahler Asten
Er ist der „König der Sauerländer Berge", der zweithöchste Berg von NRW und bietet einen fantastischen Rundumblick, den man auf keinen Fall versäumen darf. Inmitten der bizarren Hochheidenlandschaft oder

den blitzenden Schneefeldern kann man bis zu 100 Kilometer weit schauen. Es führen zwei beliebte Wanderwege hinauf: Auf Etappe 1 des Fernwanderwegs *Winterberger Hochtour* (11 km) geht es von der Unteren Pforte in der Stadtmitte bis zum Gipfel. Auch der Rundweg *Kahler Asten Weg* (AS4, 9,8 km), der am Haus des Gastes in Altastenberg startet und endet, führt auf den Berg.

Kart-Bahn
Im Ortsteil Neuastenberg kann man sich in einer klimatisierten 5000-m²-Halle einen Geschwindigkeitskick abholen. Die 550 m lange „Kart-Fun"-Strecke gilt als eine der modernsten Kartbahnen Europas. Kinder ab 1,40 m Größe können selbstständig fahren und es stehen Tandem-Karts zur Verfügung.
Adresse: Winterberger Str. 2, 59955 Winterberg-Neuastenberg, 02981/908702, www.kartfun-astenberg.de

Kletterwald
Fünf unterschiedliche Parcours mit verschiedenen Schwierigkeitsgraden sorgen auch bei geübten Kletterern für Nervenkitzel. Die verschiedenen Hangel-, Kletter- und Fun-Elemente sowie viele Seilbahnen in bis zu 12 Metern Höhe sorgen dafür, dass auch ein zweiter Durchgang nicht langweilig wird.
Adresse: Schanzenstr. 17, 59955 Winterberg, 02981/9296433, www.erlebnisberg-kappe.de

Kurpark Winterberg & Waldpark Helletal
Während im Kurpark mit Musik und Kultur, Wasserspielen und Freiluftbrettspielen die Erholung im Vordergrund steht, bietet der Hellepark ein echtes Naturschauspiel. Die nahezu unberührte Natur mit teils bizarren Formationen ist ein Anziehungspunkt für Spaziergänger und Wanderer. Beide Parks werden durch den Schluchten- und Brückenpfad miteinander verbunden.
Adresse: Am Kurpark 4, 59955 Winterberg

Lasertag-Arena
500 m² abgedunkelte Räume mit labyrinthartig verteilten Hindernissen, Musik, Nebel und fluoreszierenden Bildern sorgen dafür, dass bis zu 16 Mitspieler in eine fremde Welt eintauchen, um gegeneinander anzutreten. Mit der High-Tech-Ausrüstung werden die Mitspieler in der Full-One-Lasertag-Arena Teil eines modernen Räuber-&-Gendarm-Videospiels.
Adresse: Remmeswiese 3, 59955 Winterberg, 02981/9283918, www.full-one-lasertag-winterberg.de

Megazipline Astenkick
Seit 2018 begeistern sich die Himmelsstürmer des Sauerlandes für die zweitlängste Megazipline Europas. An der über 1000 m langen Doppelseilrutsche kann man allein oder nebeneinander, liegend oder sitzend mit bis zu 70 km/h ins Tal rauschen und die Natur einmal ganz anders erleben.
Adresse: Astenstr. 75, 59955 Winterberg-Altastenberg, 02981/9199158, www.astenkick.de

Minigolf & Billard-Golf
Im Kurpark Winterberg gibt es die Möglichkeit, sein Augenmaß und die ruhige Hand beim Minigolf zu trainieren. Die Besonderheit dieser Anlage sind jedoch zahlreiche Tische für die Golf-Variante „Pit-Pat". Der so bezeichnete Sport ist eine Art Hindernisbillard, wobei der Spielball mit einem Stock über schräge Hürden, Zweisprung oder Raute ins Ziel befördert werden muss.
Adresse: Am Kurpark 2, 59955 Winterberg, 02981/6025

Minigolf & Discgolf
Im Ortsteil Altastenberg wurde die Minigolfanlage in einem wunderschönen Waldgebiet im Renautal mit einer weiteren Variante des Golfsports aufgerüstet, die viel Abwechslung verspricht. Ziel ist es, Frisbee-Wurfscheiben

von einem vorgegebenen Punkt aus mit möglichst wenigen Versuchen in die Körbe zu werfen. Die Wurfscheiben können gegen Pfand im Haus des Gastes sowie bei verschiedenen Unternehmen ausgeliehen werden.
Adresse: Hüttenpfad, 59955 Winterberg, 02981/1241, www.altastenberg.de

Olympic Bob Race

Bobfahren als Laie? Ja, das geht und ist ein Abenteuer der ganz besonderen Art. Mit drei Gästen und einem erfahrenen Bobpiloten an Bord geht es ab durch die 1600 m lange Röhre, die als schnellste und modernste Kunsteisbahn der Welt gilt. Die Bobs werden bis zu 130 km/h schnell und sorgen für ein unvergessliches Erlebnis.
Adresse: Unterm Dumel 30, 59955 Winterberg, Tel.01805/007263, www.olympic-bob-race.de

Panorama-Erlebnisbrücke

Ganzjährig und barrierefrei begehbar, bietet die 435 m lange Panoramabrücke unverwechselbare Aussichten auf das Rothaargebirge und ein wenig Nervenkitzel. Insgesamt stehen sechs Aussichtsplattformen mit Röhrenrutsche, Hängebrücke, Sky Boa, Teller- und Dschungelbrücke bereit. 17 Stützen tragen die in Deutschland einmalige Brückenkonstruktion.

Planwagen-, Kutsch- & Schlittenfahrten

Wenn die kräftigen Kaltblüter sich ins Zaumzeug legen und das Gefährt in Bewegung bringen, dann ist das immer wieder ein ganz besonderes Erlebnis. Egal bei welchem Wetter, eine gemütliche Kutschfahrt bleibt unvergessen.
Adresse: Pferdefuhrhalterei Winterberg, Am Kuhlenberg 2, 59955 Winterberg, 02981/3030, www.pferdefuhrhalterei.de

SalzGrotte

Eine kleine Saline und ein Ultraschall-Solevernebler, Salzsteine aus dem Himalaya und Salzgranulat aus dem Toten Meer sorgen im Ortsteil Elkeringhausen für pure Entspannung.
Adresse: Im Orketal 33, 59955 Winterberg, 02981/9296700, www.salzgrotte-winterberg.de

Aussichtsreicher Kahler Asten

Schwimmbäder

Der Bäderverein Siedlinghausen betreibt das **Freibad** und das **Hallenbad Siedlinghausen**. Vor allem im Hallenbad fällt sofort das Fehlen des typischen Chlorgeruches auf, da hier mit Salz desinfiziert wird.
Im 28 °C warmen Wasser des **Schwimmbades Winterberg** kann man seine Bahnen ziehen und dabei immer wieder einen Blick durch die riesigen Panoramscheiben ins romantische Helletal werfen. Neben dem 25-m-Sportbecken gibt es eine Spiellandschaft, ein Kinderbecken und ein barrierefreies Bewegungsbecken mit variabler Wassertiefe. Angrenzend befindet sich eine Saunalandschaft.
Adressen:
Freibad: Grimmeweg 5, 59955 Winterberg-Siedlinghausen, 02983/9695003, www.baederverein-siedlinghausen.de
Hallenbad: Senge-Platten-Str. 10, 59955 Winterberg-Siedlinghausen, 02983/60, www.baederverein-siedlinghausen.de
Schwimmbad: Am Kurpark 4, 59955 Winterberg, 02981/925088, www. schwimmbad-winterberg.de

▸ ☺ Strandbad Hillebachsee

Der bis zu 12 m tiefe, 8,5 ha große Hillebachsee im Ortsteil Niedersfeld ist seit 1982 fertig und hat sich zu einer Erlebniswelt mit zahlreichen Freizeitaktivitäten und Sportmöglichkeiten entwickelt. Es gibt eine Badebucht mit Strand und abwechslungsreichen Spieleanlagen, Minigolf, einen Fitnessparcours, Beachvolleyball-Platz und einen 1,6 km langen Rundweg zum Radfahren, Inline-Skaten oder Laufen. Höhepunkt ist die „HighFive Wasserski- und Wakeboard Anlage" für Könner und solche, die es werden wollen. Zudem dürfen Petrijünger ihre Ruten auswerfen. Im Winter ziehen Langlaufsportler ihre Runden.
Adresse: Grönebacherstr., 59955 Winterberg-Niedersfeld; HighFive: ✆ 02985/1000, 🌐 www.highfive-winterberg.de

▸ Wandern

Winterberg ist ein Wanderparadies. Endlose Wälder, glasklare Flüsse, idyllische Dörfer, unglaubliche Fernsichten und ein erstklassig ausgewiesenes Wanderwegenetz machen das Gebiet zur größten Qualitätswanderregion des Landes.
Der *Goldene Pfad* (5,5 km) ist ein Landschaftstherapiepfad auf der Niedersfelder Hochheide. Es laden ein die *Bergwiesenpfade* (5 und 3 km) in Altastenberg oder Winterberg, die *Naturwege Liesetal* (13,5 km) und *Nuhnewiesen* (3 km) in Hallenberg, der *Barockweg* (9,5 km) im Norden, der zum Vierländereck führt. *Sauerland extrem* (4 km) nennt sich der Winterberger Schluchten- und Brückenpfad und die *Kahler Asten und Odeborn-Tour* (14 km) führt hinauf aufs „Dach Westfalens".

▸ ☺ Wintersport

Acht Skigebiete mit 81 Abfahrten, 58 Skiliften und 58 Pistenkilometern halten im Winter in dem größten **Skigebiet** nördlich der Alpen für jeden Skifan etwas bereit. Und auch ohne Schnee versprechen die Skipisten an der St.-Georg-Schanze jede Menge Spaß und Nervenkitzel. Mit den gelben Schlitten vom Herrloh Blitz über 600 m Schienen ins Tal düsen oder mit Schwung durch die Kurven und Kreisel des Schanzenwirbels fegen – hier hat die ganze Familie Spaß. Und wer hat genügend Mumm für die **Sky-Fly ZIP-Line**, die fast einen Kilometer Flugfun an den Seilrutschen der Liftanlagen bietet? Es gibt familiengerechte Strecken, spannende Single Trails und Verleiher direkt an den Einstiegen.
Adressen:
Skiliftkarussell Winterberg: Am Waltenberg 75, 59955 Winterberg, ✆ 02981/81141, 🌐 www.skiliftkarussell.de
Herrloh Blitz Mountain Coaster: In der Büre 54, 59955 Winterberg, ✆ 02981/81141
Schanzen Wirbel Alpin Coaster: In der Büre 25, 59955 Winterberg, ✆ 02981/81141
Sky-Fly ZIP-Line: In der Büre 100, 59955 Winterberg, ✆ 02981/9199449
Trailpark Winterberg: Am Waltenberg 115, 59955 Winterberg, 🌐 www.trailpark-winterberg.de

Skikarussell Winterberg

Sehenswertes

Adelssitze, Burgen, Ruinen, Schlösser

Altstädte, Plätze, Viertel, Dörfer

Bauwerke, Brücken

Brunnen, Denkmäler

▸Historische Gebäude

▸Kapellen, Kirchen, Klöster, Friedhöfe

▸ Mühlen

▸ Stadtbefestigungen, Tore, Türme

▸ Weitere Sehenswürdigkeiten

Museen & Ausstellungen

▸ Bergwerke, Gruben, Stollen

▸ Eisenbahn, Feuerwehr, Oldtimer

Handwerk, Mühlen, Technik

Heimatgeschichte

▸Industriegeschichte

▸Kirchengeschichte

▸Kunstmuseen, -ateliers, -galerien, -sammlungen

▸Naturkunde, Geologie

▸Persönlichkeiten

▸Weitere Museum

Freizeit

▸Angeln

‣Baden & Schwimmen, Thermen & Saunen

‣Barfuß-, Erlebnis-, Lehrpfade & Pilgerwege

‣Bikeparks, BMX, MTB

▸ Bogenschießen

▸ Boule, Bowling

▸ Escape, Lasertag

▸ Fahrten, Touren (Bus, Kutsche, Planwagen, Schlitten, Schiff, Segway)

▸ Fliegen, Flugsport

▸ Freizeit-, Generationen-, Sport-, Skateparks

Golf & Abenteuer-, Disc-, Fußball-, Minigolf

Kart

Klettern

Kultur & Mehr

Reiten

▸Wassersport

▸Wintersport

Natur

▸Aussichtspunkte & -türme

Berge, Felsen, Höhlen

Geoparks, Naturparks, Infozentren

Stauseen, Talsperren

Tiere, Willdparks